D1432152

VINS

DE FRANCE

OPEASI

Claude GROELL,
Sommelier,
Les vins, région par région.

Jean KAUFFMANN,
Négociant,
L'achat des vins.

Philippe NUSSWITZ,
Meilleur Sommelier de
France 1986,
Meilleur Sommelier
international 1986,
L'accord des vins et des mets.

André ROTH
Ingénieur des travaux
agricoles,
Les millésimes.

Coordination de l'ouvrage :
Eric ZIPPER.

Les chiffres figurant dans cet ouvrage nous ont été communiqués par les Comités Interprofessionnels des Vins des régions concernées.

Les verres nous ont été aimablement fournis par "ART'VER, Miroiterie du Rhin", Colmar.

Le vin, boisson sacrée, fruit des efforts conjugués de la nature et des vignerons, suscite l'intérêt, l'émerveillement, le respect et la curiosité.

La vigne est cultivée depuis 5 000 av. J.C. mais les premières traces de commercialisation de vins ne datent que de 3 000 av. J.C. Depuis lors, sa renommée et ses plaisirs, inséparables de ceux de la table, l'ont accompagné, bonifié et amené à devenir ce qu'il est aujourd'hui, un produit unique, représentatif d'un terroir et du travail des hommes.

Vous allez pouvoir parcourir l'ensemble des vignobles français, région par région, pour y découvrir chaque appellation et ses particularismes : terrain, climat, cépages, méthode de vinification, sans oublier le plus épicurien des plaisirs : la dégustation.

Un livre pratique et clair, utile à tous, indispensable à chaque amoureux du vin.

l'Alsace

SON HISTOIRE

L'Alsace est la partie ouest d'une grande plaine où coule le Rhin, encaissée entre le massif vosgien et la Forêt Noire. Une plaine fertile, verdoyante à souhait, avec ces vieux villages chargés d'histoire, blottis contre les collines ou lovés aux pieds de celles-ci, avec comme écrin, un vignoble qui s'accroche aux contreforts vosgiens. Voilà l'Alsace, des vignes qui souvent prospèrent au flanc des collines et que le travail du vigneron transforme au bout d'un long périple que nous allons suivre, en vin dont les arômes sont une explosion de fruités, de bouquets inimitables et introuvables dans les autres régions viticoles. Pour arriver à ce résultat, cette vigne aura retenu toute l'attention des vignerons du cru.

Quels noms évocateurs que Gewurztraminer, Tokay Pinot gris, Riesling, Muscat.

L'Alsace a été sans nul doute une région bénie des dieux. Sûrement avant les Gaulois, les Celtes venus des rives du Danube apportèrent avec eux l'art de la culture du blé, du seigle et une boisson qu'ils tiraient de la vigne sauvage "Vitis lambrusca" ou peut-être même "Vitis silvestris". Ce breuvage qui n'avait certainement pas grand-chose à voir avec notre vin actuel, était consommé rapidement après sa fermentation spontanée.

Cette région connut ensuite 500 ans d'occupation romaine. Ces spécialistes de la culture de la vigne, par leur labeur incessant, n'ont fait qu'améliorer le vin. A cette époque déjà, et cela à la différence des Celtes, les vignes étaient soignées et travaillées (des poteries de cette époque attestent un culte du vin dans la région et Pline l'Ancien, décédé en 79 après J.C., nous narre cette culture).

Cette occupation a donc fait passer l'Alsace d'une région où l'on cueillait le raisin sauvage, à une région où l'on travaillait la vigne (Vitis vinifera) pour en produire régulièrement un breuvage que l'on pouvait dès lors appeler vin. Au fil des siècles qui suivirent cette époque, les vignerons alsaciens ont toujours perpétué le culte de la vigne et du vin. Suivant la conjoncture du moment, et même quelquefois au péril de leurs vies (les querelles de voisinage des seigneurs de ce temps étaient fréquentes), ils allaient vendanger la récolte que Dieu avait bien eu la bonté de leur donner.

Ces récoltes ne leur permettaient pas toujours de vivre dignement ; des "Tagesbücher", livres de jour, en attestent. Certaines années, il n'y avait pas de récolte à cause du gel, des ravages dus à la grêle ou aux attaques de vers, araignées ou autre calamités qui pouvaient littéralement dévaster le vignoble.

D'autres années étaient par contre tellement pléthoriques que les vignerons n'avaient pas assez de foudres pour entreposer le vin produit. Une chronique des Franciscains de Thann mentionne même qu'en 1431 le vin était si bon marché à cause de l'abondance de la récolte, qu'il fut utilisé, peut-être aussi par manque d'eau à proximité, comme liant pour la confection du mortier nécessaire à l'édification de la collégiale Saint-Thiébaut.

Tout cela nous permet d'attester que depuis toujours, la vigne a fait partie intégrante de la vie quotidienne des Alsaciens. Le Rhin a été une voie commerciale presque royale grâce à la facilité de diffusion qu'il procurait. Des règles très sévères édictées par les bourgeois des grandes villes comme Colmar et Strasbourg régissaient ce commerce. Ainsi à Ammerschwihr, dès le XVe siècle, la société des bourgeois de cette ville réunissait les personnes les plus influentes et arbitrait la qualité de tous les vins produits sur le ban de la commune. Cette société existe encore de nos jours, exerce ses droits et favorise la diffusion et la reconnaissance des vins d'Alsace de par le monde. Cette société se nomme aujourd'hui la Confrérie Saint-Etienne.

LA CONFRERIE SAINT-ETIENNE

SON HISTOIRE

" Dans une remarquable étude intitulée "La Herrenstubegesellschaft d'Ammerschwihr de 1665 à 1848" parue dans l'annuaire 1986 des 4 Sociétés d'histoire de la vallée de la Weiss, Francis Lichtlé, archiviste à Kaysersberg, s'est attaché à retracer la longue histoire de cette société. Nous apprenons ainsi qu'après les ravages occasionnés par la guerre de Trente Ans, la Herrenstubegesellschaft fit l'objet d'une restructuration en 1665. Après une longue absence, "la société des Messieurs se réunissait à nouveau le 26 décembre 1665 sous la présidence de Lorentz Anhorlin".

LE REGLEMENT DE 1781

Une évolution profonde devait marquer la Société en 1782. Dans la séance du 16 janvier 1781, l'ancienne Herrenstubegesellschaft devenait "Die Bruderschaft des Heiligen Stephani". Fêté le 26 décembre, jour de leur assemblée, les confrères avaient choisi saint Etienne comme patron. La Confrérie Saint-Etienne était née. Les membres étaient invités à siéger le jour de la Saint-Etienne dès 8 heures, vêtus de leur manteau. L'assemblée assistait à une grand-messe. Le président les conviait ensuite à un grand banquet aux frais de la Confrérie. A l'issue du repas, tout le monde répétait la mélodie du chant du nouvel an et dès 23 heures, les membres se dirigeaient vers les quatre places de la ville en chantant. Le lendemain, ils étaient à nouveau invités à déjeuner. Le règlement de 1781 énumère également les droits et les devoirs des confrères, désigne les membres de droit, fixe le montant des cotisations et des droits d'entrée.

LA REVOLUTION ET LE XIXe SIECLE

La période troublée de la révolution laisse déjà apparaître les prémices d'un lent déclin imputable à un profond changement de la société d'alors. Au cours d'une réunion en date du 9 octobre 1791, les membres de la Confrérie décidaient que le curé et le châtelain devaient tenir tous les "Quatre Temps", quatre Grandes Messes et quatre Messes Basses en échange de la jouissance d'une pièce de vigne.

Une dernière réunion devait se dérouler le 6 novembre 1791, puis l'activité de la Confrérie Saint-Etienne cessa jusqu'au 22 décembre 1801. Du début du XIXe siècle jusqu'à son extinction, la Confrérie ne comptait plus qu'une quinzaine de membres. En 1816, les difficultés résultant de l'occupation militaire étaient si grandes que le banquet du Nouvel An était à la charge de chaque confrère.

Un dernier règlement du 26 décembre 1837 tentait de donner un

sursaut de vitalité à la Confrérie déjà moribonde. A cette occasion, le président constatait que la Confrérie ne comptait que fort peu de membres. Cela était dû à la somptuosité des dîners d'installation "ce qui éloigne les gens même très aisés". En conséquence, le dîner d'installation fut "limité" à deux services de 7 plats chacun outre le dessert !

Pour limiter les exagérations, les confrères étaient tenus d'offrir dans l'année "un second, troisième ou subséquent dîner" jusqu'à ce qu'ils soient restés dans les limites prescrites. De 1821 à 1848, le chant du Nouvel An ne résonna que sept fois. La Confrérie Saint-Etienne s'endormit peu à peu. La dernière inscription au registre est de 1848, puis ce fut le long silence jusqu'en 1947. Une liste complète des membres de la Confrérie ainsi que celle des présidents de 1665 à 1848 complète l'histoire de cette période.

C'est le 31 mai 1947 que Joseph DREYER, Receveur Honoraire, ressuscita la Confrérie Saint-Etienne en reprenant les règlements de 1781. La Confrérie renaissait après un sommeil de près d'un siècle. Soucieux des intérêts supérieurs de la viticulture alsacienne et de son unité, Joseph DREYER a voulu que la Confrérie Saint-Etienne d'Alsace devienne la Confrérie de tout le vignoble alsacien. C'est ainsi que depuis 40 ans, elle œuvre pour faire connaître et aimer le vin d'Alsace au monde entier."

Le Receveur : Emile HERZOG

LA SITUATION GEOGRAPHIQUE

Situation géographique

Le vignoble alsacien descend du nord au sud entre la chaîne montagneuse des Vosges et le Rhin. Depuis l'époque napoléonienne, cette grande vallée est divisée en 2 départements : le Bas-Rhin et le Haut-Rhin. Le vignoble alsacien prospère le long des contreforts et des collines sous-vosgiennes, sur une bande d'environ 120 km de long et d'une moyenne de 3 km de large. Il fait vivre environ 10 000 familles.

Les deux départements se partagent d'une façon assez inégale ce vignoble de 1 200 ha de superficie totale : 2/3 pour le Haut-Rhin, 1/3 pour le Bas-Rhin. La différence de superficie entre les deux départements ne signifie pas que l'on trouve les meilleurs vins dans le Haut-Rhin. Par sa configuration géographique, le Bas-Rhin laisse plus de place à la plaine du Rhin qui, avec des sols profonds, alluvionnaires et fertiles, est moins propice à la culture de la vigne. Les vins du Bas-Rhin méritent assurément que l'on s'y intéresse autant que ceux du Haut-Rhin, les deux départements étant tout à fait complémentaires pour la production des grands vins d'Alsace.

Situation climatique

Le climat dans lequel baigne le vignoble alsacien est spécifique. Il est semi-continental avec quelques influences océaniques, mais qui sont minimisées par la chaîne des Vosges.

Une succession de fortes chaleurs au cours de la journée et de nuits relativement fraîches favorise au moment des vendanges, la formation de brouillards matinaux. Ils contribuent au développement de la pourriture noble (Botrytis Cinerea), élément indispensable pour l'obtention de bonnes vendanges tardives et d'inimitables sélections de grains nobles, grande fierté de cette région.

La barrière des Vosges arrête les nuages venus de l'Océan, faisant ainsi de certaines régions d'Alsace les régions les plus sèches de France. Celle de Colmar a une pluviométrie annuelle de 500 mm environ. L'ensemble de l'Alsace atteint 750 à 800 mm. Ajoutez un ensoleillement de l'ordre de 1 800 heures par an, vous obtenez les conditions idéales pour cette plante qui ne réussit que dans les conditions difficiles et ingrates.

Le climat semi-continental y rend les hivers rudes et rigoureux, très froids et secs. Ces conditions expliquent le palissage en hauteur. Il est destiné à garder, comme dans une serre, la chaleur emmagasinée durant toute la journée pour la restituer durant la nuit. Cette technique est également destinée à favoriser la formation et le maintien des brouillards maturants, ainsi qu'à minimiser les risques de gel et de coulures à la sortie de l'hiver.

Situation géologique

La plaine rhénane, en s'affaissant progressivement il y a de cela 50 millions d'années, a créé un chaos géologique, offrant à l'Alsace un atout majeur pour son vignoble. Les terrains du vignoble alsacien peuvent se diviser en trois groupes :

❑ Les contreforts vosgiens

Les terrains du contrefort vosgien, sont relativement homogènes. On peut y trouver des terrains de type :

- **granitique**, avec des proportions variables de mica, de minéraux ferreux (qui influencent directement la couleur de la terre), et de feldspath. La dégradation du granit permet d'obtenir des terrains sablonneux, légèrement caillouteux. Ce type de terroir se retrouve par exemple à Kientzheim, à Turckheim et en affleurement à Ribeauvillé.

- **volcanique** : ces terrains, plus ou moins en association avec de l'argile, donnent un sol très riche. Ce terroir est caractéristique du grand cru du Rangen de Thann.

- **gréseux** : ces terrains ont tous comme origine la décomposition du grès des Vosges. Ils sont présents dans des régions aussi différentes que Guebwiller, Andlau et Marlenheim.

- **schisteux** : ces terrains ont comme origine le schiste de Steige principalement et celui de Villé, de couleur plus sombre. Ils se retrouvent dans le terroir du Kastelberg, à Andlau par exemple.

❑ Les collines sous-vosgiennes

Les terroirs des collines sous-vosgiennes sont essentiellement de type calcaire ou marneux en association avec de l'argile, du grès et du granit.

- **marno-calcaire** : le Muschelkalk en présence des marnes ou des marnes bleues donne un terroir lourd ; en bonne exposition, il favorise la production de grands vins. Il est présent à Molsheim, Bergheim, Mittelbergheim, Hattstatt, Voegtlingshoffen par exemple.

- **calcaire** : c'est le plus courant. On l'appelle aussi "Muschelkalk". Il permet un bon drainage des eaux de pluie et de ruissellement. Il se retrouve à Ribeauvillé, Rouffach.

- **argilo-marneux** : les sols issus de cette association donnent une terre lourde souvent assez fertile que l'on retrouve entre autre à Riquewihr et Ribeauvillé.

❑ La plaine

Les terroirs de la plaine sont le résultat de l'érosion constante du versant vosgien et des collines sous-vosgiennes et de l'apport par les cours d'eau de grès, de granit, et de schiste. Ces terrains donnent des vins légers et fruités.

Après ce survol géologique rapide, il est plus aisé de comprendre les différences que l'on peut trouver entre les différents vins.

LA CULTURE DE LA VIGNE

Pour les personnes ayant déjà effectué un séjour en Alsace, la première des choses qui les a peut-être frappée, c'est la hauteur inhabituelle des rangs de vigne.

Anormale par rapport aux autres régions viticoles, mais si indispensable et utile en Alsace, la conduite haute permet de faire monter les sarments fructifères d'une hauteur d'environ 80 cm à une hauteur de 2 m environ.

3 à 4 fils de fer ou d'inox assurent le bon maintien des sarments durant la période végétative. On a presque l'impression de voir des vignes à la parade.

L'écartement moyen entre les rangs tend à s'agrandir pour faciliter le passage des machines. La mécanisation, qui a été tardive dans la région, avance maintenant à pas de géant.

Ce retard a plusieurs raisons.

La première est sûrement les fortes pentes que l'on peut trouver dans le vignoble. La seconde est le trop grand nombre de petites parcelles. Ce morcellement est dû aux différents partages provenant d'héritages. Les dernières raisons sont la diversité des cépages et surtout le mode de conduite spécial de la vigne qui fait que peu de fabricants de matériels se sont intéressés à la conception de machines facilitant le travail des vignerons.

Le vigneron commence le travail dans la vigne sitôt la vinification terminée. Son premier travail est, pour les parcelles désormais trop vieilles, l'arrachage des pieds de vigne. Les pieds arrachés, la parcelle est bien travaillée et traitée en profondeur contre les différents virus qui peuvent s'attaquer à la vigne. Nous ne nous attarderons pas plus sur le reste du travail, mais il faut savoir qu'il s'écoulera 5 ans de l'arrachage des pieds, du défonçage, de la replantation, à la première récolte. Actuellement, la densité de pieds à l'hectare varie de 4 000 à 6 000 suivant le matériel utilisé par le vigneron. L'espacement moyen entre les pieds est de 1,20 m à 1,60 m. Ceci est bien sûr une moyenne.

Suivant la date des vendanges et les conditions climatiques, le vigneron débutera la taille, travail très important, entre la fin novembre et le début décembre. C'est de son choix à ce moment-là que dépendra la récolte à venir. Le type de taille utilisé dans la région est la taille Guyot double. On garde 2 sarments fructifères et 1 courson pour la sécurité et la taille future. Les sarments fructifères auront en moyenne 12 yeux (bourgeons). Ce nombre est variable et dépend directement de la densité des pieds à l'hectare. Cette taille dure presque tout l'hiver.

Début février, et ce toujours en fonction des conditions climatiques, le vigneron procède au liage. Cette opération consiste à lier les 2 sarments de façon arquée aux différents fils pour qu'ils soient stables et ne puissent plus bouger, principalement sous l'effet du vent. Il est important de faire cette opération avant la montée de la sève, pour éviter de détruire les bourgeons, période où le bois des sarments devient cassant. Cette montée de sève, suivie du débourrement, se situe en avril si le temps est normal.

Il faut savoir qu'une seule nuit fraîche avec gelée peut détruire de façon importante l'espérance de la récolte à venir. Le point critique est la période des Saints de glace (10 jours avant la Sainte Sophie).

Cette période passée sans encombres, on peut s'attendre à la floraison vers mi-juin. Les conditions climatiques doivent être optimales. Il ne faudrait ni pluie, ni nuits ou journées fraîches. La floraison passée, le vigneron peut, à quelques jours près, définir la date des vendanges. Il faudra environ 110 jours aux raisins pour atteindre la maturation optimum.

Entre le liage, et jusqu'à 6 semaines avant les vendanges, le vigneron effectue 5 à 6 sulfatages contre les divers parasites de la vigne, - araignées, vers de la grappe, les champignons mildiou, oïdium, botrytis, - en plus des différents passages pour labourer, désherber ou faucher les mauvaises herbes. Pendant ce temps se produit la nouaison et l'acoulement des sarments, puis la veraison des raisins. C'est le stade où le raisin passe de la couleur verte à la couleur qu'il aura pour la vendange. L'aoûtement passé, le vigneron pourra déjà prévoir la récolte possible de l'année suivante (d'après la qualité du bois des sarments fructifères).

Grâce à la mécanisation, un travail important, primordial et harassant se fait sans difficulté : c'est le rognage. Cette opération consiste à couper les bouts des sarments en hauteur et en largeur ; on élimine aussi l'excédent de feuillage, pour que le cep de vigne puisse donner toute sa sève aux grappes de raisins.

Du mois de mai jusqu'à la date des vendanges, il faut aussi que le climat soit clément : quelques pluies, beaucoup de soleil et au terme de la maturation, quelques nuits de brouillard feront un bon millésime. C'est le but d'une année de travail des vignerons alsaciens, c'est leur salaire et leur récompense. Récompense qu'ils se feront une joie de vous faire partager.

LA VINIFICATION

Enfin, après une année de travail passée à soigner la vigne, après quelques soucis dus aux risques de maladies, de gel et de froid qui peuvent faire couler les raisins au moment de la floraison, d'une pluie d'orage en été accompagnée de grêle, voici venu le temps des vendanges.

Pour le vigneron, le point culminant de son année est arrivé. Il va de vignes en vignes, décider du rythme des vendanges. Il mesure la richesse des raisins au moyen d'un réfractomètre pour savoir par quelle parcelle il va commencer. Normalement, c'est par les cépages les plus précoces qu'il débutera, le Pinot Auxerrois et le Pinot blanc, souvent déjà, de vendanges en pré-vendange pour l'élaboration du Crémant. Puis viendront les Muscat, les Tokay Pinot gris, dès qu'ils auront atteint la maturité physiologique. Les parcelles situées dans de bonnes expositions devront encore attendre un peu ; de même que les Riesling et Gewurztraminer, ils auront ainsi encore un peu de temps pour s'enrichir en sucre naturel et perdre un peu d'acidité. En effet, à cette époque, le cep travaille encore et nourrit le raisin. Grâce au soleil, à l'intérieur même du grain, cette nourriture est transformée en sucre. Simultanément il se produit une dégradation de l'acide malique à l'avantage de l'acide tartrique. Si la météo a été favorable, on obtient un rapport sucre-acidité malique et tartrique intéressant, qui permettra de faire un bon vin d'Alsace, frais, mais long en bouche et peu acide.

Le vigneron aura eu soin de préparer sa cuverie, ses comportes ou de prévoir la venue de la machine à vendanger pour les parcelles qui ne sont pas trop en pente. La vinification commence dès qu'ils arrivent. Le vigneron se fait souvent aider par un œnologue, personnage de plus en plus important dans le vignoble ; c'est pour ainsi dire le médecin du vin. Il ne faut pas forcément être malade

pour faire appel au médecin. L'œnologue prévient des risques d'accidents de vinification, ce qui permet de les éviter. Le vin ne perd donc aucune de ses qualités d'origine. Beaucoup de vignerons et d'œnologues sont persuadés que la qualité de la vinification intervient au moins pour moitié dans la qualité finale d'un vin. Ils peuvent,

avec un même produit, faire un vin sec frais et gouleyant, fruité et aromatique ou un vin plus complexe avec des arômes secondaires.

Les raisins vendangés arrivent donc en cuverie le plus rapidement possible pour éviter toute oxydation et macération pelliculaire*. Là, ils sont égrappés et foulés avant d'arriver dans le pressoir qui en extraie le mou le plus doucement possible et surtout sans trop de trituration. Si le pressoir presse trop fort, les pépins risquent d'éclater, donnant plus tard au vin un goût amer et une verdeur désagréable au palais. Ce mou est ensuite amené dans une cuve de décantage où il est légèrement sulfité (apport de SO^2) pour éviter toute oxydation. Par gravitation naturelle, avec l'aide de bentonite et parfois d'un refroidissement artificiel, le mou se sépare de la bourbe, c'est-à-dire de tous les éléments indésirables à la conduite d'une bonne fermentation alcoolique. On peut également faire passer le mou dans une centrifugeuse (une cascade de plateaux tournant très vite sur eux-mêmes sépare le jus clarifié des éléments indésirables).

Après le débourbage, le mou est pompé dans une autre cuve ou un foudre en bois. Là, il commence lentement sa fermentation alcoolique et donc sa transformation en vin. Les levures qui étaient en contact avec la peau du raisin se retrouvent dans le mou et transforment progressivement le sucre en alcool, transformation accompagnée d'une élévation de la température et d'un dégagement de gaz carbonique. Cette élévation de la température favorise le développement des levures.

* Macération qui se produit quand le jus de raisin est en contact avec les peaux éclatées.

La fermentation alcoolique prend fin. Soit naturellement par manque de sucre (vin blanc sec), soit par anihilation des levures par l'alcool, soit artificiellement par addition de SO^2 (vin moins sec, voire doux ou moelleux).

Après ces opérations, le vin nouveau va se dépouiller de tous les éléments en suspension (levures et divers produits fermentaires) qui formeront la lie du vin. Il se clarifie donc lentement dans des cuves ou des foudres de volumes différents. La cave du vigneron traditionnel alsacien a un aspect original de par la diversité des cuves qu'elle contient. En effet, il faut loger 7 cépages différents issus de parcelles différentes en ayant soin que tous les tonneaux soient pleins. Donc, dans toutes les caves, on trouvera une vingtaine de foudres de tailles différentes qui permettront au vigneron le bon logement de la récolte. Cette irrégularité de tailles et de formes fait le charme des caves alsaciennes.

Les vignerons évitent une élévation trop importante. Ce contrôle thermique permet d'augmenter la durée de fermentation. Les arômes seront plus fins et plus complexes.

Dès lors, le vigneron prend bien soin d'éviter une fermentation malolactique. C'est la dégradation par ces bactéries de l'acidité malique (un acide vert et mordant) en acide lactique (un acide plus souple) qui souvent donne en plus un goût étrange au vin (goût de "malo"). De plus, cette sorte d'acidité rend le vin moins frais tout en estompant son fruité.

D'autres, en minorité, recherchent cette fermentation malolactique. La perte des arômes primaires du vin associée à la chute d'acidité est un moyen efficace pour dévoiler plus rapidement des arômes complexes et denses. Grâce à un contrôle régulier des vins par dégustations et analyses, et à des moyens œnologiques adéquats, ceci ne pose plus de problèmes majeurs.

Le vigneron profite de l'hiver pour ouvrir ses caves à l'assaut du vent et du froid. Sous leurs actions, le vin précipite son excédent de bitartrate de calcium et devient limpide et clair. Il prend une couleur jaune allant d'un aspect verdâtre à un aspect doré suivant les cépages et la richesse du vin. Il est alors temps de le soutirer et de le filtrer pour le séparer des lies et de toutes sortes de bactéries pouvant empêcher sa bonne évolution.

Enfin, et c'est une autre particularité du vin d'Alsace par rapport aux autres vins blancs, il est mis en bouteille rapidement. C'est un moyen pour préserver ce fruité tant apprécié. Le vigneron prend soin de mettre les vins les plus légers et les plus frais en bouteille en premier. Les vins plus puissants, tels que le Gewurztraminer et le Tokay Pinot gris ou plus rares, le sont ultérieurement, mais avant les grandes chaleurs estivales. Stockés ensuite dans des caves profondes, ils

attendront que le vigneron juge leurs qualités suffisantes pour les mettre en vente, prêts à être consommés.

Parallèlement à la vinification des blancs, le vigneron alsacien vinifie son Pinot Noir soit en rosé, soit en rouge, suivant la demande de ses clients. C'est après l'éraflage et le foulage que les raisins ne suivent plus le circuit des blancs. Ils sont mis dans une cuve de macération pour que le jus, en contact avec la peau, extrait de celle-ci les éléments colorants (anthocyanes). Parallèlement, la fermentation alcoolique démarre. Pour faire du rosé, le Pinot Noir reste moins longtemps dans la cuve. Suivant la température de la vendange, la durée de macération varie de 1 à 5 jours, jusqu'à l'obtention de la couleur souhaitée.

Pour obtenir du Pinot Noir à caractère rouge, le jus reste plus longtemps en contact avec la peau. Le chapeau est régulièrement arrosé avec le liquide de macération, permettant d'extraire encore plus d'anthocyanes (matières colorantes) et de tanins. Après 8 à 15 jours, la fermentation alcoolique touche à sa fin, le vigneron décide de pressurer le marc et le jus. Le mou ainsi obtenu est transvasé dans une cuve pour qu'il puisse se clarifier et débourber. On prend soin de favoriser le déclenchement de la fermentation malolactique qui est nécessaire pour souligner le caractère tannique du Pinot Noir. Après cette fermentation d'une durée plus ou moins longue en pièce de bois (pièce bourguignonne quelquefois) et en cuve inox ou foudre traditionnel alsacien, le vin subit un collage puis une filtration avant d'être mis en bouteilles.

Pour l'élaboration des vins destinés au Crémant, les vignerons doivent faire une demande avant les vendanges en précisant les parcelles qui seront vendangées. La vendange s'effectue avant les autres pour laisser aux raisins une certaine verdeur. Le mou issu du pressurage peut uniquement servir à l'élaboration du Crémant. Le cépage dominant utilisé

pour le Crémant est le Pinot Blanc, quelquefois du Pinot Auxerrois, un peu de Riesling et rarement du Tokay. Le raisin, comme pour toutes les méthodes champenoises, n'est ni égrappé, ni foulé et le pressurage est effectué dans un pressoir sans éléments qui cassent le gâteau de raisin (marc). Pour 150 kgs. de raisins, il ne pourra être fait plus de 100 litres de mou, 7 % de rebêche obligatoire et toute concentration est interdite. Les vins à appellation contrôlée Crémant d'Alsace doivent être élaborés par seconde fermentation en bouteilles, dans la région de mise d'origine. Cette mise en bouteilles, pour seconde fermentation, ne peut s'effectuer avant le 1er janvier de l'année qui suit la récolte. De plus, la durée de conservation des bouteilles avec le vin élaboré et ses lies ne peut être inférieur à neuf mois et la pression de gaz carbonique issu de cette fermentation doit être au moins égale à 4 atmosphères. Au bout de ces neuf mois, le vin effervescent peut être dégorgé. On peut alors lui adjoindre la liqueur d'expédition et, après quelque temps, le déguster.

Les Vendanges Tardives et les Sélections de Grains Nobles (V.T. et S.G.N.) suivent la filière traditionnelle des vins blancs mais ne peuvent être commercialisés qu'après.

De plus, comme pour les Crémants, une demande préalable doit être effectuée auprès de l'INAO, 3 jours avant la date de vendange désirée. Une autre contrainte importante : les techniciens de l'INAO doivent obligatoirement être présents pour les opérations de pressurage.

LES APPELLATIONS

L'ALSACE A.O.C.

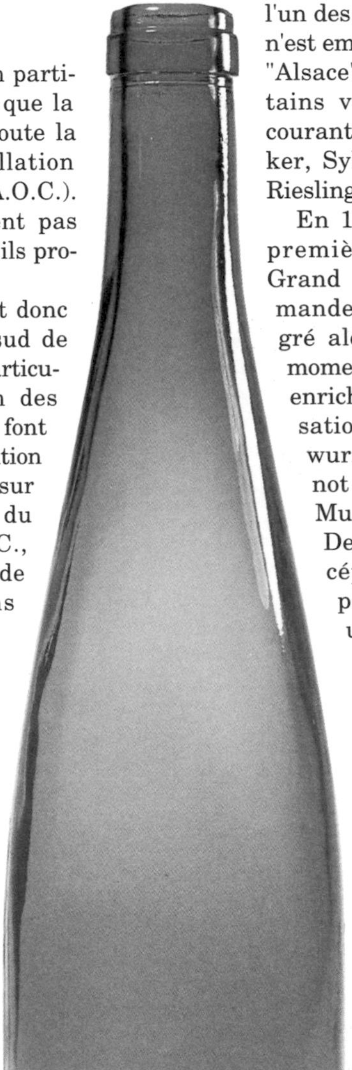

C'est une appellation particulière, au même titre que la Champagne, puisque toute la région est une Appellation d'Origine Contrôlée (A.O.C.). Les villages ne donnent pas leurs noms aux vins qu'ils produisent.

Cette appellation est donc la même du nord au sud de l'Alsace et sans autre particularité que la mention des cépages qui à eux seuls font rêver. En fait, cette mention n'était pas obligatoire sur l'étiquette au début du classement en A.O.C., mais elle permettait de différencier les vins entre eux.

Les vignerons alsaciens, non contents d'avoir obtenu l'A.O.C. depuis 1962, n'eurent de cesse d'améliorer la qualité de leurs vins et de rendre la mise d'origine obligatoire. C'est ce qui fut fait en 1972. Depuis cette date, plus aucun vin d'Alsace A.O.C. ne peut sortir de l'aire de production située dans l'un des deux départements s'il n'est embouteillé dans une flûte "Alsace" ou en litre pour certains vins de consommation courante comme les Edelzwicker, Sylvaner, Pinot blanc et Riesling.

En 1975 furent créées les premières A.O.C., Alsace Grand Cru. Cette A.O.C. demande actuellement un degré alcoolique minimum au moment de la récolte et avant enrichissement par chaptalisation de 11° pour les Gewurztraminer et Tokay Pinot gris et de 10° pour les Muscat et Riesling.

De plus, seuls ces quatre cépages sont autorisés pour l'appellation avec un rendement de 70 hl/ha, rarement atteint. Ces vins, après la mise en bouteille, doivent encore subir avec succès une dégustation d'agrément. La mention du cépage et du millésime est obligatoire sur la bouteille. Plus tard, 23 lieux-dits grand cru furent définis et bénéficièrent de cette A.O.C., suivis en 1986 de 27 autres. Au total,

50 noms prestigieux, qui tous, par leurs particularités géologiques, micro-climatiques et historiques, sont les fleurons des vins d'Alsace (voir tableau des grands crus, p. 60).

En 1976, une autre appellation est venue enrichir cette gamme : il s'agit du Crémant d'Alsace A.O.C. Le Crémant d'Alsace, par cette appellation, n'a été reconnu que comme grand vin mousseux.

12,9°, 95 oechslé pour les vendanges tardives (V.T.) Riesling et Muscat

14,3°, 105 oechslé pour les V.T. Gewurztraminer et Tokay Pinot gris

15,7°, 115 oechslé pour les sélections grains nobles (S.G.N.) Riesling et Muscat

17,1°, 125 oechslé pour les S.G.N. Gewurztraminer et Tokay Pinot gris.

Il était déjà élaboré depuis le début du siècle dans la plus pure tradition de la méthode champenoise.

Mais la plus grande fierté de l'Alsace est sans conteste ses vins rares issus de vendanges tardives et des sélections de grains nobles. Ces vins doivent obligatoirement avoir un degré minimum de :

La sélection de grains nobles est sûrement le plus grand des vins produits en Alsace. Ces vins sont récoltés quand le millésime le permet, presque baie par baie, par passages successifs dans les rangs de vignes. Le travail est dur et long pour de petites quantités récoltées. Ajoutez à cela le risque de gelées blanches précoces, la difficulté d'atteindre le degré minimum fixé et les problèmes de vinification dus à cette grande richesse de sucre, vous comprendrez assez facilement les prix élevés atteints par ces vins rares.

Ces vins, comme les grands crus, sont soumis à une dégustation poussée faite par l'interprofession qui regroupe des vignerons récoltants, des coopérateurs, des négociants et des techniciens de l'Institut National de la Recherche Agronomique (I.N.R.A.).

Après ce rapide exposé des différentes A.O.C. Alsace, il nous faut parler des cépages utilisés et déjà cités. Mais avant d'aller plus en avant, une remarque importante : le même type de cépage, selon la constitution du sol, donne un vin aux caractéristiques différentes. Un vin léger, gouleyant, fruité, probablement d'évolution rapide, est issu d'un sol profond, graveleux ou alluvionnaire. Un vin plus complexe, plus chaud, mieux structuré, provient de terroirs calcaires, marneux, granitiques, argileux. Issu des côteaux et suivant l'exposition, c'est un vin de plus grande garde. On reconnaît généralement que le terroir de type granitique réussit mieux au Riesling, les argilo-calcaires ou marno-calcaires sont des terroirs pour le Gewurztraminer. Mais en tout état de cause, c'est le vigneron qui choisit au moment de la plantation de la vigne le cépage qu'il utilisera, et cela pour diverses raisons : par goût, par besoin de tel type de cépage pour compléter sa production ou pour anticiper ses futures ventes.

LES CEPAGES

Nous en arrivons maintenant à une partie très importante dans la particularité des vins d'Alsace A.O.C. Nous venons de voir l'importance du terroir. Mais les caractères aromatiques et tellement spécifiques des vins d'Alsace proviennent de cépages de types très différents.

Tous les consommateurs, dans la palette des goûts proposés, ne peuvent que trouver leur bonheur entre des vins racés, frais, séveux, et d'autres qui au contraire seront gras, amples, charnus, aux arômes suaves et lourds. Nous allons donc passer en revue chacun de ces cépages.

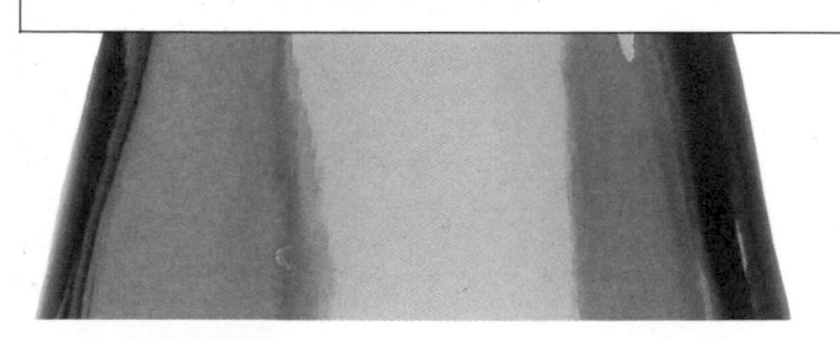

LE SYLVANER (23,7 % - 19,0 %)*

C'est un cépage probablement d'origine autrichienne ou hongroise. Les Valaisans le nomme Rivaner ou Jahanisberg. Il donne un vin vif, sec et quelquefois perlant dans sa jeunesse. C'est un vin d'une grande fraîcheur, agréablement herbacé, sans grande prétention, mais agréable pour se rafraîchir. Il est actuellement plus répandu dans le Bas-Rhin où il a acquis ses lettres de noblesse, à Mittelbergheim par exemple.

LE PINOT BLANC ou Klevner ou Auxerrois (11,0 % - 19,4 %)

Sous la dénomination Pinot blanc, deux cépages sont utilisés : le Pinot blanc et le Pinot auxerrois. Ils réussissent dans presque tous les types de terrain. Souvent, ces deux cépages sont récoltés et vinifiés ensemble, donnant un vin souple et harmonieux. Le Pinot blanc apporte une pointe de fraîcheur agréable soutenue par un corps bien structuré et harmonieux. Le Pinot auxerrois, cépage précoce, donc mûr plus tôt, apporte le caractère fruité, souvent moins vif et moins finement bouqueté. Ces deux cépages sont couramment utilisés pour l'élaboration du Crémant d'Alsace A.O.C.

* Le premier % est la superficie recensée en 69, le deuxième en 88 (source : CIVA).

LES MUSCATS (3,8 % - 3,0 %)

Comme pour les Pinots, deux cépages différents servent à la vinification du Muscat d'Alsace. Ce vin, déjà cité au Moyen-Age, est souvent constitué d'une association du cépage Muscat d'Alsace, qui est identique au Muscat Méditerranéen, et du cépage Muscat Ottonel qui est en quelque sorte un chasselas aromatique. Ces deux cépages donnent un vin sec au fruité muscaté inimitable. Un beau vin de Muscat nous donne l'impression de croquer dans le raisin.

LE RIESLING (12,7 % - 21,5 %)

C'est le cépage alsacien par excellence. Il en est le roi, le plus fin et le plus élégant. C'est un cépage tardif, avec une production très régulière. Il existe dans la vallée rhénane depuis très longtemps. Souvent implanté dans d'autres régions à travers le monde, c'est sûrement en Alsace qu'il réussit le mieux. Son vin, délicat et racé, a un fruité inégalable allié à une bonne acidité persistante au palais. Vendangé tardivement, on obtient un vin harmonieux, susceptible de se garder durant de longues années. Cette évolution aromatique permet au vin de gagner en complexité et structure.

LE TOKAY - PINOT GRIS

(4,1 % - 5,6 %)

Pour beaucoup de gens, le Tokay Pinot gris a ses sources en Hongrie à Tokay, mondialement connu pour ses Tokaji Aszu. En effet, la légende nous dit que le Comte Lazarre de Schwendi, possédant à l'époque le château de Kiontzheim (Haut-Rhin), aurait introduit le Tokay en le plantant dans son jardin au retour de l'une de ses guerres lointaines. Une belle légende, mais inexacte. Le Tokay Pinot gris est le Rülander Allemand ou la Malvoisée connue en Suisse et dans d'autres contrées viticoles. Vin souvent capiteux et corsé, il peut, dans certains cas être frais, racé et séveux. De plus en plus apprécié pour sa classe et sa distinction, il est le bourgeois des vins d'Alsace.

LE GEWURZTRAMINER

(20,6 % - 19,2 %)

Issu par sélection progressive du Traminer, cousin du Savagnin rosé, ce cépage très aromatique donne régulièrement un vin charpenté, musqué et parfumé. Une explosion d'arômes de fleurs, de fruits exotiques, de parfums lourds associée à une grande charpente. Ce vin ne se révèle entièrement qu'avec le climat, le sol et le sous-sol alsacien. Son bouquet est un régal de par sa complexité aromatique envoûtante, souvent associée à un moelleux sans pareil. Vin de longue garde. C'est l'Empereur des vins d'Alsace.

LE PINOT NOIR (2,1 % - 7,0 %)

Les écrits des anciens Alsaciens nous apprennent qu'il y avait plus de vin rouge que de vin blanc en Alsace. Le Pinot Noir renoue avec cette tradition. Tantôt rose et souvent rouge depuis la dernière décennie, ce cépage fort bien utilisé en Bourgogne d'où il est originaire, peut produire en Alsace des vins intéressants, caractérisés par un beau fruité durant leur première jeunesse, et par des arômes plus complexes en viellissant.

LE CHASSELAS (10,6 % - 2,2 %)

Un cépage en perte de vitesse, mais qui a eu son heure de gloire au début du siècle. Le vin de Chasselas est un vin blanc frais et léger, mais qui pèche par son manque de caractère aromatique si présent dans les autres vins d'Alsace. C'est le Fendant en Suisse et le Gutedel en Allemagne. Il sert dans la majorité des cas à l'élaboration de l'Edelzwicker.

LA QUALITE DES MILLESIMES

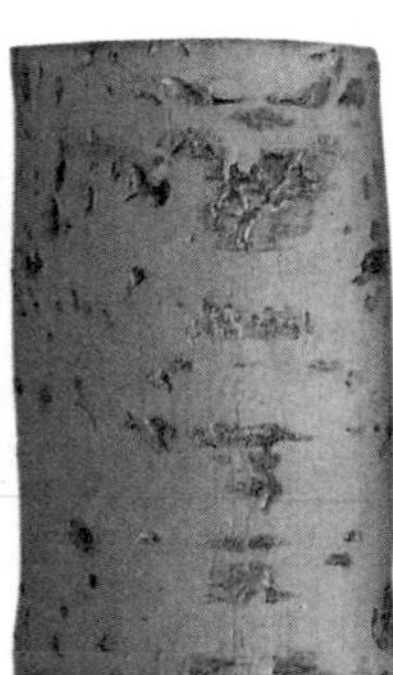
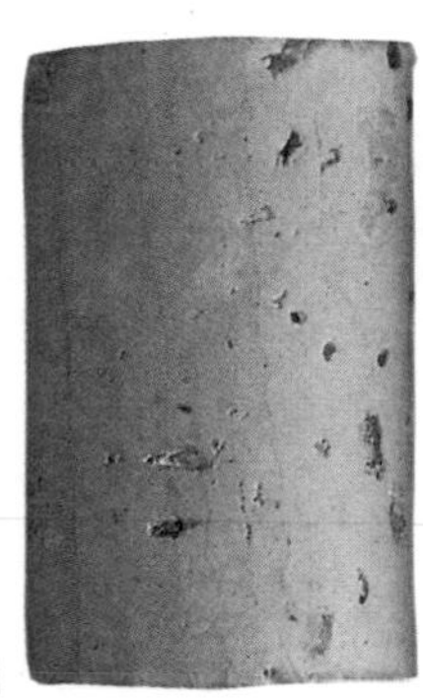
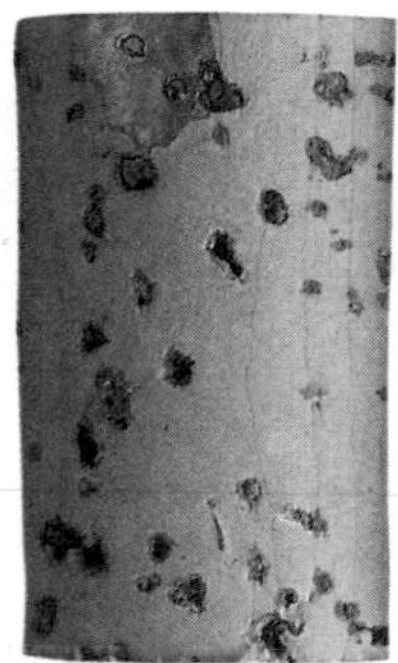
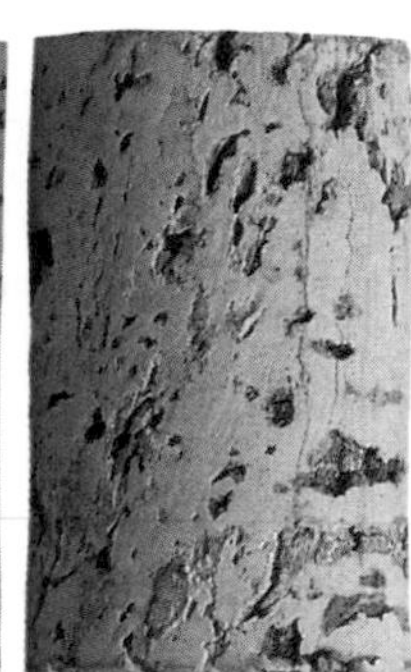

La classification des vins en général dans une grille de millésimes est une des choses les plus subjectives qui existent. En fait, cette classification n'est qu'un pâle reflet de la réalité. Que des associations de dégustateurs puissent juger une région toute entière, souvent sans différencier les expositions, voire même les différentes régions viticoles faisant partie de la même appellation, manque un peu d'objectivité.

Ceci est encore plus vrai pour les vins d'Alsace, avec les 8 cépages qui constituent l'appellation et qui sont plus précoces les uns que les autres.

Prenons par exemple un millésime soi-disant moyen : on aura plus de chances de trouver des Sylvaner Pinot blanc et des Tokay Pinot gris de très belle tenue. Les Riesling et les Gewurztraminer quant à eux manqueront quelquefois de structure et de suite en bouche, surtout s'ils sont issus de terroirs froids et d'exposition tardive.

Par ailleurs, un grand millésime n'est pas entièrement composé de grands vins. Les conditions climatiques étant très favorables, toute la gamme des cépages arrive rapidement à maturation. Dans la plupart des cas, les cépages précoces ont surmaturés et auront une acidité déficiente. On se trouvera donc en face de vins alcooleux et mous, d'évolution très rapide. Par contre, les cépages bien exposés et plus tardifs donneront de grands vins riches et harmonieux, mais pas obligatoirement de très longue garde. La carte des millésimes permettra donc de se faire une idée approximative de la qualité d'un millésime. Cette idée sera de toute façon à corriger avec chaque vigneron en fonction de sa vinification et des terroirs qu'il travaille.

Durant les 20 dernières années, l'Alsace a une certaine chance au niveau des conditions climatiques : elle n'a eu que quelques années désastreuses, 1972 étant la plus tristement représentative.

1971	N'a sûrement jusqu'à ce jour pas eu d'égal. Année superbe, où les raisins sont arrivés à très bonne maturation avec un très bon équilibre alcool et acide. Vins de longue garde pour la plupart des cépages.
1972	C'est une année néfaste et cela à tous les niveaux. Nous nous trouvons en face de vins creux et acides.
1973	L'année pléthorique. C'est la première fois que la région Alsace dépasse le million d'hectolitres. Vins agréables bien que légèrement dilués, ils auraient déjà dû être bus. Quelques très belles réussites avec des récoltes effectuées dans des vieilles vignes, particulièrement pour les Riesling et les Gewurztraminer.
1974	Vins creux et très nerveux, récolte à peine moyenne. Ils ont évolué rapidement.
1975	Année moyenne typée. Des vins frais, élégants et racés, les Riesling de ce millésime ont très bien évolué.
1976	L'exception par excès, c'est l'année de la sécheresse. Une maturation excessive et dans beaucoup de parcelles, les pieds ont souffert du manque d'eau. Un millésime où beaucoup de vins ont fait une fermentation malolactique, d'où une acidité très faible. L'année où les V.T. et les S.G.N. ont eu l'alcool par concentration et cette acidité si précieuse. Beaucoup de vins sont passés depuis longtemps et pourtant on avait qualifié cette année de millésime du siècle.
1977	Année à peine moyenne. Acidité très supérieure à la moyenne. Les Riesling herbacés et les Gewurztraminer secs et nerveux sont légion.
1978	Millésime plein de surprises. Certains vignerons ont réussi des Riesling secs mais bien structurés et des Gewurztraminer qui de nos jours ont encore quelques années devant eux.
1979	Belle année qui a donné des vins typiques "Alsace" et ceci pour tous les cépages. Les belles bouteilles méritent d'être bues après 10 ans.
1980	Un printemps froid, un été médiocre, un automne pluvieux : tout pour ne pas réussir un vin. Riesling séveux et acide, presque pas de Gewurztraminer. De rares réussites en Tokay et en Pinot blanc.
1981	Très belle année, vraiment typique "Alsace". Le fruité, la rondeur et le corps sont là combinés de façon harmonieuse. Tous les cépages ont fait de beaux vins, des Riesling à leur apogée, des Tokay et des Gewurztraminer inattendus encore dans beaucoup de cas.

1982	C'est l'opulence en excès. Un rendement jamais atteint ni avant, ni depuis. Les vins sont légers, souples et d'évolution rapide. Quelques exceptions cependant qui sont à boire désormais.
1983	Grand millésime. Léger déséquilibre au niveau de l'acidité qui est faible pour certains cépages. Les terroirs froids ont fait des vins de garde. Les grands Riesling, Tokay et Gewurztraminer sont sûrement encore à garder, mais à surveiller régulièrement. Les autres sont à boire, certains même auraient déjà dû l'être.
1984	Année climatique défavorable. Peu de choses à retenir, si ce n'est quelques réussites plaisantes en Pinot Auxerrois et Tokay grâce à la bonne vinification de certains vignerons. A boire rapidement.
1985	Trop beau millésime, qui a fait vibrer beaucoup de vignerons et d'amateurs. Réussite générale. Actuellement, les Riesling paraissent ingras, il est difficile de prévoir leur évolution tant ils sont fermés et peu agréables. Des Gewurztraminer exquis et charnus, des Tokay gras et amples. De garde.
1986	Le type même d'Alsace que l'on aimerait avoir tous les ans. Plaisant dès le début et évoluant normalement. C'est une réussite pour tous les cépages.
1987	Ressemble à 1986 en plus frais et en plus fruité. Une décoction d'arômes de fruits, de fleurs, des vins à boire pour se faire plaisir à soi-même et à ses amis.
1988	Un grand millésime avec les avantages et les inconvénients d'une telle année. Suivant les vignerons et les terroirs, on trouve des vins de grande garde, harmonieux, équilibrés, à boire dans quelques années. Dans les autres cas, ce sont des vins d'évolution rapide, souples, gras, amples, quelquefois trop riches en alcool. Une dégustation comparative permettra de faire ses achats en vins de garde ou à boire rapidement.
1989	Un millésime révolutionnaire ! Les Pinot, les Sylvaner, les Riesling, souples et gouleyants , issus de terroirs précoces seront là pour étancher votre soif dans les prochaines années. Mais les Gewurztraminer, les Tokay et les grands Riesling sont des vins à acheter et à stocker jalousement dans votre cave. Ils ont tout pour vieillir harmonieusement. Les vendanges tardives et les sélections de grains nobles seront peut-être encore là pour la prochaine révolution.

Il nous faut encore à présent vous entretenir des Vendanges Tardives (V.T.) et des Sélections de Grains Nobles (S.G.N.). Ces vins, je les ai intentionnellement passés pour l'instant sous silence. Une vendange tardive et, à fortiori une sélection de grains nobles, ne peut pas s'obtenir tous les ans. Je vous rappelle que pour l'obtention du label V.T. il faut, au moment de la vendange :

12,9° pour les Riesling et les Muscat

14,3° pour les Gewurztraminer et les Tokay Pinot gris

et pour le label S.G.N. :

15,7° pour les Riesling et les Muscat

17,1° pour les Gewurztraminer et les Tokay Pinot gris.

Ce sont donc des produits d'exception qui ne peuvent être élaborés que lors de bons millésimes, voire pour le Riesling S.G.N., en cas de très grand millésime.

Exception et rareté en font des vins d'un prix relativement élevé. Ils ont un potentiel de vieillissement très important, de 10 à 50 ans, voire même plus. Mais compte tenu de leurs richesses, ce sont des vins que l'on peut prendre plaisir à boire jeune, sans attendre leur apogée pour avoir le fruit et les parfums primaires.

LE VIN DE PAILLE

Certains vignerons fidèles à la tradition ancestrale, et de façon personnelle, essaient de refaire du vin de paille. En effet, il y a cent ans, les 3 vins de paille les plus illustres étaient ceux d'Alsace, d'Hermitage et du Jura. C'est un produit tout à fait exceptionnel, puisque les raisins sont vendangés à maturation normale puis sélectionnés (ils doivent être totalement sains). Ramenés à la propriété, ils sont délicatement déposés sur des claies dans un endroit sec et avec une température ambiante variant de 5° à 10°. Là, les raisins flétrissent, concentrant sucre et acidité. Régulièrement inspectés pour éviter toute pourriture, ils seront pressurés 5 à 6 mois après la date des vendanges. Vins exceptionnels par la concentration, quelques rares vieilles bouteilles existent encore, elles ont plus de 100 ans et sont encore, paraît-il, d'une incroyable fraîcheur et d'une étonnante jeunesse. Mais n'essayez pas de vous en procurer, la dénomination "Vin de paille" n'existe plus et l'expérience manquant, les viticulteurs qui en ont fait préfèrent attendre pour constater l'évolution du vin dans le temps. Mais c'est une belle initiative à connaître et à suivre.

1979
1988
QUALITÉ
VIN
D'ALSACE
1946
Vin
37,5dl

LA PRODUCTION

Avant de parler de l'achat des vins d'Alsace, il serait intéressant de savoir comment l'Alsace produit ses vins, par qui et comment elle commercialise et vend sa production. Voici donc quelques chiffres représentatifs de cette région.

Les vins d'Alsace et les vins d'Alsace Grand Cru avec la dénomination des cépages, représentent actuellement 15 % de la production des vins blancs A.O.C. français. Commercialisée dans la flûte d'Alsace, la production moyenne annuelle du vin s'élève à environ 140 millions de bouteilles, (1 000 000 d'hl.). 70 % de la production est consommée au niveau national. Toutefois, ces vins connaissent actuellement un regain de vente à l'exportation.

Les vins d'Alsace sont commercialisés par 3 grandes familles viticoles qui sont chacune très représentatives :

- 25 % de la production est commercialisée directement par les **vignerons récoltants** qui vinifient et vendent leur production. La superficie de l'exploitation est généralement supérieure à 3 ha.

- 37 % de la production est commercialisée par les **coopératives vinicoles** après vinification de la récolte. Les vins sont souvent vendus par les sociétaires dans différents circuits.

Les coopératives vinicoles ont deux origines : la plus ancienne est le regroupement de différents producteurs viticulteurs, qui se sont donné ainsi les moyens de mieux vinifier leurs productions et par la suite, d'avoir la puissance nécessaire pour organiser une bonne commercialisation de leurs produits. L'autre origine est due aux dégâts occasionnés lors de la libération de l'Alsace. Certains villages alsaciens ont été démolis à 100 %. Pour vinifier les raisins vendangés dans ce chaos, il a été plus facile et plus simple pour certains de se regrouper et de construire une cave et des chais communs.

- 38 % de la production est commercialisée par les **producteurs-négociants**. Ils achètent, en plus de leurs propres récoltes, soit le raisin soit le vin de petits viticulteurs.

La vente du vin d'Alsace au niveau national se fait en majeure partie par achat direct auprès de l'une des 3 familles mentionnées. Au niveau de l'exportation, les pays de la CEE sont largement en tête avec, aux premières places, la RFA, les Pays-Bas et la Belgique.

En 1988, nous pouvons dire que la production annuelle moyenne est de 133 millions de bouteilles de vin d'Alsace produites sur 13 000 ha de superficie A.O.C. en production dont 60 000 hl. de Crémant d'Alsace (8 millions de bouteilles). L'Alsace compte 8 000 viticulteurs dont 2 000 disposent de plus de 2 ha et exploitent plus de 75 % de la surface totale du vignoble.

PRODUCTION DE L'ALSACE PAR RAPPORT AUX AUTRES REGIONS VITICOLES

	1987	1988
Ensemble A.O.C. (en hl.)	19.926.935	19.807.759
Alsace	**5 %**	**5 %**
Bordeaux	24 %	23 %
Champagne	10 %	8,5 %
Bourgogne	12 %	12,5 %

LA CONSERVATION

Que ce soient des vins d'Alsace ou d'une autre région, une fois achetés, il faut savoir les entreposer dans un lieu adéquat. Pour les déguster certes, mais aussi pour pouvoir les attendre, parce qu'ils sont trop jeunes ou encore fermes et qu'un séjour dans une cave les bonifiera. Il est un peu triste de constater à quel point un lieu comme la cave à vin, qui peut servir de lieu de stockage à des bouteilles prestigieuses soit si peu pris en compte et en considération par les architectes et les constructeurs.

Dans le cas où vous avez le choix de la pièce qui va servir de cave, choisissez-la d'exposition nord, l'ardeur des rayons du soleil s'y fait moins sentir, et le plus loin possible de toute source d'odeur (chaufferie, garage).

Quand la pièce est choisie, si vous disposez d'une fenêtre ou d'une lucarne, obturez-la pour que la lumière ne puisse pas y passer (les rayons ultraviolets du soleil font vieillir prématurément les vins). Essayez aussi de ne pas être trop près de la route (les vibrations produites par le passage des véhicules sont néfastes à la bonne conservation des flacons entreposés). L'idéal est d'avoir dans cette pièce un sol de terre battue, véritable régulateur de l'hygrométrie. Le cas échéant, une caisse de sable que l'on aura soin d'humidifier régulièrement permet de conserver cette humidité nécessaire. Un hygromètre est le bienvenu de même qu'un thermomètre. L'humidité relative idéale est de 70 à 85 %, ce qui permet aux bouchons de ne pas se dessécher et donc de ne pas favoriser d'échange gazeux entre le vin et l'air ambiant. Cela serait néfaste à la bonne conservation des vins. Ce taux d'hygrométrie permet aux étiquettes de ne pas être altérées par la moisissure qui serait présente avec une humidité plus importante.

La température, elle aussi, est très importante. Une cave très froide permet la conservation des vins, mais ils restent bloqués dans leur évolution, ce qui n'est pas le but recherché. Une cave trop chaude, quant à elle, fait évoluer les vins trop rapidement au détriment de la finesse du produit. Le plus important est l'écart de température. Il doit être le plus faible possible entre la température minima et la température maxima et se faire le moins vite possible. La température moyenne optimale doit osciller entre 10 et 14°. Le respect de toutes ces conditions permet de disposer d'une cave presque idéale.

Il ne suffit pas d'avoir la pièce, il faut savoir gérer son stock. Il faut connaître ses vins, les goûter de temps en temps pour suivre leur évolution. L'idéal est la tenue d'un livre de cave. Il permettra de voir l'évolution du vin entre deux dégustations et de se remémoriser rapidement les vins entreposés.

Il faut aussi tenir compte du potentiel de vieillissement de chaque vin ; on n'achète pas du Sylvaner, du Pinot blanc et du Muscat pour les entreposer dix ans. Ceci ne veut pas dire que les vins issus de ces cépages ne seront plus bons, mais que le type de vin que l'on a acheté, son fruité, sa fraîcheur, auront disparu. En règle générale, le Crémant d'Alsace est acheté pour une consommation dans les deux ans maximum, le Sylvaner, le Pinot blanc, le Muscat, le Pinot noir rosé, dans les 2 ou 3 ans. Les Riesling, les Tokay Pinot gris et les Gewurztraminer génériques peuvent se conserver quelques années de plus. Les grands crus, les V.T. ou les S.G.N. sont des vins de garde. Il faudra savoir attendre qu'ils évoluent, qu'ils se fassent en bouteille et pour les plus grands d'entre eux, un potentiel de vieillissement de l'ordre de 50 ans est prévisible. Les grandes bouteilles ne sont toutefois pas légion et ce n'est qu'à la dégustation que l'on pourra confirmer ou infirmer ce potentiel.

La conservation de très vieilles bouteilles comporte un certain risque. De plus, il faudrait changer le bouchon tous les 20 ans à peu près. Pour cela, il est préférable de demander à un vigneron ou un œnologue de s'en charger.

Mais en règle générale, les vins d'Alsace ne sont pas de trop grande garde. Le fait d'être épicurien et de les boire dans leur jeunesse, au moment où ils donnent tellement de plaisirs olfactifs avec leurs senteurs florales, et leurs fruités typiques, est sûrement la meilleure façon de les apprécier.

Puissent tous les vins que vous avez en cave vous donner le maximum de plaisirs bacchiques.

LA DEGUSTATION

Le choix du verre est très important. Si le verre traditionnel a son charme et convient dans la plupart des cas, il en est autrement si l'on parle de dégustation méthodique. A cet égard, l'Alsace possède sûrement le verre le moins apte. Son calice une fois rempli ne favorise qu'une seule chose, la dispersion des arômes à tout vent. L'attrait de ce verre est son histoire. Un ballon posé sur un pied vert, aucune autre région viticole française n'a cette particularité qui avait autrefois sa raison d'être.

Le pied vert, par sa transparence et son reflet, rajeunissait le vin versé dans le ballon. Souvent à la suite de problème de conservation et d'oxydation, les vins étaient d'une couleur très jaune. Cette couleur était même très recherchée ; plus le vin était jaune doré, plus cher il était acheté. Mais le fait d'avoir un léger reflet verdâtre le rendait plus agréable au regard. Autrefois les vignerons alsaciens ne possédant pas les moyens œnologiques actuels, il restait souvent des particules en suspension dans le vin. Le pied vert masquait en partie celles-ci quand on mirait le vin.

De nos jours, les vins d'Alsace attirent les consommateurs par leurs caractères fruités et floraux. La large palette de couleurs que l'on peut observer suivant l'âge du vin et le cépage dont il est issu, élimine l'intérêt du pied vert. C'est ainsi que de plus en

plus de vignerons et de restaurateurs, proposent de déguster des vins d'Alsace dans un verre Alsace à pied blanc. Mais le manque de concentration des arômes fait toujours défaut. Depuis peu, un grand restaurateur alsacien, Monsieur Jung, vient de créer un verre type Alsace qui a l'avantage de favoriser cette concentration aromatique. De plus, la conception du verre a conservé dans ses grandes lignes les formes originelles du verre Alsace. L'ensemble est agréable à l'œil et intéressant justement pour cette concentration d'arômes qu'il favorise.

Pour la dégustation pure, l'idéal est le verre type INAO ou l'équivalent. La forme de celui-ci permet parfaitement de viser la transparence des produits dégustés, l'examen du disque du vin est facilité et la concentration des arômes est optimale, mais sans excès, la relation olfactive et gustative est respectée. De plus, c'est un verre que l'on trouve chez presque tous les vignerons et dans les Wine bar. On ne sera donc pas dépaysé par la différence de concentration des arômes. Pour la dégustation, c'est un verre qu'il ne faut remplir qu'au tiers.

- Verre traditionnel
- Verre type INAO
- Flûte à crémant
- Verre Alsace Jung
- Verres des fêtes du vin ou "Retscherla".

Maintenant que nous sommes en possession du seul ustensile indispensable, le verre, nous pouvons passer au plaisir de la dégustation. C'est en fait une cascade de plaisirs. Pour beaucoup de gens, la phase de dégustation commence par l'aspect visuel. On peut dire qu'elle commence par le fait d'écouter le vin que l'on verse dans le verre. Le fait d'écouter le vin couler peut déjà être une source de renseignements indispensable à la suite de la dégustation. Un vin blanc sec émet un son cristallin, un vin blanc moelleux émet quant à lui un bruit plus mat. Par expérience, on sait donc déjà approximativement situer le type de vin.

Mais le premier vrai plaisir de la dégustation est visuel. C'est pouvoir mirer le vin, évaluer sa transparence, sa limpidité, sa jeunesse par la magie des nuances, prendre plaisir à le situer dans la palette des couleurs, à définir la robe : elle peut être pâle, soutenue, riche, profonde.

Puis il s'agit de prendre conscience de sa richesse en alcool, en glycérol et en sucres résiduels s'il y en a. Pour cela, on fait tourner rapidement le vin dans le verre puis on observe les jambes ou les larmes du vin sur la paroi du verre. Plus elles sont importantes, plus le vin est riche en alcool et en glycérol. Il est gras, onctueux, voire huileux dans certains cas. Par l'examen visuel, on peut aussi se rendre compte de la teneur en gaz carbonique du vin.

Après le plaisir des yeux vient celui du nez en humant le vin. On se contente, lors de la première phase, de sentir celui-ci sans le remuer. On pourra ainsi déceler les arômes les plus fins, ceux qui s'évaporent en premier. La deuxième phase de la dégustation olfactive consiste à imprimer un mouvement circulaire au verre pour augmenter la surface du disque en contact avec l'air. L'aération du vin ainsi obtenue fait se dissiper des odeurs de relent souvent dues au temps de stockage du vin dans la bouteille. Les esthers aromatiques plus lourds se dégagent et s'amplifient en des arômes totalement différents des premiers que l'on a perçus. Pour les vins d'Alsace courants, les arômes perçus sont de type primaire, rappelant le fruité du raisin et les senteurs des fleurs. Si le vin est très jeune, on peut encore trouver des arômes fermentaires qui se sont créés lors de la fermentation du mou.

Enfin, après ces plaisirs qui ne sont que mise en route, arrive la phase de dégustation proprement dite : c'est la phase gustative. C'est elle qui doit confirmer ce que l'on a entendu, vu et humé.

La première phase est celle de l'attaque. Si elle est forte et rapide, on peut penser être en présence d'un vin vif, sec et nerveux. Si l'acidité est plus faible, l'attaque est plus molle.

La deuxième phase est la diffusion aromatique dans le palais. Cette diffusion peut être explosive, c'est-à-dire qu'on la perçoit de plus en plus nettement, ou elle se fait avec un creux : on a l'impression de ne plus rien percevoir à un certain moment. La diffusion d'arômes peut recommencer quelquefois après ce creux. C'est durant ce moment que l'on peut définir le vin, ses qualités gustatives, sa complexité, son caractère.

La dernière phase de la dégustation est l'impression de longueur après déglutition du vin. Cette impression de longueur peut se mesurer dans le temps : c'est le nombre de caudalies du vin. Les caudalies sont les secondes durant lesquelles cette perception existe. Un très grand vin peut mesurer 20 caudalies et plus. Mais cette longueur en bouche doit faire totalement abstraction de la charpente du vin et de son acidité. Dans le cas contraire, les petits vins acides ou nerveux auraient de grandes caudalies et le vinaigre serait assurément un vin exceptionnel. Les caudalies ne mesurent que le temps de persistance aromatique.

Tout ce parcours, avec l'habitude, se fait presque automatiquement. La mémorisation des résultats permet de se souvenir d'un vin souvent quelques années plus tard. La dégustation est surtout intéressante par le plaisir qu'on en tire, par le fait d'en parler, de décrire ses sensations, de les partager avec ses amis. C'est aussi pour cela que les vignerons ont travaillé durant toute une année.

LES VINS D'ALSACE ET LA TABLE

Tout le monde connaît les spécialités culinaires de l'Alsace. Son foie gras, sa charcuterie, ses escargots, sa matelote, ses poissons à la crème, brochet, sandre, ses cuisses de grenouilles, son baeckaoffa, ses navets confits, sa choucroute, ses gibiers et ses desserts, sans oublier son inimitable fromage de Munster. Cette culture culinaire est étroitement liée à la vigne et aux vignerons.

Nombre de ces plats étaient ceux que la femme du vigneron préparait et laissait mijoter pendant qu'elle travaillait avec son mari dans les vignes. De retour à midi, on mettait le pot en terre cuite sur la table.

On mangeait chaud et consistant car le travail était entièrement manuel et demandait une grande dépense physique. On accompagnait ce repas du vin adéquat, la préparation culinaire en elle-même étant déjà souvent à base de vin. Ce vin était du Pinot ou du Sylvaner, quelquefois du Riesling. Pour le foie gras, le vigneron avait quelques vieilles bouteilles de Tokay. Pour le Munster, il préférait le Gewurztraminer.

Actuellement, les vins d'Alsace permettent d'accompagner tout un repas. Nous allons donc passer en revue, pour chaque cépage, le type de préparations culinaires le mieux adapté.

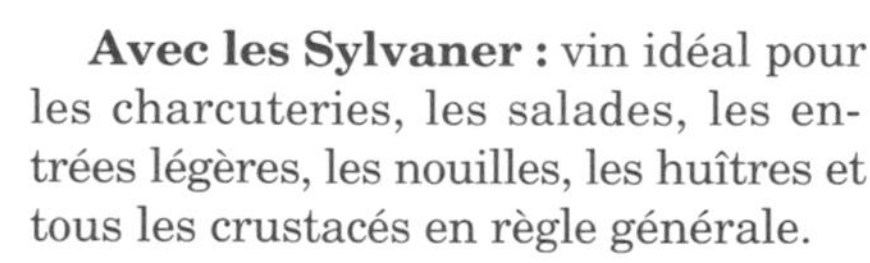

Avec les Sylvaner : vin idéal pour les charcuteries, les salades, les entrées légères, les nouilles, les huîtres et tous les crustacés en règle générale.

Température de service : 8 à 10° C.

Avec le Pinot blanc : c'est un vin à boire pour se désaltérer. Il va bien avec une hure de porc par exemple, une terrine de foie, ou une autre terrine qui ne soit pas à base de gibier. C'est le vin idéal pour accompagner les navets confits ou une potée lorraine par exemple.

Température de service : 8 à 10° C.

Avec le Muscat d'Alsace : c'est le vin d'apéritif ou de la soif que l'on accompagnera agréablement d'une tranche de kougelhopf. C'est aussi un vin parfait pour accompagner les asperges, le saumon mariné. Il s'harmonisera très bien avec le melon : servez-le en granité dans du melon avec une tranche de jambon fumé. C'est simple et excellent.

Température de service : 10° C.

Avec le Riesling : tout comme le Sylvaner, le Riesling, léger et nerveux, s'harmonise très bien avec les crustacés et les poissons de mer aussi bien que les poissons d'eau douce. Plus la préparation culinaire sera élaborée, plus grand devra être le Riesling. Un grand cru ou un Riesling V.T. sera parfait avec un homard à l'américaine. Des filets de sole aux nouilles avec une sauce hollandaise s'adapteront parfaitement avec un grand Riesling, issu d'une grande année.

Température de service : 10 à 12° C.

Avec le Tokay Pinot gris : le gras et l'ampleur du Tokay permettent d'y associer de nombreux plats, notamment les terrines de gibier. Les viandes, les volailles, les lapereaux et les sauces peuvent même être corsés. C'est le vin à boire avec des préparations de gibier sans trop de macération. Le vin et le mets se respectent. Le Tokay Pinot gris va aussi très bien avec les abats et les grands Tokay seront de la fête avec un foie gras préparé à l'alsacienne, qu'il soit d'oie ou de canard.

Température de service : 11 à 12° C.

Avec le Pinot noir :

- style rosé : c'est un vin facile qui s'harmonise bien avec tout, à condition que les plats n'aient pas trop de caractère. Il permet de faire un repas léger sans changer de vin.

- style rouge : pour les inconditionnels du vin rouge, le Pinot noir permet des harmonies avec toutes les viandes rouges grillées ou en sauce (au vin). Son caractère tonique s'allie bien avec les viandes. Bu jeune, il pourra même être consommé avec des poissons grillés ou cuits à la vapeur.

Température de service :
style rosé: 10 à 11° C.
style rouge : 12 à 14° C.

Avec le Gewurztraminer : vin très floral et puissant que l'on peut boire en apéritif ou avec les desserts. Le grand Gewurztraminer, à son apogée, accompagnera de façon idéale les foies gras. Ses arômes devront être fondus et avoir perdu leurs caractères primaires. C'est aussi le vin à boire pour lui-même, pour son caractère unique et inégalable. N'oublions pas le mariage de raison par excellence : le Gewurztraminer avec un Munster à point.

Température de service : 12° C.

Les vendanges tardives et sélections grains nobles sont des vins à boire pour eux-mêmes, pour leurs grandes qualités, presque religieusement. Dans beaucoup de cas, le vin ne permettrait pas de déguster le plat et de l'apprécier à sa juste valeur ou bien le plat ne sera pas idéalement accordé et empêchera d'apprécier la jeunesse et l'ampleur du vin.

Température de service : 13° C.

Le Crémant d'Alsace : le vin de toutes les fêtes permet d'accompagner un repas du début à la fin. Associé aux liqueurs, il fera des apéritifs exquis et originaux, qui étonneront vos amis.

Température de service : 10° C.

QUELQUES RECETTES

Terrine de foie gras frais

Pour 6 personnes

Ingrédients :

1 foie de 600 g.
10 g. de sel
10 cl. de porto
5 cl. de cognac ou d'armagnac
Fines bardes.

TOKAY OU GEWURZTRAMINER

Préparation : 15 mn. Macération : 24 h.
Cuisson : 45 mn.

Séparer les lobes du foie et l'ouvrir en 10 ou 12 morceaux environ. Oter les veines principales. Mettre les morceaux de foie à macérer dans le porto et l'armagnac pendant 24 heures, au frais. Saler.

Placer le foie dans la terrine et tasser bien pour qu'il n'y ait pas d'air entre les morceaux. Recouvrir de fines bardes et placer le couvercle sur la terrine.

Préparer un bain-marie à 70° C. L'eau doit arriver juste au-dessous du couvercle. Faire pocher pendant 30 à 40 minutes au four, th. 5 (150° C).

Enlever le couvercle et les bardes. Il doit y avoir sur le foie une fine couche de graisse fondue et claire.

Servir frais accompagné de toasts, de pain paysan ou de baguette bien fraîche.

Escargots

Pour 1 personne

Ingrédients :

1 douzaine d'escargots
50 g. de beurre
2 g. de sel
1 g. de poivre
8 g. de persil
3 g. d'ail
4 g. d'échalote
1 peu de noix de muscade
1/2 l. de court-bouillon.

SYLVANER OU PINOT

Préparation : 15 mn. Cuisson : 10 mn.

Avant utilisation, rincer les escargots et les faire cuire dans le court-bouillon pendant 5 à 10 minutes. Les égoutter.

Malaxer le beurre avec le sel, le poivre et la noix de muscade râpée. Ajouter l'ail, l'échalote et le persil finement hachés. Bien mélanger.

Dans chaque coquille, mettre un peu de beurre, un escargot puis boucher entièrement la coquille avec le beurre.

Disposer les escargots bien droits dans une escargotière.

Mettre au four, th. 9 (270° C), pendant 10 minutes. Vérifier que le beurre ne coule pas pendant la cuisson.

Servir les escargots dans leurs coquilles dès que le beurre devient mousseux.

Coq au riesling

Pour 6 personnes

Ingrédients :

1 coq de 1,5 à 2 kg.
3 échalotes
50 g. de beurre
1 cuil. à soupe d'huile
5 cl. de cognac
30 cl. de riesling
Sel, poivre
150 g. de champignons de Paris
15 cl. de crème
1 cuil. à soupe de farine
1 jaune d'œuf (facultatif).

RIESLING

Préparation : 20 mn. Cuisson : 40 mn.

Flamber et vider le coq. Le couper en quartiers.

Faire revenir les différents morceaux de volaille dans le beurre et l'huile. Saler, poivrer et laisser dorer de chaque côté 5 minutes.

Hacher finement les échalotes et les ajouter à la viande. Laisser suer un peu. Flamber au cognac et mouiller avec le riesling. Couvrir et laisser mijoter à feu doux pendant 30 minutes environ.

Pendant ce temps, laver et émincer les champignons. Les verser dans la cocotte 10 minutes avant la fin de la cuisson.

Retirer les morceaux de volaille. Les dresser dans le plat de service et les garder en attente au chaud.

Mélanger la crème et la farine (éventuellement le jaune d'œuf). Laisser réduire le fond de cuisson et ajouter le mélange crème-farine pour lier la sauce. Ne plus laisser bouillir.

Rectifier l'assaisonnement si nécessaire. Verser la sauce sur la viande et servir très chaud.

Baeckaoffa

Pour 6 personnes

Ingrédients :

900 g. d'échine de porc
1 kg. de pommes de terre
3-4 carottes
2 oignons, 1 gousse d'ail
30 g. de beurre
Sel, poivre
1/2 l. de vin blanc
1 pied de porc
100 g. de farine.

Marinade :
1/2 l. de vin blanc
1 bouquet garni, 1 oignon
Sel.

PINOT BLANC
OU ROSE

Préparation : 30 mn. Marinade : 24 h. Cuisson : 2 h.

Faire mariner la viande coupée en tranches et le pied de porc pendant 24 heures dans le vin blanc avec l'oignon émincé et le bouquet garni. Saler légèrement.

Eplucher les pommes de terre et les carottes. Les émincer. Eplucher, émincer l'oignon et le faire revenir dans le beurre.

Frotter la terrine avec la gousse d'ail. Disposer une couche de légumes avec la moitié des oignons, la viande et le pied de porc, puis une couche d'oignons et de légumes. Saler et poivrer. Mouiller avec le vin et 1/2 l. d'eau jusqu'au niveau des pommes de terre.

Couvrir et fermer hermétiquement : enduire le tour du couvercle d'une pâte faite avec la farine et 1 cuillerée d'eau pour rendre étanche. Mettre au four, th. 7 (210° C), pendant 2 heures.

Choucroute

Pour 8 personnes

Ingrédients :

1 cuil. à soupe de saindoux (ou d'huile)
1 oignon
2 kg. de choucroute
1 palette fumée de 1,5 kg. (ou du collet)
300 g. de lard frais
300 g. de lard fumé
8 saucisses viennoises
4 saucisses de Montbéliard
1 petit jambonneau fumé
2 feuilles de laurier
Quelques grains de coriandre
1 cuil. à café de cumin
2-3 baies de genièvre
1-2 clous de girofle
1-2 pommes de terre par personne
1 1/2 verre de vin blanc.

SYLVANER OU RIESLING

Préparation : 30 mn. Cuisson : 1 h. 30 mn.

Porter à ébullition 3 l. d'eau froide. Saler. Y plonger la palette (ou le collet) et le jambonneau. Laisser cuire pendant 1 heure et demie.

Rincer la choucroute à l'eau froide puis à l'eau chaude. Laisser égoutter.

Emincer l'oignon et le faire revenir dans l'huile. Ajouter la moitié de la choucroute, poser le lard dessus, répartir les condiments et recouvrir de choucroute. Ajouter une louche d'eau de cuisson de la palette et un demi-verre de vin blanc. Laisser mijoter 1 heure.

15 minutes avant la fin de la cuisson, verser un verre de vin et poser les montbéliards sur la choucroute. Rincer les viennoises à l'eau chaude et les poser également sur la choucroute 5 minutes avant la fin de la cuisson.

Dresser la choucroute sur le plat de service, entourée des saucisses, du lard, de la palette et du jambonneau coupés en tranches. Servir accompagnée de pommes de terre en robe de chambre.

On peut faire mariner le lard frais en le roulant la veille dans un mélange d'ail haché avec 1 cuillerée à café de coriandre, du sel, du poivre et du laurier : le recouvrir d'une assiette et le laisser au frais jusqu'au lendemain. On peut également compléter la garniture de la choucroute avec des quenelles de foie.

Galettes de pommes de terre

Pour 6-8 personnes

Ingrédients :

1 kg. de pommes de terre
1 yaourt maigre
2 échalotes
2 œufs
Sel, poivre, persil
1 cuil. à soupe de farine
Noix de muscade râpée.

SYLVANER

Préparation : 20 mn. Cuisson : 15 mn.

Eplucher les pommes de terre et les râper. Les égoutter dans une passoire. Les presser pour en extraire le jus.

Les mélanger avec le yaourt. Ajouter le persil et les échalotes hachées, les œufs et la farine. Assaisonner.

Déposer de grosses cuillerées de ce mélange dans une poêle huilée et bien chaude. Les aplatir en galettes. Faire dorer sur les 2 faces.

Servir chaudes et croustillantes, accompagnées de salade.

Tarte aux mirabelles

Pour 6 personnes

Ingrédients :

250 g. de farine
125 g. de beurre
1 œuf
15 cl. d'eau
Sel
1,3 kg. de mirabelles
25 cl. de crème
1 œuf
1 sachet de sucre vanillé
80 g. de sucre.

GEWURZTRAMINER
OU MUSCAT

Préparation : 30 mn. Cuisson : 35 à 40 mn.

Creuser une fontaine dans la farine tamisée. Y casser l'œuf et verser l'eau. Incorporer progressivement la farine. Ajouter le beurre coupé en petits morceaux et pétrir rapidement.

Rassembler la pâte en boule et laisser reposer pendant 30 minutes.

Abaisser la pâte et en foncer un moule à tarte beurré et farine.

Fendre les mirabelles et les dénoyauter. Les disposer ouvertes en couronne sur le fond.

Battre l'œuf, la crème et le sucre. Verser cette préparation sur la tarte et faire cuire au four, th. 7 (210° C), pendant 35 à 40 minutes.

Kougelhopf

Pour 6-8 personnes

Ingrédients :

500 g. de farine
120 g. de sucre
130 g. de beurre
1 œuf
30 cl. de lait
1 sachet de levure de boulanger sèche (en poudre)
1/2 cuil. à café de sel
50 g. de raisins secs
20 amandes mondées
1 petit verre de kirsch
20 g. de beurre pour le moule.

MUSCAT OU
GEWURZTRAMINER
LEGER

Préparation : 40 mn. Repos de la pâte : 1 h. 30 mn.
Cuisson : 50 mn.

Faire tremper les raisins dans de l'eau chaude.

Faire tiédir le lait. Ajouter le sucre et y faire ramollir le beurre.

Tamiser la farine dans une terrine et y creuser un puits. Y verser la levure et y casser l'œuf. Travailler avec un peu de farine. Verser le lait et le sel. Mélanger avec toute la farine. Ajouter les raisins et le kirsch. Travailler cette pâte à la main en la soulevant pour l'aérer pendant 15 minutes. La couvrir d'un linge et la laisser lever dans un endroit tempéré pendant environ 1 heure.

Pendant ce temps, beurrer un moule à kougelhopf et déposer une amande dans chaque rainure.

Tapoter la pâte pour qu'elle s'abaisse et la répartir dans le moule. Laisser lever une deuxième fois jusqu'au bord. Mettre au four, th. 7 (210° C), pendant 50 minutes.

Démouler à la sortie du four. Laisser refroidir et saupoudrer de sucre glace avant de servir.

Les recettes sont tirées de "LA CUISINE ALSACIENNE TRADITIONNELLE" du même éditeur.

LES GRANDS CRUS D'ALSACE

Altenberg de Bergbieten
Altenberg de Bergheim
Altenberg de Wolsheim
Brand (Turckheim)
Bruderthal (Molsheim)
Eichberg (Eguisheim)
Engelberg (Dahlenheim)
Florimont (Ingersheim)
Frankstein (Dambach-la-ville)
Froehn (Zellenberg)
Furstentum (Kientzheim et Sigolsheim)
Geisberg (Ribeauvillé)
Gloeckelberg (Rodern et Saint-Hippolyte)
Goldert (Gueberschwihr)
Hatschbourg (Hattstatt et Voegtlingshoffen)
Hengst (Wintzenheim)
Kanzlerberg (Bergheim)
Kastelberg (Andlau)
Kessler (Guebwiller)
Kirchberg de Barr
Kirchberg de Ribeauvillé
Kitterlé (Guebwiller)
Mambourg (Sigolsheim)
Mandelberg (Mittelwihr)
Markrain (Bennwihr)
Moenchberg (Andlau et Eichhoffen)
Muenchberg (Nothalten)
Ollwiller (Wuenheim)
Osterberg (Ribeauvillé)
Pfersigberg (Eguisheim)
Pfingstberg (Orschwihr)
Praelatenberg (Orschwiller et Kintzheim)
Rangen (Thann)
Rosacker (Hunawihr)
Saering (Guebwiller)
Schlossberg (Kaysersberg et Kientzheim)
Schoenenbourg (Riquewihr)
Sommerberg (Niedermorschwihr et Katzenthal)
Sonnenglanz (Beblenheim)
Spiegel (Bergholz et Guebwiller)
Sporen (Riquewihr)
Steinert (Pfaffenheim)
Steingrubler (Wettolsheim)
Steinklotz (Marlenheim)
Vorbourg (Westhalten et Rouffach)
Wiebelsberg (Andlau)
Wieneck-Schlossberg (Katzenthal)
Winzenberg (Blienschwiller)
Zinnkoepflé (Soultzmatt et Westhalten)
Zotzenberg (Mittelbergheim)

Rott
Oberhoffen
Steinseltz
Cleebourg
Gimbrett
Nordheim
STRASBOURG
Wangen
Marlenheim
Westhoffen
Furdenheim
Traenheim
Scharrachbergheim
Balbronn
Dahlenheim
Bergbieten
Ergersheim
Dangolsheim
Avolsheim
Soultz-les-Bains
Rosenwiller
Rosheim
BAS-RHIN
Bœrsch
Bischoffsheim
Obernai
Ottrott
Bernardswiller
Heiligenstein
Goxwiller
Gertwiller
Barr
Andlau
Mittelbergheim
Bernardville
Eichhoffen
Reichsfeld
Epfig
Nothalten
Itterswiller
Blienschwiller
Dambach-la-Ville
Dieffenthal
Scherwiller
Châtenois
Sélestat
Kintzheim
Orschwiller
l'ILL

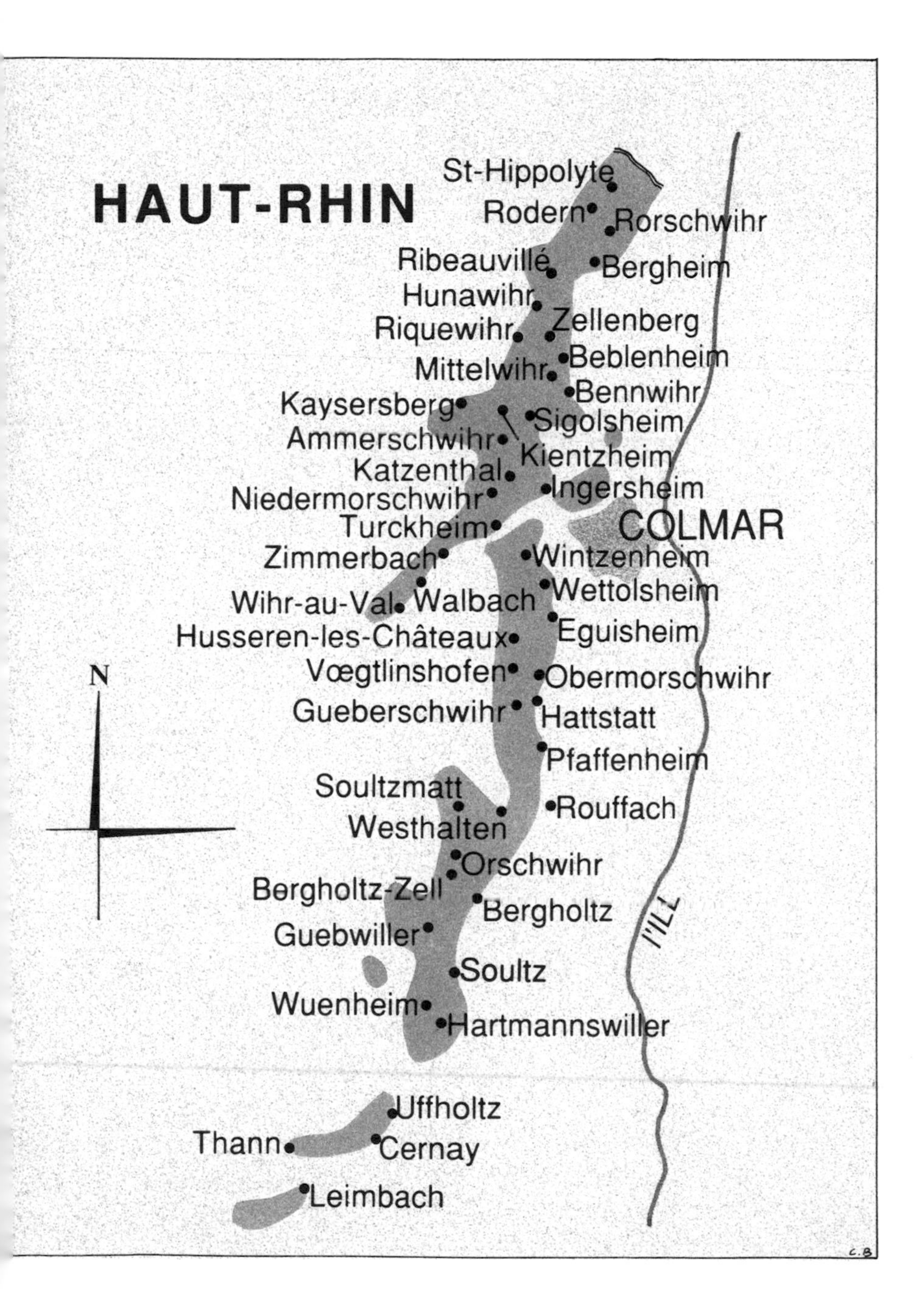
HAUT-RHIN
St-Hippolyte
Rodern
Rorschwihr
Ribeauvillé
Bergheim
Hunawihr
Riquewihr
Zellenberg
Mittelwihr
Beblenheim
Bennwihr
Kaysersberg
Sigolsheim
Ammerschwihr
Kientzheim
Katzenthal
Ingersheim
Niedermorschwihr
Turckheim
COLMAR
Zimmerbach
Wintzenheim
Wihr-au-Val
Walbach
Wettolsheim
Husseren-les-Châteaux
Eguisheim
Vœgtlinshofen
Obermorschwihr
Gueberschwihr
Hattstatt
Pfaffenheim
Soultzmatt
Westhalten
Rouffach
Orschwihr
Bergholtz-Zell
Bergholtz
Guebwiller
Soultz
Wuenheim
Hartmannswiller
L'ILL
N
Uffholtz
Thann
Cernay
Leimbach
C.B

le Bordeaux

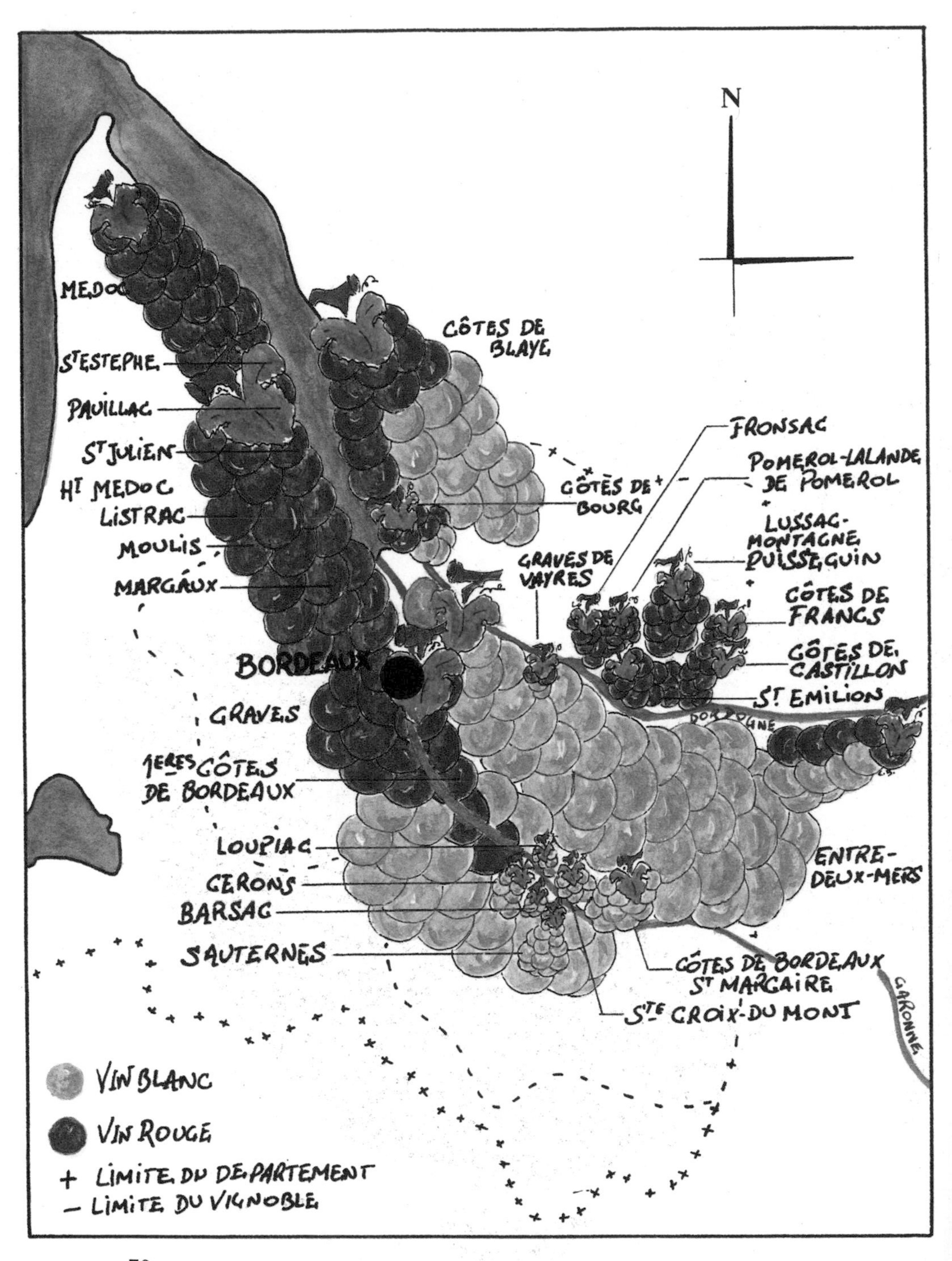
N
MEDOC
STESTEPHE
PAUILLAC
ST JULIEN
HT MEDOC
LISTRAC
MOULIS
MARGAUX
CÔTES DE BLAYE
CÔTES DE BOURG
FRONSAC
POMEROL-LALANDE DE POMEROL
LUSSAC-MONTAGNE
PUISSEGUIN
CÔTES DE FRANCS
CÔTES DE CASTILLON
ST EMILIONS
GRAVES DE VAYRES
BORDEAUX
GRAVES
DORDOGNE
1ERES CÔTES DE BORDEAUX
LOUPIAC
CERONS
BARSAC
SAUTERNES
ENTRE-DEUX-MERS
CÔTES DE BORDEAUX ST MACAIRE
STE CROIX-DU MONT
GARONNE
VIN BLANC
VIN ROUGE
+ LIMITE DU DEPARTEMENT
– LIMITE DU VIGNOBLE

SON HISTOIRE

Depuis toujours, le monde entier connaît les vins de la région de Bordeaux, tels que Pauillac, Saint-Julien, Graves, Pomerol ou Saint-Emilion. Ce culte du vin nous vient de la nuit des temps.

La région bordelaise était déjà longtemps avant notre ère une région très peuplée. La région du bas Médoc a été un centre métallurgique important à l'âge du bronze. Plus tard, avec la proximité de la mer qui permettait de faire venir le cuivre d'Ibérie et l'étain des mines d'Armorique ou de la Loire atlantique, cette région connut bien avant l'heure, une relative prospérité. On sait que vers le IIIe siècle avant notre ère, les Celtes, qui se nommaient les Bituriges Vivisci, fondèrent Burdigila, sur la rive gauche de la Garonne. Ce fut en premier lieu un port pour l'étain, si nécessaire, et pour l'arrivée des vins de la région narbonnaise. Ce commerce très prospère était réservé exclusivement aux marchands romains qui amassèrent de grandes fortunes et contribuèrent, de cette façon, à la prospérité de la région. Ce trafic de vins incita les Bituriges Vivisci à créer leurs propres vignobles.

Ils se mirent donc en quête d'un cépage susceptible de bien tenir et de prospérer dans le climat bordelais. Pline l'Ancien a insisté sur les qualités du cépage qui fut nommé le Biturica. En effet, il "passe" bien la fleur car elle est hâtive, résiste bien au vent et à la pluie. La vigne produit en quantité un vin qui se garde longtemps et qui se bonifie avec les années. L'origine du plant Biturica est sûrement grecque. C'est un plant noble, qui a été sélectionné pour faire de bons vins. Une première recherche de qualité est déjà faite à cette époque et ce sera le souci constant de tous les vignerons bordelais jusqu'à nos jours.

Mais n'en déduisons pas pour autant que les vins produits à cette époque étaient de grands vins : c'était très certainement des vins concentrés, aromatisés à l'aide d'épices, de fleurs, de résines ou d'écorces, conservés dans des vases enduits de poix.

De nos jours, le Biturica a disparu. Certains disent qu'il fut l'ancêtre du Cabernet.

Pendant longtemps, on ne parla plus des vins du Bordelais. Le réveil se produisit à la suite du mariage d'Eléonore d'Aquitaine avec Henri Plantagenêt, futur roi d'Angleterre en 1154. En peu de temps, des vaisseaux chargés de vins bordelais naviguèrent vers l'Angleterre au détriment des vins de Charente, de Cahors et de Moissac.

Dès vers 1220, la région bordelaise fournissait les 3/4 des vins consommés dans les châteaux d'Angleterre.

A cette époque, il ne faut pas le nier, le vignoble bordelais se trouvait implanté comme tous les autres vignobles, près des fleuves et des rivières, ce qui permettait un transport aisé de la production vers le port de Bordeaux. Entre 1356 et 1369, le vignoble exporta environ 30 000 tonneaux de vin. La production devait avoisiner 400 000 hectolitres, 500 000 avec les vins du Libournais et l'on estime que la superficie du vignoble de cette époque était de 35 000 hectares environ. De cette époque, nous ne connaissons pas la qualité des vins, les marchands bordelais se bornaient à charger les tonneaux sur les bateaux qui venaient les chercher. Comme on ne savait pas garder le vin, il était certainement jeune. Cette domination anglaise pacifique dura plus de deux siècles et longtemps après que la région soit redevenue française, les privilèges des marchands bordelais à l'exportation furent maintenus, la plupart jusqu'à la révolution.

A cette époque, on différenciait les vins en trois groupes : les vins de côtes, les vins de palus et les vins de graves, première esquisse fondée sur le caractère géologique des terroirs. On parlait aussi à cette époque du claret, terme qui est resté en vigueur en Angleterre jusqu'à nos jours. Le claret était sûrement le vin qui s'écoulait de la cuve que l'on vidange et qui n'est pas chargé de substances en suspension qui troublent le vin du fond de la cuve. Le jus de presse était nommé "vermelle" et était sûrement plus épais et tannique.

La demande à cette époque était très importante et les acheteurs étaient souvent amenés à acheter les vins de la future récolte (ils achetaient déjà en primeurs).

Le changement et la naissance des appellations débuta au XVIIe siècle. A cette époque, les magistrats de Bordeaux délibérèrent un prix des vins de la Sénéchaussée en faisant une distinction entre : Graves, Médoc, Entre-Deux-Mers, Fronsac, Libourne, Blayes, Sauternes, Saint-Macanes, Benauge... et presque toutes les communes de la grande famille des Bordeaux. A cette époque, un vin et un domaine étaient déjà très connus et prisés des Anglais, c'était le vin du "terroir d'Aubrion". Plus tard, ce domaine se nommera Haut-Brion.

Ce vignoble avait une superficie de 38 ha, ou en surface d'alors, 120 journaux. Le propriétaire se nommait Arnaud de Pontac. Il sut imposer le nom de Haut-Brion sur le marché anglais.

Ensuite, vers 1683-1689, apparut la notion de "grand vin". Les consommateurs et acheteurs anglais firent la différence entre un "claret" et un grand cru. A cette époque, il y eut 101 barriques de grand vin de Pez qui a été porté à Bordeaux. Il est aussi intéressant de noter que le propriétaire du domaine de Pez à Saint-Estèphe n'était autre que François Auguste de Pontac, comme pour Haut-Brion.

Plus tard, les vins de Margaux, Lafite et Latour firent aussi parler d'eux et furent reconnus comme grands vins. Ces domaines, appartenant à la noblesse locale, furent regroupés sur les meilleurs graves et dans des terroirs privilégiés. Les meilleurs cépages furent sélectionnés pour la production des grands vins. Pour ces nobles, une règle était d'or. Il fallait de vieilles vignes, peu de fumures et des sols appropriés. En ce temps-là, on n'avait qu'une vague idée des cépages utilisés pour la complantation. Les grands vins des plus grands domaines furent connus et commercialisés en Angleterre sous la dénomination de "New French Claret".

En 1710-1720, dans le domaine de Château Marjac, une proportion assez importante du vignoble était complantée de vignes blanches, les meilleurs étaient complantés de Sauvignon. Pour ce qui était du rouge, le régisseur restait muet quant aux cépages utilisés. Vers 1741, les grands étaient déjà connus et étaient les mêmes qu'aujourd'hui. Peu à peu une hiérarchie s'est mise en place, qui nous rappelle celles des 2e et 3e crus. 13 noms se retrouvent dans les 2e crus, en tête Léoville (le futur Léoville-Las-Cases), Beychevelle, Rauzan, Brane-Mouton (futur Mouton-Rothschild), Lascombes, Gruaud, Cantenac, Malescot, Calon-Ségur, Termes et Pouget, ces trois derniers ayant régressé au cours du classement de 1855. Il faut bien comprendre que les classements sont nés de la nécessité du négoce, qui pour ses achats, avait besoin de disposer d'une échelle de prix, et que des changements pouvaient survenir suite à la vente d'un domaine ou au changement d'un maître de chais.

LES CLASSIFICATIONS

LE MEDOC

A l'occasion de l'exposition universelle de 1855, la Chambre de Commerce de Bordeaux, aidée par le syndicat des courtiers, élabora un classement des vins du Médoc, encore reconnu maintenant. Ce classement a été fait suivant une grille de prix, les plus chers étaient les premiers. La notoriété des domaines, la stabilité des prix et de la qualité rentraient aussi en ligne de compte. "Ce classement est une représentation complète et satisfaisante des vins du département fondée sur le temps et sur l'expérience". Avec une exception, le fameux Château Haut-Brion. Pour les vins blancs, il concerne vingt crus de Sauternes en deux classes et un cru supérieur, le Château d'Yquem. C'est le 30 septembre 1949 qu'un décret a officialisé cette classification. Et en 1973, Mouton, qui jusqu'alors n'était que 2e cru, a été classé parmi les 1er crus, couronnant ainsi des années de combat de la part des propriétaires.

LES GRAVES

Les vins de Graves étaient connus depuis toujours au même titre que ceux du Haut Médoc et avaient grandement œuvré (comme nous l'avons vu), pour la notoriété de tous les vins de Bordeaux. Cependant, ils n'eurent un classement que longtemps plus tard. Il furent homologués le 16 février 1959. Ce classement a peut-être le mérite de ne mentionner que les meilleurs châteaux sans les classifier en premiers, deuxièmes ou troisièmes crus. Les vins rouges et blancs ont la même notoriété. Le classement se fait pour les rouges et les blancs.

Vins rouges par communes

Pour Pessac, nous avons :

- Haut-Brion
- Pape-Clément.

Pour Talence, nous avons :

- Mission Haut-Brion
- Tour Haut-Brion.

Pour Martillac, nous avons :

- Smith-Haut-Lafite
- La Tour-Martillac.

Pour Cadaujac, nous avons :

- Bouscaut.

Pour Pessac-Léognan, qui depuis peu a droit à l'appellation Léognan et non plus Graves, comme auparavant, nous avons :

- Haut-Bailly
- Domaine de Chevalier
- Carbonnieux
- Malartic-Lagravière
- Fieuzal
- Olivier.

La région de Graves a revendiqué le droit à l'appellation Graves rouges pour une superficie de 1 579 ha et la toute nouvelle appellation Léognan une surface de 633 ha en 1987.

Vins blancs par communes

Talence :

- Laville Haut-Brion.

Villenave d'Ornon :

- Couhins.

Cadaujac :

- Bouscaut.

Martillac :

- La Tour-Martillac.

Léognan : (les vins peuvent également être vendus sous la dénomination communale)

- Domaine de Chevalier
- Carbonnieux
- Olivier
- Malartic-Lagravière.

LE CLASSEMENT DU MEDOC DE 1855 REVU EN 1973

PREMIERS CRUS
Château Lafite-Rothschild (Pauillac)
Château Latour (Pauillac)
Château Margaux (Margaux)
Château Mouton-Rothschild (Pauillac)
Château Haut-Brion (Graves)

DEUXIEMES CRUS
Château Brane-Cantenac (Margaux)
Château Cos d'Estournel (Saint-Estèphe)
Château Ducru-Beaucaillou (Saint-Julien)
Château Durfort-Vivens (Margaux)
Château Gruaud-Larose (Saint-Julien)
Château Lascombes (Margaux)
Château Léoville Las Cases (Saint-Julien)
Château Léoville-Poyferré (Saint-Julien)
Château Léoville-Barton (Saint-Julien)
Château Montrose (Saint-Estèphe)
Château Pichon Longueville Baron (Pauillac)
Château Pichon Longueville Comtesse de Lalande (Pauillac)
Château Rausan-Ségla (Margaux)
Château Rauzan-Gassies (Margaux)

TROISIEMES CRUS
Château Boyd-Cantenac (Margaux)
Château Cantenac-Brown (Margaux)
Château Calon-Ségur (Saint-Estèphe)
Château Desmirail (Margaux)
Château Ferrière (Margaux)
Château Giscours (Margaux)
Château d'Issan (Margaux)
Château Kirwan (Margaux)
Château Lagrange (Saint-Julien)
Château La Lagune (Haut-Médoc)
Château Langoa (Saint-Julien)
Château Malescot-Saint-Exupéry (Margaux)
Château Marquis d'Alesme-Becker (Margaux)
Château Palmer (Margaux)

QUATRIEMES CRUS
Château Beychevelle (Saint-Julien)
Château Branaire-Ducru (Saint-Julien)
Château Duhart-Milon-Rotschild (Pauillac)
Château Lafon-Rochet (Saint-Estèphe)
Château Marquis de Terme (Margaux)
Château Pouget (Margaux)
Château Prieuré-Lichine (Margaux)
Château Saint-Pierre (Saint-Julien)
Château Talbot (Saint-Julien)
Château La Tour-Carnet (Haut-Médoc)

CINQUIEMES CRUS
Château Batailley (Pauillac)
Château Haut-Batailley (Pauillac)
Château Belgrave (Haut-Médoc)
Château Camensac (Haut-Médoc)
Château Cantemerle (Haut-Médoc)
Château Clerc-Milon (Pauillac)
Château Cos-Labory (Saint-Estèphe)
Château Croizet Bages (Pauillac)
Château Dauzac (Margaux)
Château Grand-Puy-Ducasse (Pauillac)
Château Grand-Puy-Lacoste (Pauillac)
Château Haut-Bages-Libéral (Pauillac)
Château Lynch-Bages (Pauillac)
Château Lynch-Moussas (Pauillac)
Château Mouton-Baronne Philippe (Pauillac)
Château Pédesclaux (Pauillac)
Château Pontet-Canet (Pauillac)
Château du Tertre (Margaux)

LES CRUS CLASSES DU SAUTERNAIS EN 1855

PREMIER CRU SUPERIEUR
Château d'Yquem

PREMIERS CRUS
Château Climens
Château Coutet
Château Guiraud
Château Lafaurie-Peyraguey
Clos Haut-Peyraguey
Château Rayne-Vigneau
Château Rabaud-Promis
Château Sigalas-Rabaud
Château Rieussec
Château Suduiraut
Château La Tour Blanche

SECONDS CRUS
Château d'Arche
Château Broustet
Château Nairac
Château Caillou
Château Doisy-Daëne
Château Doisy-Dubroca
Château Doisy-Védrines
Château Filhot
Château Lamothe (Despujols)
Château Lamothe (Guignard)
Château de Malle
Château Myrat
Château Romer
Château Romer-Du Hayot
Château Suau

LES CRUS CLASSES DE GRAVES

Château Bouscaut (rouge et blanc)
Château Carbonnieux (rouge et blanc)
Domaine de Chevalier (rouge et blanc)
Château Couhins (blanc)
Château Couhins-Lurton (blanc)
Château Fieuzal (rouge)
Château Haut-Bailly (rouge)
Château Haut-Brion (rouge)
Château Laville-Haut-Brion (blanc)
Château Malartic-Lagravière (rouge et blanc)
Château La Mission Haut-Brion (rouge)
Château Olivier (rouge et blanc)
Château Pape Clément (rouge)
Château Smith-Haut-Lafite (rouge)
Château Latour-Haut-Brion (rouge)
Château La Tour-Martillac (rouge et blanc)

CLASSEMENT DES GRANDS CRUS DE SAINT-EMILION

(décret du 11 janvier 1984, arrêté du 23 mai 1986)

SAINT-EMILION, PREMIERS GRANDS CRUS CLASSES

A Château Ausone
Château Cheval Blanc

B Château Beauséjour (Duffau-Lagarosse)
Château Belair
Château Canon
Château Clos Fourtet
Château Figeac
Château La Gaffelière
Château Magdelaine
Château Pavie
Château Trottevieille

SAINT-EMILION, GRANDS CRUS CLASSES

Château Balestard La Tonnelle
Château Beau-Séjour-Bécot
Château Bellevue
Château Bergat
Château Berliquet
Château Cadet-Piolat
Château Canon-La Gaffelière
Château Cap de Mourlin
Château Chauvin
Clos des Jacobins
Clos La Madeleine
Clos de l'Oratoire
Clos Saint-Martin
Château Corbin
Château Corbin-Michotte
Château Couvent des Jacobins
Château Croque-Michotte
Château Curé Bon La Madeleine
Château Dassault
Château Faurie de Souchard
Château Fonplegade
Château Fonroque
Château Franc-Mayne
Château Grand-Barrail-Lamarzelle-Figeac
Château Grand-Corbin
Château Grand-Corbin-Despagne
Château Grand-Mayne
Château Grand-Pontet
Château Guadet-Saint-Julien
Château Haut-Corbin
Château Haut-Sarpe
Château La Clotte
Château La Clusière
Château La Dominique
Château l'Angelus
Château Laniote
Château Larcis-Ducasse
Château Lamarzelle
Château Larmande
Château Laroze
Château l'Arrosée
Château La Serre
Château La Tour du Pin-Figeac (Giraud-Belivier)
Château La Tour du Pin-Figeac (Moueix)
Château La Tour-Figeac
Château Le Châtelet
Château Le Prieuré
Château Matras
Château Mauvezin
Château Moulin du Cadet
Château Pavie-Decesse
Château Pavie-Macquin
Château Pavillon-Cadet
Château Petit-Faurie de Soutard
Château Ripeau
Château Sansonnet
Château Saint-Georges-Côte Pavie
Château Soutard
Château Tertre Daugay
Château Trimoulet
Château Troplong-Mondot
Château Villemaurine
Château Yon-Figeac

LA REGION DE BORDEAUX

Saint-Emilion est une ville qui peut être fière de son passé historique. Le poète Ausone nous parlait déjà de son vignoble et de son domaine, des vestiges architecturaux qui nous viennent du Moyen-Age, son église troglodytique, ses couvents, son palais, et comme dans la région du Haut-Médoc, c'est déjà au Moyen-Age que la délimitation du vignoble s'est faite sous cette même pression anglaise. La juridiction de Saint-Emilion fut constituée en 1289. Cette délimitation d'alors est toujours en vigueur pour l'appellation. Depuis 1884, date de la création du syndicat viticole de Saint-Emilion, que de chemin parcouru pour reconnaître les communes ayant le droit à l'appellation Saint-Emilion. En plus des communes ayant droit à la dénomination Saint-Emilion (Saint-Emilion, Saint-Christophe-des-Bardes, Saint-Laurent-des-Combes, Saint-Hippolyte, Saint-Etienne de Lisse, Vignonet, Saint-Pey d'Armens, Saint-Sulpice de Faleyrens), les communes limitrophes à Saint-Emilion (Montagne, Saint-Georges, Parsac, Puisseguin et Lussac) ont le droit d'adjoindre "Saint-Emilion" à leur propre nom, séparés par un trait d'union et écrits avec le même caractère. Il y a encore une vingtaine d'années existait une autre appellation, Sables-Saint-Emilion, qui a disparu, engloutie par l'extension des habitations de la commune de Libourne.

Un des côtés intéressants de la classification faite par le syndicat des vins est que ledit classement est révisable tous les dix ans pour les Saint-Emilion premier grand cru. En 1987, Saint-Emilion couvrait, en appellation, une superficie de 5 137 ha, dont 3 052 ha en "Grands Crus".

Les différentes appellations satellites couvraient, quant à elles, pour :

Montagne-Saint-Emilion : 1 346 ha
St-Georges-St-Emilion : 168 ha
Lussac-Saint-Emilion : 1 119 ha
Puisseguin-Saint-Emilion : 640 ha.

(voir le classement de Saint-Emilion, arrêté du 17.11.69. La première classification a été faite le 7 octobre 1954).

En descendant de Saint-Emilion, situé sur une montagne, "La Côte", on arrive dans la plaine des Graves où se trouvent quelques grands crus classés. On se trouve, presque sans le remarquer, sur une commune mondialement réputée pour ses vins. Il s'agit de **Pomerol**, petite appellation limitée par ses propres frontières géographiques. Connue de tout temps, Pomerol était située au carrefour de deux routes importantes au Moyen-Age. Les Hospitaliers de Jérusalem s'y installèrent en construisant une commanderie et une église romane. Vu les possibilités de production très restreintes à cause de la faible superficie (650 hectares), les vins de Pomerol même ne furent connus que tardivement pour leurs qualités. De plus, les propiétaires, réunis en syndicats, se sont opposés à toute sorte de classification, qui ne pourrait que nuire à leurs intérêts, disent-ils. Mais on peut quand même reconnaître que Pétrus est le premier grand cru classé de Pomerol, suivi de très près par l'Evangile, Clinet, La Conseillante, Vieux-Château-Certan, Trotanoy, Gazin et quelques autres. A l'époque de la délimitation, on a reconnu le droit, comme pour les communes satellites de Saint-Emilion, à la commune de Néac et à celle de Lalande le droit de revendiquer l'appellation **Lalande de Pomerol**, et ceci depuis le 8 décembre 1936, date de la naisssance de l'appellation Pomerol.

Maintenant, nous allons parler des vins du Sauternais, qui ont aussi leur classification depuis 1855.

L'appellation **Sauternes** couvre une superficie de 1 444 ha, et l'appellation **Barsac**, quant à elle, couvre 587 ha.

Connu depuis longtemps pour ses vins blancs moelleux, et uniquement pour ceux-ci, le Sauternes est produit dans l'aire délimitée de cinq communes : Sauternes, Barsac, Bommes, Preignac et Fargues, Barsac étant la seule à avoir le droit à l'appellation communale si le viticulteur le désire.

Comme nous vous le disions plus haut, le Sauternes et le Barsac sont des vins d'appellation moelleux. Mais si le viticulteur désire faire un vin blanc sec, personne ne peut le lui interdire, à condition qu'il le commercialise sous l'appellation Bordeaux. Les plus grands châteaux produisent ainsi un Bordeaux blanc sec très intéressant, pour n'en citer que quelques-uns : Y de Yquem et R de Rieussec, pour les plus réputés.

Dans ces conditions, le viticulteur n'a pas de regrets et peut à loisir vendre une récolte ou une partie de récolte qu'il juge trop faible au niveau de la qualité en Bordeaux et ne garder que le meilleur raisin pour élaborer son Sauternes ou son Barsac.

Dès 1855, le Château d'Yquem était déjà considéré comme Premier Cru Supérieur. L'heureux propriétaire du domaine a tout fait pour ne pas faillir à cette réputation, refusant quelquefois de vendre un millésime trop ingrat. Château d'Yquem est considéré comme étant actuellement l'un des plus grands vins blancs du monde. Produit dans une ancienne place forte construite au XIIe siècle, le château est resté inchangé pour ses formes principales et les propriétaires actuels le sont depuis 1786. C'est la famille de Lur-Saluces. Thomas Jefferson, au moment de son court passage dans la région bordelaise, avait été subjugué par la qualité des vins d'Yquem et en

était resté un fidèle consommateur. Les vins de Sauternes, contrairement aux autres appellations (pour atteindre leur réussite optimum), sont le fruit du savoir-faire du viticulteur. La qualité humaine y est plus importante que la qualité générale du millésime.

Nous venons de faire un rapide survol des principales appellations faisant partie de la grande région bordelaise. Les vins de Bordeaux appartiennent tous au plus grand vignoble de vins fins du monde. Plus de 100 000 ha constituent ce vignoble et à côté de ces appellations-phares, il en existe beaucoup d'autres, non moins intéressantes, comme :

Pour les rouges :
- Fronsac
- Canon-Fronsac
- Bordeaux
- Bordeaux Supérieur
- Premières Côtes de Bordeaux
- Côtes de Bourg
- Première Côtes de Blayes
- Bordeaux-Côtes de Castillon
- Sainte-Foy-Bordeaux
- Graves de Vayres
- Bordeaux Clairet ou Rosé.

Pour les vins blancs moelleux et liquoreux, on trouvera, mis à part le Sauternes et le Barsac, les appellations suivantes :
- Cérons
- Loupiac
- Sainte-Croix-du-Mont
- Cadillac
- Premières Côtes de Bordeaux
- Graves Supérieurs
- Côtes de Bordeaux Saint-Macaire
- Sainte-Foy Bordeaux.

Pour les vins blancs secs, il y a les Graves blancs que nous avons déjà cités, mais aussi :
- Entre-Deux-Mers
- Côtes de Blaye
- Côtes de Bourg
- Graves de Vayres
- et les Bordeaux.

LES CEPAGES

De la naissance du vignoble bordelais et de sa complantation avec le cépage nommé Biturica, qui, comme nous l'avons vu "passait" bien la fleur, résistait au vent et à la pluie, et jusqu'en 1900, les écrits relatifs à la région viticole bordelaise restent étonnamment muets quant à la complantation des vignobles. Mais on peut être à peu près certain que la grande famille des Cabernet (Cabernet Franc et Cabernet Sauvignon pour les rouges, Sauvignon pour les blancs) était utilisée de façon très importante. Nous savons aussi que le Petit Verdot faisait partie, au même titre que le Carmenere de la panoplie des cépages utilisés. Dans quelle proportion, cela reste un mystère.

Il n'y a pas si longtemps, les vignerons du Libournais, pour mieux pouvoir vendre leurs vins, commencèrent à complanter un cépage nommé Merlot. Il avait l'avantage de produire des vins plus souples et moins tanniques. Les vins issus du Merlot pouvaient donc être consommés plus rapidement.

Ces viticulteurs ouvraient ainsi un nouveau créneau dans la vente des vins de Bordeaux qui, à l'époque, demandaient un long vieillissement pour être agréables à boire. Le Merlot, depuis, a fait son chemin et on le retrouve en association avec les autres cépages dans toutes les appellations du Bordelais.

Avec la panoplie des cépages usités, le vigneron bordelais pourra, en fonction du terroir et de son style, réaliser un vin typique. Dans cette région, il faut le souligner, les cépages sont inséparables de l'appellation d'origine. Ils sont un facteur primordial et essentiel pour la qualité et le type du vin.

Nous allons passer ces différents cépages en revue et découvrir leurs particularités.

CABERNET FRANC

Cousin germain du Cabernet Sauvignon, c'est un cépage légèrement plus précoce pour la fleur, mais la maturation est atteinte à peu près au même moment que celle de son cousin. C'est un cépage complanté de façon régulière dans tout le Bordelais. Il se plaît dans presque tous les sols et présente une grande résistance à la pourriture. Il paraît rustique, avec moins de tanins et d'une moins bonne qualité. Mais il peut quand même produire des vins de garde, surtout en association avec le Cabernet Sauvignon. Ces deux cépages sont très complémentaires et donnent souvent des vins somptueux, très fins et délicats.

Le Cabernet Franc est appelé dans les régions de Saint-Emilion et de Pomerol, le "Bouchet" ou le "gros Bouchet". Dans la région de Graves, il se partage la première place de l'encépagement avec le Cabernet Sauvignon. Dans le Médoc, on lui accorde une moindre importance.

CABERNET SAUVIGNON

C'est sans conteste le roi des cépages dans la région de Médoc. Il rentre également pour une part importante dans la complantation des autres régions viticoles bordelaises.

Dans la région des grands crus et surtout autour de Pauillac, c'est le cépage dominant et il fut même l'unique à une certaine époque. C'est un cépage tardif (cette qualité est recherchée pour d'autres cépages des Graves avec lesquels il se plaît dans les sols sableux et argileux). Dans des conditions normales, il arrive à maturation sans grande altération des baies (pourriture presque absente) et l'ensemble de la récolte arrive à cette maturation en même temps. Cépage d'assez faible rendement, il a l'avantage d'être très régulier quant à la production. Le Cabernet Sauvignon apporte au vin une relative dureté due à la présence de tanins en assez grande quantité (ces tanins permettent au vin un bon vieillissement et s'assoupliront dans le temps). C'est un cépage qui permet d'obtenir des vins d'assez longue garde.

Dans la région de Saint-Emilion et de Pomerol où il est relativement peu complanté, il se nomme le "Petit Bouchet".

PETIT VERDOT

Il porte bien son nom. C'est sûrement le cépage le plus tardif, mais le mieux équipé contre la pourriture. Il entre dans la composition des vins pour une très faible part, mais a son importance. Certains propriétaires le garderont toujours, même si ce n'est que sur 5 % des terres exploitées.

Dans les bonnes années, malgré un bon support acide, le Petit Verdot devient vineux, coloré et riche en tanins.

MALBEC

Cépage très peu utilisé, mais répandu dans tout le sud-ouest. C'est le cépage principal de la région de Cahors. Dans le Bordelais, il est présent dans presque toutes les appellations, dans les mêmes proportions que le Petit Verdot.

MERLOT

Historiquement, la culture du cépage Merlot a débuté dans la région de Saint-Emilion et de Pomerol. Aujourd'hui encore, il est le cépage principal de ces deux régions. Son caractère charpenté et souple, de maturation plus rapide que les autres, a intéressé toutes les autres régions viticoles bordelaises.

Son nom signifie petit merle, peut-être parce que les raisins ont la couleur du plumage de cet oiseau, mais surtout parce que ces oiseaux sont particulièrement friands des baies du merlot, qui sont les premières mûres et sucrées.

Les sols de la région de Saint-Emilion et de Pomerol lui conviennent parfaitement (la crasse de fer contenue dans le sous-sol de la commune de Pomerol permet de sublimer de façon indéniable la production issue du Merlot. Il suffit de voir et de goûter Pétrus pour s'en rendre compte).

Nous venons de faire le tour des principaux cépages rouges utilisés dans cette région. On peut encore citer le Carmenere, que l'on ne trouve qu'à l'état de trace.

3 principaux cépages sont utilisés pour l'obtention de Bordeaux blancs. Ce sont :

MUSCADELLE

C'est sûrement un des cépages utilisés dont on connait le moins l'histoire. Depuis le XVIIIe siècle, il est présent dans les vignobles de la Gironde, de la Dordogne et du Lot-et-Garonne. Il est néanmoins en nette régression au profit du Sauvignon. C'est un cépage assez productif, donnant des moûts très doux. Il peut produire jusqu'à 400 grammes de sucre par litre. D'un goût assez prononcé (presque musqué), il est très précoce. Mais sa proportion dans les vins blancs est très faible, surtout dans les blancs secs.

SAUVIGNON

Sûrement l'un des cépages blancs les plus répandus en France. C'est lui qui produit les plus grands vins de Loire, seul ou en association avec d'autres cépages. Pour le Bordelais, il est toujours associé avec le Sémillon. Il donne des vins charpentés et intéressants par la note florale qu'il apporte. Il prend une part de plus en plus importante dans la complantation de la région bordelaise. Les vins issus de ce cépage sont secs, élégants et floraux. Cépage dominant dans la région des Graves et des appellations blancs secs.

SEMILLON

Ce cépage se plaît dans les terroirs graveleux et argilo-calcaire. En dehors de la région bordelaise, on le retrouve en Dordogne et dans le Lot-et-Garonne. Le raisin (sensible à la pourriture noble) donne des moûts peu acides et sucrés. Cépage intéressant pour les appellations de vins moelleux ou liquoreux, il est cependant légèrement en régression au profit du Sauvignon.

Dans la région de Sauternes, il sert à l'obtention des liquoreux. Quelquefois, les vins de cette appellation ne proviennent que du Sémillon, ce cépage étant sensible à la pourriture noble. Quand les baies sont mûres, on vendange le Sémillon par tris successifs et l'on obtient des moûts très riches. Les vins issus de Sémillon se conservent facilement plusieurs décennies. Le rendement est très faible, surtout si l'on recherche l'atteinte par le Botrytis.

Dans tout le Bordelais, ces cépages sont complantés avec une densité de 10 000 pieds à l'hectare environ.

Quelques autres cépages sont autorisés. On les nomme cépages accessoires. Ceux-ci ne pourront pas dépasser 30 % de l'encépagement total du vignoble.

Les cépages accessoires sont :
le Merlot Blanc
le Colombard
le Mauzac
l'Ondenc
le Saint-Emilion des Charentes.

Il faut noter que ces cépages sont en nette régression, voire même inexistants dans certains vignobles de l'appellation Bordeaux. Ils sont reconnus inintéressants, car ils n'offrent qu'un intérêt minime sur le plan de la culture et du rendement.

LE TERROIR

Faire une étude approfondie du terroir serait bien inutile et ennuyeux. Il est certain que le terroir a une influence décisive sur la qualité des vins qui y sont produits, mais vu l'étendue et la diversité de la région bordelaise, il serait illusoire de vouloir traiter ce sujet en détail et en quelques lignes.

Les terroirs bordelais ont tous un caractère commun : ce sont des terrains pauvres, mais admirablement baignés par un climat privilégié, ignorant les grands écarts de température.

Le **Médoc** (au sens large du terme) et les Graves bénéficient d'un terrain principalement constitué de graves et de cailloux roulés et arrondis sur fond d'argile, de calcaire et de sable, le fond faisant la différence entre les différentes appellations.

Pour la région de **Saint-Emilion** et de Pomerol, on perçoit mieux la différence entre les diverses régions viticoles. A Saint-Emilion, on distingue déjà trois régions : la Côte, les Graves et la Plaine.

La **Côte** est à base de calcaire à côteries avec quelques découpes assez profondes sur un genre de plateau. Le sol y est gris foncé, parsemé de nombreux cailloux calcaires. Les plus connus des grands crus sont issus de ce type de terrains. Nous ne citerons que

Ausone, Canon, La Gaffelière, Pavie...

Les **Graves**, formés d'anciennes alluvions, se trouvent sur un plateau qui s'abaisse de 40 mètres jusqu'à 28 mètres situé à l'ouest de la côte. Bonne terre à vigne, elles se prolongent vers Pomerol. C'est dans ce terroir que sont produits les vins de Cheval Blanc et de Figeac. Les vins de ces deux châteaux donnent "des vins magnifiques, riches, dotés d'un bouquet exquis, d'un fumet de ronce et d'aubépine, avec une arrière senteur de truffe". Ainsi en parlait le Docteur Ramain.

La **Plaine**, constituée des alluvions de la Dordogne composées de graviers, de sables assez profonds d'où sont issus des vins intéressants, mais qui n'ont pas la notoriété des vins issus des Graves et de la Côte.

Pomerol : le terroir de Pomerol est silico-graveleux et argilo-graveleux avec une composante ferrugineuse (la célèbre crasse de fer). Ce terroir est unique dans tout le Bordelais.

Le **Sauternais** possède un terroir composé harmonieusement par de la silice en cailloux et en sable, par le calcaire et l'argile, le rêve de tous les viticulteurs.

LE MEDOC

Le Médoc est une bande de terrain de près de 8 000 ha qui s'enfonce dans l'océan, isolée par la forêt landaise au nord-ouest et par la Gironde. C'est sur le flanc sud de l'estuaire de la Gironde que court le vignoble du Médoc, qui englobe le Haut-Médoc, berceau des grands crus de cette région. Le vignoble se situe à une altitude moyenne de 40 mètres et s'incline doucement vers la Gironde. Les meilleurs vins sont produits sur cette bande de terrain, s'étirant sur une longueur de 40 km de Ludon à Saint-Seurin de Cadourne. Mais l'on retrouve la vigne au-delà de ces deux extrêmes. On peut donc rapidement arriver à la conclusion que les grands vins peuvent tous voir l'eau, mais ne s'en approchent pas trop.

Dans cette région, l'on retrouve les appellations illustres comme Médoc, Haut-Médoc, qui sont les appellations couvrant toute la région et les célèbres appellations communales que sont :

Saint-Estèphe
Pauillac
Saint-Julien
Listrac
Moulis
Margaux.

MARGAUX

La première commune bénéficiant d'une appellation qui s'offre à nous dans la région du Haut-Médoc est célèbre par le château qui porte son nom. C'est Château Margaux, un des premiers crus classés. L'appellation en elle-même peut être revendiquée par des communes voisines qui sont Cantenac, Labarde, Soussans et Arsac. Margaux et Cantenac produisent quant à elles les meilleurs crus : Château Margaux et Château Cantenac-Brown, Kirwan, Rausan-Ségla, Rauzan-Gassies. La structure géologique des terroirs des deux communes est identique. En 1988, 1 232 ha de vignes avaient le droit à l'appellation Margaux contrôlée et ont produit, pour le même millésime, 56 835 hl. de vin.

Les vins issus de Margaux sont généreux sans être capiteux, avec un bouquet suave et beaucoup de jeunesse.

Dans la classification de 1855, la commune de **Margaux** possède donc un premier cru, Château Margaux, quatre deuxièmes et un quatrième.

A **Cantenac**, il y a un deuxième cru, quatre troisièmes, deux quatrièmes.

A **Arsac**, un cinquième, le Château du Tertre.

A **Soussans**, pas de crus classés, mais toute une kyrielle de crus bourgeois très réputés, par exemple Paveil de Luze, Bel-Air-Marquis d'Aligre, La Tour de Mons.

A **Labard**e, deux crus sont classés, Giscours (troisième cru) et Dauzac-Lynch (cinquième).

MOULIS

Petite commune viticole produisant des vins solides, moelleux, corsés, très bouquetés, tout en gardant une grande finesse. 502 ha en production ont fourni 23 785 hl. de vins de Moulis en 1987. Le sol de cette commune est plus fertile que celui de ses voisines de l'appellation Margaux. Les terrains sont plus lourds et plus profonds, de type argilo-calcaire, pas de crus classés, mais des crus bourgeois, très réputés, comme Poujeaux, Chasse-Spleen, Brillette, Maucaillou.

LISTRAC

Petite commune d'une superficie sensiblement égale à Moulis (576 ha pour une production de 26 083 hl.) qui réussit particulièrement bien quand les autres appellations produisent des vins légers. Les vins de Listrac ont la particularité d'être fruités, charnus et fortement charpentés. Notons aussi que cette commune est la plus élevée du Haut-Médoc (43 mètres). On y produit des crus bourgeois réputés, Fourcas-Dupré, Fourcas-Hosten, Clarke, Lestage et bien d'autres. Le sol de la commune de Listrac est identique à celui que l'on retrouve à Moulis. Il ne faut pas oublier que ces deux appellations sont relativement en retrait de la Gironde (voir carte).

SAINT-JULIEN

C'est la commune qui, après Pauillac, est la plus réputée pour ses grands châteaux, avec quelques parcelles de Saint-Laurent et de Cussac. Elle ne produit que des grands vins. Elle possède 5 deuxièmes crus, deux troisièmes et cinq quatrièmes. Pour le

Château Beychevelle (4e cru), l'histoire nous narre que le duc d'Epernon était à l'époque propriétaire du Château de Beychevelle et des vignobles de Saint-Julien. Chaque bateau qui longeait l'estuaire de la Gironde était obligé de baisser les voiles devant le château en signe de déférence. Ce qui se disait Beychevelle, d'où le nom du château. Pour la même appellation existent de grands crus bourgeois comme Gloria, La Closerie, Terrey-Gros-Cailloux.

Saint-Julien a produit en 1987 38 020 hl. pour 802 ha ayant droit à l'appellation. La production a donné des vins possédant du corps, une grande richesse de sève, parfumés

délicatement. D'Armailhacq en disait "Ils sont (les vins de Saint-Julien) en général plus fins que ceux de Pauillac, ont moins de corps et de plénitude. Ils sont plus tôt faits et ne durent pas aussi longtemps et cependant, ils ont plus de vinosité que ceux de Margaux et de Cantenac, avec lesquels leur sève a plus de rapport".

PAUILLAC

L'appellation Pauillac recouvre les vignes de la commune, complétées par quelques parcelles de Saint-Julien, Saint-Estèphe et Saint-Sauveur. Avec ses 1 049 ha ayant produit 52 542 hl., Pauillac est la plus importante commune viticole de la région du Haut-Médoc. Le sol est constitué sur une grande profondeur de grosses graves avec un sous-sol perméable, formé par des cailloux. Pauillac est aussi la commune qui possède 2 des 4 premiers crus de 1855 et 3 des 5 premiers crus depuis 1973 (Mouton-Rothschild ayant rejoint le peloton de tête de façon officielle). En plus des premiers, elle peut s'enorgueillir de posséder sur son aire deux deuxièmes et un quatrième crus, assortis de douze cinquièmes, ce qui, avouons-le, est un beau palmarès. Ces vins sont moelleux, sèveux, possèdent un bouquet très délicat, très fin et très distingué, corsés en général et un potentiel de vieillissement très supérieur à la moyenne. D'Armailhacq écrivit au sujet du Château-Latour : "Ce vin se distingue habituellement par plus de corps que Château-Lafite, il est ferme, d'une belle couleur et riche en bouquet, il a besoin d'être gardé en barrique un an de plus que son rival pour acquérir sa maturité".

Une différence aussi grande sur un type de terroir pratiquement identique est difficilement concevable s'il n'y avait pas une différence au niveau de la vinification et du microclimat : Lafite est un peu en retrait de la Gironde. Les vins de Lafite, s'ils perdent un peu en corps, gagnent largement en jeunesse et n'ont rien à envier à leurs comparses "premiers crus".

Le Château Mouton-Rothschild, qui s'appelle ainsi car simplement construit sur un lieu où passaient des moutons, a toujours été parmi les plus réputés, même si officiellement il n'était pas reconnu en tant que tel. Sa devise, après le classement de 1855 était : "Premier ne puis, second ne daigne. Mouton suis". Devise digne du château qui, par sa constance, a fini par être reconnu premier. Sa devise est actuellement : "Premier suis - mouton reste". Une particularité des bouteilles de Mouton Rothschild est l'étiquette. En effet, depuis 1945, le Baron Philippe orne ses étiquettes d'une œuvre inédite d'un grand peintre de renommée internationale. Grâce à son âme de philanthrope, le château peut s'enorgueillir d'avoir un musée dont le sujet est l'art ayant trait au culte de Bacchus de la préhistoire à nos jours.

N'oublions pas les crus bourgeois de cette commune, qui sont des noms tout aussi illustres que leurs grands frères, pour ne citer que Haut-Bages-Monpelou, La-Fleur-Milon, Pibran.

SAINT-ESTEPHE

C'est la dernière commune illustre de la région du Haut-Médoc. Elle est virtuellement la plus importante en ce qui concerne la superficie : 1 142 ha ayant produit en 1987, 53 532 hl. de vin revendiquant l'appellation. Les

vignes s'étendent sur sept kilomètres le long de l'estuaire de la Gironde et produisent des vins d'un caractère général très aromatique, fins et moelleux, corsés, mais sans excès. Ils sont un peu plus légers que ceux de Pauillac, souvent avec un parfum de violette très agréable et sont issus de terrains légèrement plus fertiles avec un sous-sol à dominante argileuse. Sur la commune, on retrouve deux seconds crus classés, un troisième, un quatrième et un cinquième. Dans les crus bourgeois, on retrouve de nombreux noms illustres comme Les Ormes de Pez, Meyney, Marbuzet, Tronquoy-Lalande, Andron-Blanquet, Chambert-Marbuzet, Capbern, Saint-Estèphe et les autres.

Nous venons de faire le tour des six communes ayant droit à l'appellation communale Médoc. Les vins qui y sont produits proviennent de moûts qui doivent titré 178 grammes de sucre au minimum par litre (avant tout enrichissement ou concentration) et présenter un degré minimum après fermentation de 10,5°. Seuls pourront bénéficier de l'appellation contrôlée les vins ayant obtenu un certificat de qualité délivré après dégustation par une commission désignée par l'institut national des appellations d'origine sur proposition des syndicats viticoles concernés.

Mais le Haut-Médoc est aussi formé par d'autres communes. En effet, il s'arrête après Saint-Estèphe à Saint-Seurin de Cadourne et débute près de Bordeaux à la "falle de Blanquefort au sud". L'appellation Haut-Médoc couvre une superficie de 3 347 ha et a produit 168 693 hl. en 1987, soit un rendement de 50 hl./ha. Vers le Verdou après Saint-Seurin-de-Cadourne se situe la région du Médoc avec 3 481 ha de superficie, qui ont produit 180 990 hl. en 1987.

Dans ces deux régions, le cépage Cabernet Sauvignon est roi, sauf quelques exceptions. Il représente de 60 à 75 % de l'encépagement. Quant au Cabernet Franc, il entre pour 20 % dans la moyenne de l'encépagement. Suivent le Merlot et le Carmenere, en voie de disparition, et le Petit Verdot. Ces deux régions ont un caractère général assez identique. Les vins du Médoc demandent à vieillir, il faut savoir les attendre. Tous développent en vieillissant des qualités plus qu'intéressantes. Un Médocain disait des vins de sa région que "tous les vins sont remarquables ; il n'y a entre eux que des différences dans la qualité, différence que chaque consommateur apprécie suivant son goût personnel". Quelle belle leçon ! Il faut savoir choisir selon son goût et ne pas suivre un goût stéréotypé, savoir être épicurien dans la limite du raisonnable.

LES GRAVES

Au nord de Bordeaux débute la région des Graves, appellation contrôlée. La région débute à la Jalle de Blanquefort au nord et s'étend le long de la Garonne sur une longueur de 60 km et une largeur de 12 km maximum en contournant le Sauternais. La région d'appellation s'arrête au sud de Langon. Depuis peu, cette région se divise en deux appellations distinctes : Graves, qui couvre une superficie de 1 579 ha, et la nouvelle appellation Pessac-Léognan, composée de 633 ha de vignes en production.

La récolte 1987 a fourni pour les Graves 78 530 hl. et 33 448 hl. pour Pessac-Léognan en vins rouges. L'ensemble des deux appellations a produit 34 566 hl. de Graves blancs sur 709 ha.

LE TERROIR

Les Graves, dans la région bordelaise, sont des terrains composés de graviers plus ou moins gros mêlés à du sable sur une profondeur variable. Le département de la Gironde en entier est composé de plus ou moins grandes étendues de ces graves, particulièrement la région au nord de Bordeaux avec, comme grande ville, Pessac. Il a donc été normal de nommer cette région "les Graves". Depuis le XVe siècle, on retrouve des textes relatant la vente ou l'achat de vins de Graves, appellation qui désigne bien des vins issus de la rive gauche de la Garonne. Notons qu'il existait déjà des blancs et des rouges dès cette époque.

La composition même des graves, qui peut être différente (soit pure, soit mélangée avec de l'argile), détermine le choix du vigneron pour la complantation. Les graves argileux donnent des vins rouges avec plus de corps, de sève, et sont légèrement plus riches en couleur que les vins issus de graves pures. Ces derniers seront moins colorés, fins, racés et légers. C'est sur ce type de graves que l'on préfère planter des blancs. Pour les rouges, c'est un judicieux mélange des vins produits sur les deux types de terroir qui donne les meilleurs vins.

CEPAGES

Contrairement aux vins du Médoc, les Graves et les Pessac-Léognan peuvent être blancs. Les cépages sont, à l'exclusion de tout autre :

le Sémillon, le Sauvignon et la Muscadelle pour les vins blancs.

Le Merlot, les Cabernets (Franc et Sauvignon), le Malbec et le Petit Verdot pour les vins rouges.

Les Graves rouges AOC devront titrer au minimum avant tout enrichissement ou concentration 170 grammes de sucre et atteindre 10° par litre.

Pour les Graves blancs AOC les vins devront titrer 187 grammes de sucre minimum et atteindre 11° par litre.

Les vins blancs qui présenteront après fermentation un degré alcoolique minimum supérieur à 12° auront droit à l'appellation "Graves Supérieurs" AOC.

Le millésime 1987 a produit 20 030 hl. sur une superficie de 575 ha, ce qui fait un rendement assez faible de 34,8 hl./ha.

Malgré l'autorisation d'utiliser les trois cépages blancs, l'association Sémillon-Sauvignon est présente partout. La Muscadelle ne présente que 5 % de l'encépagement général.

Après avoir vu la superficie des rouges et des blancs, on peut dire sans difficulté que ce sont les vins rouges qui font la renommée des vins de Graves et de Pessac-Léognan.

Les vins rouges de cette région sont des vins qui sont voisins, au niveau de la constitution, de leurs homologues du Médoc. Ils peuvent être parfois plus corsés, mais possèdent un peu moins de finesse.

Les Graves blancs peuvent être secs (dans la plupart des cas) ou moelleux. Les vins moelleux de Graves ont des caractères qui les rapprochent des Sauternes et des Barsac. Par contre, ce sont des vins qui n'ont pas le potentiel de vieillissement de ces derniers. Les plus belles réussites de ces produits proviennent de la région de Cérons, Langon, Budos.

CLASSEMENT

Nous l'avons déjà abordé dans l'histoire des vins de Bordeaux. Notons seulement que le classement des Graves a été homologué le 16 février 1959, mais que, depuis peu, les vins et les châteaux classés des communes de Pessac et de Léognan ont droit à l'appellation "Pessac-Léognan" AOC pour les vins rouges.

Pour Pessac, il y a Haut-Brion, classé en 1855 avec les vins du Médoc, Pape-Clément et Mission-Haut-Brion.

Pour Léognan, il y a Château-Haut-Bailly, Domaine de Chevalier, Château Carbonnieux, Château Malartic-Lagravière, Château de Fieuzal et Château Olivier.

LES VINS BLANCS LIQUOREUX

SAUTERNES

Entourée par la région des Graves, l'appellation Sauternes produit des vins inimitables, fabuleux même quelquefois. On s'en aperçoit en admirant leur couleur, qui est toujours dans des tonalités de vieil or et d'ambre. Puis on est subjugué par leurs parfums de liqueur puissants et graves à nul autre pareil. Mais la plus grande surprise vous attend à la dégustation : jeune, il sait allier le fruité et la nervosité à un caractère suave et gras. Susceptible de vieillir sans problème, le Sauternes devient gras, onctueux, racé et corpulent. Les vins issus de grandes années ont un potentiel de vieillissement de plusieurs décennies. Les principaux caractères olfactifs font souvent penser au miel, au tilleul, à l'acacia et à la fougère.

Cette appellation provient d'une région où se situent 5 principales commune. Elle a produit 27 861 hl. en appellation sauternes, sur une superficie de 1 444 ha (en 1987), avec un rendement moyen de 19,3 hl./ha.

Ces cinq communes sont : Sauternes, Bommes, Preignac, Fargues et Barsac.

Barsac est une commune spéciale. En plus de l'appellation Sauternes, elle a le droit de produire des vins sous l'appellation communale Barsac. En 1987, 587 ha ont été revendiqués sous cette appellation et la production a atteint 11 986 hl.

Cépages

Comme pour les vins blancs de Graves, les seuls cépages pouvant être utilisés sont la Muscadelle, le Sémillon et le Sauvignon. Il n'existe pas de production de rouge dans la région, et il ne peut pas y avoir de Sauternes sec. Les vins blancs secs de cette région sont indistinctement vendus sous l'appellation Bordeaux. Les vins blancs ayant droit à l'appellation Sauternes doivent provenir de moûts riches au minimum de 221 grammes de sucre naturel par litre et présenter après fermentation un degré alcoolique minimum de 13° d'alcool total (acquis et en puissance).

La vinification devra être faite avec des raisins arrivés à surmaturation (pourriture noble) récoltés par tris successifs. Le Botrytis Cinerea est effectivement une condition obligatoire pour l'obtention de grands vins de Sauternes ou de Barsac. Le Botrytis attaque à la fois l'intérieur et la peau du grain de raisin qui va changer de couleur, se rider, se friper. C'est à ce moment que s'opère une réduction de volume due à l'évaporation de l'eau, qui provoque une élévation de sucre dans les baies. En opérant des tris successifs, les vendangeurs ne récolteront que les grappes ou les baies attaquées. C'est pourquoi les vendanges s'étalent souvent sur plus d'un mois.

Terroir

Le sol est véritablement privilégié. Il ne peut donner que des vins exceptionnels : c'est un mélange harmonieux de silice (cailloux et sable), qui assure la finesse, de calcaire, qui donne la puissance, et d'argile, qui est la base de toute bonne onctuosité. Mais ce qui est aussi très important, c'est le micro-climat très spécial qui baigne toute cette région, et qui favorise le développement du Botrytis Cinerea. Ce micro-climat produit en automne de nombreux brouillards matinaux auxquels succède rapidement un soleil chaud et ardent.

Les Sauternes ont, comme nous l'avons déjà dit, beaucoup de qualités. Feret en disait : "dorés, fins, délicats, moelleux, liquoreux, savoureux et très parfumés, réchauffant l'estomac sans porter à la tête et faisant éprouver un sentiment de bien-être des plus agréables".

Le Barsac, dans sa jeunesse, est un peu plus nerveux, moins souple et plus capiteux. Avec l'âge, les qualités se fondent et s'améliorent, comme pour les Sauternes.

YQUEM

Réputé pour être le plus grand vin liquoreux du monde, il l'est souvent et sans fausse modestie. C'est un monument érigé à la couleur d'un vin épanoui, à la suavité, à la douceur subtilement soulignées par un fin trait d'acidité, le tout donnant un ensemble magique. Depuis plus de deux siècles la famille de Lur-Saluces, contre vents et marées climatiques, s'en occupe dignement. Un Yquem ne peut qu'être parfait. Si le climat en décide autrement, il n'y a pas d'Yquem, tout simplement.

Thomas Jefferson avait déjà compris ces qualités exceptionnelles en 1787. Il s'en était fait envoyer 250 bouteilles aux Etats-Unis. Depuis, le vin d'Yquem est devenu un mythe et chacun rêve d'en posséder quelques bouteilles, d'avoir la patience de l'attendre et la joie de le boire quand il commence sa lente apogée.

CERONS

Juste à côté de Barsac, en allant vers le nord toujours sur la rive gauche de la Garonne, se trouve une autre appellation, non moins intéressante, c'est Cérons.

Cette appellation englobe Illats, Podensac et Cérons. Ces trois communes peuvent revendiquer l'appellation Graves, mais aussi Cérons. Cette appellation ne fournit que des vins blancs avec les mêmes cépages que pour le Sauternes. Les baies des raisins devront aussi être atteintes par la pourriture noble et atteindre un minimum de 12,5° d'alcool acquis.

La superficie revendiquée pour l'appellation est de 133 ha et a produit 4 551 hl. en 1987.

CADILLAC

De l'autre côté de la Garonne se trouve Cadillac et la région des premières côtes de Bordeaux. Cette région s'étend sur 5 km de large et 50 km de long, en serpentant le long des coteaux dominant la rive droite de la Garonne.

> *La commune de Cadillac a donné son nom aux célèbres voitures américaines construites à Detroit : c'est en effet le Chevalier de Lamothe Cadillac qui fonda la ville.*

Les premières côtes de Bordeaux produisent du rouge principalement au nord. Cette région était jusqu'à il y a quelque temps l'axe de complantation du Malbec, mais il est en régression au profit du Merlot. Les Cabernets Franc et Sauvignon y sont présents aussi. Près de 2 000 ha ont produit un vin rouge (150 468 hl.). Le rouge est léger, agréable, friand, de conservation limitée, agréable à boire dans les premières années qui suivent la mise en bouteille.

Au sud, les communes produisent presque exclusivement des blancs moelleux. Cadillac et les premières côtes de Bordeaux en ont élaboré 32 887 hl. en 1987 sur une superficie de 740 ha.

Le vin de Cadillac est racé et aromatique et doit titrer 12° minimum.

LOUPIAC

C'est une commune viticole de moyenne importance : 295 ha pour 10 568 hl. de volume de vin en 1987. Elle se situe en face de Barsac. Le Loupiac est un vin qui ressemble au Sauternes, corsé et séveux, parfumé et fin. Il a un grand potentiel de vieillissement. Comme les Cadillac et les Sainte-Croix-du-Mont, les Loupiac avaient trouvé une grande part de leur clientèle dans le nord de l'Europe, en particulier en Hollande, en Russie et en Prusse.

SAINTE-CROIX-DU-MONT

Sainte-Croix-du-Mont se situe en face des Sauternes. Les vignes sont complantées sur des coteaux escarpés. C'est peut-être le plus réputé des vins moelleux de la rive droite de la Garonne (401 ha pour 19 133 hl. de récolte). Les vins sont d'une belle couleur dorée, liquoreux, onctueux, fins et fruités dans leur jeunesse. Possédant un bon potentiel de vieillissement, ils n'ont pas à rougir devant leurs voisins de Sauternes.

LE LIBOURNAIS

SAINT-EMILION

Cépages

Le Bouchet, le Petit Bouchet, le Merlot et le Malbec sont les cépages traditionnels des appellations de cette région. Le Bouchet et le Petit Bouchet sont les noms locaux. Il s'agit en fait du Cabernet Franc et du Cabernet Sauvignon. Mais le cépage le plus complanté est le Merlot. C'est dans cette région, et par extension, par Pomerol et Lalande de Pomerol, que ce cépage a acquis ses lettres de noblesse. A Saint-Emilion, il représente 70 % de l'encépagement total. Le Malbec, quant à lui, est en constante régression. Les vins qu'il produit ici n'obtiennent pas la qualité de ceux des autres cépages.

MONTAGNE-SAINT-EMILION :

Vaste commune directement en contact avec Saint-Emilion, c'est sûrement la plus importante des communes satellites. 1 346 ha qui ont donné 63 167 hl. de vin en 1987. L'appellation s'étend aux communes de Parsac et de Saint-Georges.

Sur cette aire d'appellation, on distingue deux terroirs totalement différents. Sur les sommets des "montagnes", on retrouve un terrain calcaire qui produit un vin corsé, charpenté et très coloré, sur le bas des montagnes, on retrouve des graviers silico-calcaires donnant des vins plus légers et fruités. Souvent, quand cela est possible, les différents châteaux mélangent harmonieusement les deux types de vins. Les châteaux les plus réputés de cette appellation sont Château des Tours, Château Negrit, Château Roudier, Château Plaisance.

PUISSEGUIN-SAINT-EMILION :

Commune de relative importance, elle produit son vin sur un terrain rocailleux et graveleux. Il est corsé et charpenté, ferme dans sa jeunesse et peut bien vieillir. L'aire d'appellation se situe sur 640 ha. Les vignerons y ont élaboré 30 270 hl. en 1987. Quelques noms de châteaux connus : Château Bel-Air, Château Lyonnat, Clos des Religieuses.

LUSSAC-SAINT-EMILION :

Important vignoble de 1 119 ha qui a produit 53 064 hl. en 1987. Les vins de cette appellation sont colorés et charpentés, dans le même style que ceux de Puisseguin.

Ils sont presque exclusivement produits sur des coteaux très bien exposés, rocailleux et calcaires.

Des châteaux comme Bellevue et Lyonnat font la réputation de cette appellation.

En outre, il est à noter que cette commune, en plus de la superficie que nous vous avons donnée, produit des vins blancs. Mais ces derniers ne peuvent être vendus que sous l'appellation Bordeaux ou Bordeaux Supérieur.

SAINT-GEORGES-SAINT-EMILION :

En 1987, c'était l'appellation la moins importante au niveau de l'aire de production : 168 ha qui ont fourni 8 227 hl.

Mais n'oublions pas que les viticulteurs qui le désirent peuvent commercialiser leurs vins sous l'appellation "Montagne-Saint-Emilion". Ce sont des vins de grande garde, jeunes, très colorés, proches des Saint-Emilion de la côte, robustes, bien charpentés et très floraux.

Voici quelques châteaux réputés : Château Saint-Georges, Château Saint-Georges Macquin, Château Roudier.

PARSAC-SAINT-EMILION :

Ces vins sont comparables à ceux qui sont produits à Montagne-Saint-Emilion. Cette appellation tend à disparaître au profit de celle de Montagne-Saint-Emilion.

Quelques châteaux connus : Château Musset, Château Langlande, Château Binet, etc.

SAINT-EMILION :

Nous arrivons enfin à l'appellation principale de cette région, c'est-à-dire Saint-Emilion. Dans le chapitre concernant l'historique, nous avons déjà vu les particularités de la région et de la ville de Saint-Emilion ainsi que le classement des grands crus. Il nous reste à faire une rapide approche du terroir de la région.

Terroir

Pour parler du type de terrains rencontrés, il faut faire une différence entre trois types de terroirs bien spécifiques : la Côte, les Graves et la Plaine.

La Côte : c'est un terroir à dominante calcaire formé d'un plateau assez régulier avec un sol riche en cailloux d'origine calcaire. Les pentes qui descendent vers la plaine sont composées d'éboulis. L'ensemble constitue la région la plus riche en grands

crus, tels que Ausone, Beauséjour, Bel-Air, Canon, Fourtet, La Gaffelière, La Magdelaine, Pavie.

Mais les autres vins de la côte sont depuis toujours aussi prisés que les châteaux énumérés plus haut.

Les Graves : ce terroir, composé des anciennes alluvions de l'Isle qui coule à l'ouest est tout naturellement formé de graves très perméables et propices à la vigne. La région des Graves s'incline en pente douce de 40 m à 28 m d'altitude et se prolongent à Pomerol. Dans ce terroir, citons deux châteaux très réputés : Cheval Blanc et Figeac.

La plaine : elle est composée d'anciennes alluvions de la Dordogne, constituées de graves et de cailloux. Ce terroir est quand même moins propice à la vigne que celui de la région des graves. L'altitude moyenne est située entre 30 m et 10 m. Entre les graves et la plaine se situe une bande de terrain difficilement classifiable, un genre de "no man's land", qui produit des vins intéressants.

L'ensemble de l'aire d'appellation Saint-Emilion est constitué par 5 137 ha de vignes, dont 3 052 sont des grands crus. L'appellation grand cru a été revendiquée pour 116 052 hl. pour une production totale de 201 490 hl.

Les vins de cette région sont des vins qui sont depuis toujours comparés à ceux de la Bourgogne. "Ce sont en général des vins pleins, sèveux et corsés, colorés d'un rouge rubis qui promet un goût flatteur au palais", notait M. Frank au siècle dernier.

Dans les cinq premières années qui suivent leur récolte, les Saint-Emilion et leurs voisins peuvent se boire relativement frais (12° environ), en compagnie de mets simples (cochonailles et fromages souples). Plus tard, quand ils auront affirmé leur personnalité en bouteille, ils accompagneront à merveille les rôtis et les gigots. A leur apogée, on les préférera avec

POMEROL

Une seule maxime suffit à résumer le Pomerol : "Un vignoble mondialement connu mais minuscule". Ce vin possède son phare pour éclairer le monde, c'est Pétrus.

Les vins de Château Pétrus sont des vins complets, admirablement équilibrés, avec beaucoup de sève et de bouquet, aptes à un long vieillissement dans les grandes années.

Les vins de Pomerol en général sont un trait d'union entre ceux du Médoc et ceux de Saint-Emilion. Ils ont la finesse du premier et la race du second.

Il n'y a que 821 ha de vignes et aucune extension n'est possible. En 1987, le rendement à l'hectare a été de 32,8 hl., et la production totale s'est élevée à 26 916 hl. Ces 821 ha de vignes sont complantés sur un même type de terrain. Toutefois les vins issus de ces vignes peuvent être partagés en trois catégories :

- **les sols argilo-graveleux**, donnent des vins corsés, complets, opulents et gras.

- **les sols de graves.** Ce sont les graves provenant des alluvions de l'Isle. Les vins issus de ce type de terroir sont corsés, un peu plus rustiques et de longue garde.

- **les sols de graves et de sables** sont des terroirs que l'on retrouve vers Libourne. Ils produisent des vins plus légers et friands, se faisant plus rapidement.

Notons aussi que, comme pour les Saint-Emilion et pour les Lalande de Pomerol c'est le Merlot qui réussit le mieux à Pomerol. C'est le roi des cépages pour toute cette région.

LALANDE DE POMEROL :

L'appellation est contiguë à Pomerol et englobe actuellement une autre appellation de la région, l'appellation Néac Lalande de Pomerol.

Les vins de **Néac** (issus tout comme ceux de Lalande des mêmes cépages que Pomerol, avec une forte proportion de Merlot) sont des vins de bonne qualité, avec un bouquet séveux comme les Pomerol, riches comme les Saint-Emilion. Quelques châteaux sis sur l'aire d'appellation Néac : Château Moncets, Tournefeuille, Siaurac.

Les vins de Lalande de Pomerol sont issus de graves légères ou de terroirs sablo-graveleux qui donnent des vins assez apparentés aux vins de Pomerol : racés, élégants et charpentés, tout en étant très suaves. Les Châteaux Bel-Air, Bourseau, Grand Ormeau, ne font pas défaut à la réputation de l'appellation qui peut étonner par sa qualité nombre d'amateurs de joies bacchiques.

En 1987, l'appellation Lalande de Pomerol a été revendiquée pour 905 ha et les viticulteurs ont récolté 32 548 hl.

CHATEAU PETRUS

Un nom qui fait rêver des milliers de gens. Un rêve mais une dure réalité. Un minuscule domaine, 11 hectares pour une demande plus qu'importante, telle est la rançon de la gloire. Tout est fait au château pour que les raisins arrivent au meilleur moment et le plus rapidement possible dans les chais où ils subiront un égrappage très limité et une longue macération et fermentation. Ajoutons encore que seul le Merlot a le droit de cité sur un terroir essentiellement composé de crasse de fer. Pendant deux ans à deux ans et demi, le vin s'affinera dans des pièces neuves, pour devenir Grand Vin de Pétrus.

FRONSAC ET CANON-FRONSAC

C'est un petit village qui s'enorgueillit d'un vignoble plus que millénaire et dont Charlemagne louait les qualités et les mérites (il y avait même fait construire un château).

L'appellation Fronsac s'étend aussi à quelques communes avoisinantes : La Rivière, Saint-Germain-La Rivière, Saint-Michel-de-Fronsac, Saint-Aignan, Saillans. 782 ha sont en exploitation et ont donné 38 393 hl. de Fronsac.

Le vin produit est de haute qualité, fin et souple, légèrement épicé, charnu et gras, très apte à vieillir. La méconnaissance de cette appellation, au moins au niveau français, en fait un vin d'un prix très abordable.

Le Canon-Fronsac est une appellation réservée aux meilleurs coteaux de la région, dans le coteau de "Canon". Les vins de cette appellation sont très colorés, corsés, toujours un peu épicés et de grande garde. Largement reconnus aussi pour leurs grandes qualités par les étrangers, qui l'aiment bien parce qu'ils leur rappellent souvent les vins de Bourgogne et certains Pomerol.

Il y avait 304 ha en production en 1987 qui ont fourni 14 500 hl. de vin. Quelques châteaux réputés : Château Bodet, Château Canon, Château Combes, Château Gaby, parmi beaucoup d'autres.

D'AUTRES A.O.C.

ENTRE-DEUX-MERS

Jusqu'à présent, en faisant abstraction du Sauternais et d'une petite partie des vins de Graves, toutes les appellations que nous avons vues ne produisaient que des vins rouges. Mais la région bordelaise a encore bien d'autres cordes à son arc. Dans le triangle formé par la Garonne et la Dordogne depuis leur confluent situé au bec d'Ambes et sur presque tout le département de la Gironde est produit un vin blanc sec sur une superficie de 2 950 ha.

Cépages

Les cépages utilisés sont les cépages traditionnels complantés pour les vins blancs : le Sauvignon, la Muscadelle, le Sémillon, et ceci à raison de 70 % minimum.

Les autres cépages sont dans la proportion de 20 % le Merlot Blanc, et dans la proportion de 10 % maximum, le Colombard, le Mauzac et le Saint-Emilion des Charentes.

Les vins issus de ces différents cépages doivent titrer entre 10 et 13° d'alcool acquis avec un sucre résiduel de 4 grammes maximum.

Il ne faut toutefois pas oublier que l'on peut trouver des vins rouges dans cette aire de production. Mais cette production ne peut être vendue que sous la dénomination Bordeaux ou Bordeaux Supérieur.

Terroirs

Trois grandes zones sont à retenir.

La zone du Haut-Bénauge:
cette zone, dont le nom peut être adjoint à l'appellation Entre-Deux-Mers, produit les vins blancs, souvent moelleux, les plus réputés de la région. Ils sont souples et fins, parfois même corsés et moelleux.

La partie nord :
c'est la région de production d'une grande part de vins rouges. Les vins blancs sont secs et caractéristiques des cépages dont ils sont issus.

La partie des communes de :
Branne-Pujols, Sauvetteve et Pellegrue produit essentiellement des vins blancs.

L'Entre-Deux-Mers est un vin fruité, d'une grande finesse, alliant souplesse, vivacité, corps et fruité, laissant toujours une sensation de fraîcheur après la dégustation. C'est le vin des fruits de mer, des poissons grillés, des hors d'œuvres et des entrées simples.

D'autres appellations se partagent aussi cette partie du département de la Gironde et ont droit à une appellation d'origine distincte. Ce sont des appellations moins connues, à découvrir.

COTES DE BORDEAUX SAINTES-MACAIRE

C'est une appellation en nette régression depuis quelques années : 166 ha en 1981, 30 ha en 1987. L'appellation ne concerne que les vins blancs. Ce sont des vins qui sont issus des coteaux graveleux et argileux. Les vins blancs obtenus sont corsés et fins.

SAINTE-FOY-BORDEAUX

Cette appellation est elle aussi en régression : 48 ha en 1987 ont donné 2 764 hl. de vins blancs. Sainte-Foy-Bordeaux occupe l'extrémité nord-est du département. Les vins sont moelleux ou demi-liquoreux. Ils ont une couleur jaune pâle, sont fins et délicats. Ils sont très proches des Monbazillac. L'appellation concerne aussi une production de vins rouges qui s'étend sur 73 ha et qui a produit 4 201 hl. de rouge en 1987.

GRAVES DE VAYRES

Se situant sur la rive gauche de la Dordogne, au sud-ouest de Libourne, sur les terrains des communes de Vayres et d'Arveyres, l'appellation doit son nom au terroir composé de graves.

La superficie est de 192 ha pour les vins rouges, 193 ha pour les vins blancs.

Les rouges sont agréables et souples, bouquetés et d'une belle couleur. Ils ne demandent pas à vieillir.

Les blancs sont souvent doux, fins et moelleux.

BOURGEAIS

En remontant la Dordogne sur la rive droite, en face du Médoc, se trouve le canton de Bourg-sur-Gironde et la ville de Bourg. Les vignes complantées sur des terrains argilo-calcaires font depuis longtemps la réputation des vins qui portent les noms de "Côtes de Bourg", "Bourg" ou "Bourgeais". Les vins blancs sont secs, demi-secs ou moelleux.

La superficie des vignes qui produisent les différents blancs est en régression (79 ha). La production des rouges est beaucoup plus importante : 3 146 ha qui ont donné 157 367 hl.

Les vins sont corsés, bien équilibrés, et peuvent très bien vieillir.

Frank écrivait en 1860 : "Quand ils n'ont pas éprouvé la fatigue de la

mer, il faut attendre au moins 8 à 10 ans pour les boire dans leur bonté".

LE BLAYAIS

En remontant l'estuaire de la Gironde après le Bourgeais, on arrive dans l'aire d'appellation de Blayais, qui peut se subdiviser en "Blaye" ou "Blayais" (blanc et rouge), "Côtes de Blaye" (blanc et rouge) et "Premières côtes de Blaye" (blanc et rouge).

Comme pour le Bourgeais, la production de rouges supplante largement les blancs : 2 908 ha contre 287 ha pour les blancs.

Les vins blancs sont souvent secs et nerveux, avec une belle charpente. Au siècle dernier, ils étaient distillés.

Les rouges sont fruités, souples et de consommation rapide. Ils peuvent faire un bon Bordeaux de tous les jours.

LES COTES DE BORDEAUX

Des vignes à perte de vue sur des coteaux quo viennent caresser les rayons d'un soleil chaud et ardent, bordant la Garonne, la Dordogne et la rive droite de l'estuaire de la Gironde. Les vins des côtes sont bien typés par leur couleur, bien bouquetés, avec du corps et du fruité. Rapidement prêts à boire, ils gardent leur fraîcheur et leur fruité.

BORDEAUX-COTES DE CASTILLON

Notre tournée de cette grande région viticole ne serait pas complète si l'on omettait de parler des Bordeaux Côtes de Castillon. Cette appellation se situe à côté de Saint-Emilion. 10 communes en plus de Castillon ont droit à cette appellation qui s'étend sur 2 558 ha et qui a produit 115 570 hl. de vins rouges en 1987.

Les vins sont riches en couleur, généreux et corsés, agréables à boire jeunes.

BORDEAUX-COTES DE FRANCS

Dans le même état d'esprit, mais sur une superficie beaucoup plus réduite (l'aire d'appellation ne couvre que 254 ha et a produit 11 271 hl. en 1987), il existe l'appellation "Bordeaux-Côtes de Francs" depuis 1967. L'appellation est contiguë à celle des Côtes de Castillon. Elle était renommée pour la production de ses vins blancs de qualité, elle aussi en nette régression. Ses rouges sont agréables, du même style que les "Côtes de Castillon".

L'ensemble de la région bordelaise peut aussi produire des vins sous la simple dénomination de **Bordeaux** ou de **Bordeaux Supérieurs**. On peut les trouver en blanc, en rouge ou en rosé (Clairet).

Issus des mêmes cépages nobles que les autres appellations de la Gironde viticole, ce sont des vins de qualité. Equilibrés, toniques, légers, les Bordeaux et Bordeaux Supérieurs possèdent un bouquet délicieux, flattant le palais. Sans prétention, mais agréables, ils sont dignes d'être connus et on les aime rapidement.

Pour le rosé: 383 ha ont été revendiqués.

Pour le rouge : 26 782 ha ont produit 1 483 986 hl.

Pour le Bordeaux Supérieur rouge : 9 551 ha ont produit 436 066 hl.

Pour le blanc : 10 345 ha ont produit 641 747 hl.

LA CAVE

Quand vos vins sont achetés, il faut les entreposer dans un lieu adéquat pour les avoir à portée de main quand l'occasion d'ouvrir une bouteille sélectionnée par soi-même se présente et de pouvoir l'apprécier en compagnie de quelques amis, ou en tête à tête à l'occasion d'une fête. Mais une cave est aussi nécessaire pour pouvoir les faire mûrir s'ils sont trop jeunes ou encore fermés. C'est ce séjour qui les bonifiera.

Malheureusement, cette cave à vin qui peut servir de lieu de stockage à des bouteilles prestigieuses, est souvent bien peu prise en compte et en considération par les architectes et les constructeurs. N'importe quelle pièce ne fait pas une cave.

Il faut soigner l'orientation et l'hygrométrie, se présever des odeurs, de la lumière, des vibrations et des écarts de température.

Dans le cas où vous avez le choix de la pièce qui va servir de cave, choisissez-la exposée au nord si possible, l'ardeur des rayons du soleil s'y fera moins sentir. Choisissez-la également éloignée de toute source d'odeur (chaufferie, garage). Si la pièce choisie dispose d'une fenêtre ou d'une lucarne, obturez-la pour que la lumière ne puisse pas passer (les rayons U.V. du soleil font vieillir prématurément les vins). Evitez, quand c'est possible, d'être trop près de la route. Les vibrations produites par le passage des véhicules sont néfastes à la bonne conservation des bouteilles stockées.

La pièce parfaite dispose d'un sol de terre battue, véritable régulateur de l'hygrométrie. Le cas échéant, une caisse de sable dans un coin, que l'on prendra soin d'humidifier régulièrement permettra de conserver cette humidité bénéfique et nécessaire. Un hygromètre sera le bienvenu de même qu'un thermomètre. L'humidité relative idéale est de 70 à 85 %. Elle permet aux bouchons de ne pas se dessécher et d'éviter ainsi tout échange gazeux entre le vin et l'air ambiant. Ce taux d'humidité permet aux étiquettes de ne pas être altérées par la moisissure qui serait présente avec une humidité plus forte.

La température est très importante aussi. Une cave très froide est peut-être très bonne pour la conservation des vins, mais ils restent bloqués et n'évoluent pas. Ce n'est pas le but recherché. En revanche, une cave trop chaude fait évoluer les vins trop rapidement au détriment de la finesse du produit. Mais le plus important est d'avoir un écart de température le plus faible possible entre la température minima et la température maxima et que cet écart de température se fasse le moins vite possible. La température moyenne de la cave devant se situer entre 10 et 14°.

Toutes ces conditions réunies permettent d'obtenir une cave valable. Mais il ne suffit pas d'avoir la pièce. Il faut savoir gérer son stock. Il faut connaître ses vins, leur évolution, en les goûtant de temps en temps.

L'idéal est la tenue d'un livre de cave, qui permettra de suivre l'évolution du vin entre deux dégustations et de se remémorer rapidement les vins entreposés. Il faut aussi tenir compte du potentiel de vieillissement de chaque vin.

Certains vins doivent être bus rapidement. Le fait d'être épicurien, de les boire dans leur jeunesse, au moment où ils donnent tellement de plaisirs olfactifs avec leurs senteurs florales, et leurs fruités typiques est sûrement la meilleure façon de les apprécier. D'autres, quelques grands vins de garde, peuvent se conserver 20, 30 ans, voire plus.

Mais garder de très vieilles bouteilles comporte un certain risque. Le bouchon en est un. Il faudrait le changer tous les 20 ans à peu près. Pour cela, il est préférable de demander à un vigneron ou un œnologue de s'en charger.

Les bouteilles doivent être conservées à plat, tête bêche et ensemble lorsqu'elles sont identiques.

N'oubliez jamais qu'il n'est pas hérétique de boire un Pomerol qui n'a que 3 ans par exemple. A ce moment-là il pourra peut-être vous offrir des plaisirs différents que quelques années plus tard.

LES VERRES DU BORDELAIS

De gauche à droite : verre traditionnel, verre ballon, verre type INAO, verre traditionnel, verre à bordeaux blanc.

RIEUSSEC
1958
Grand Cru Classé
GRAND C
CHÂTEAU
LA MISSION H
GRAVE
APPELLATION GRAVES
Cru classé
1981
MIS EN BOUTEILLES
SAUTE

L'ACHAT DES VINS

Le marché des vins de Bordeaux est très particulier. En dehors des Bordeaux génériques, la plupart des châteaux réputés ne vendent pas directement leur production. Elles laissent ce soin aux maisons de négoce de la Place de Bordeaux, qui souvent sont elles-mêmes propriétaires de domaines ou de châteaux.

Actuellement, la majeure partie de ces vins se vendent en primeurs (le vin est encore en pièces et à peine fermenté). Les châteaux et les négociants le vendent à un prix inférieur au prix escompté au moment de la vente en bouteilles. Le paiement s'effectue à la commande et les vins sont livrés 12 à 18 mois après. C'est intéressant pour les grands vins.

Pour le Bordeaux plus simple, que l'on aura plaisir à boire plus couramment, il sera préférable de l'acheter chez son marchand habituel ou directement au domaine si on connaît les propriétaires.

Ces vins sont pour la plupart des vins "de carafe" qu'il ne sera pas nécessaire de faire vieillir de façon trop prolongée.

Pour les grands châteaux, l'achat en primeur dans les grands millésimes est intéressant. Dès que vous avez passé commande de votre vin, vous en êtes propriétaire et donc à l'abri des spéculations possibles qui s'opèreront sur le millésime.

LA QUALITE DES DERNIERS MILLESIMES

Les vieilles bouteilles, redisons-le, ne pourront vous donner un vin appréciable que si le millésime et le flacon permettent ce vieillissement.

1978	Rouge : un grand millésime typique de l'appellation. Il peut encore se garder et se bonifier pour les grandes bouteilles. Blanc : millésime qu'il faudrait avoir bu, surtout pour les secs, les liquoreux se défendent comme ils peuvent...
1979	Des bouteilles types qui sont à leur apogée et donnent tout leur potentiel maintenant. Ceci est valable pour les blancs secs ou liquoreux et les rouges.
1980	C'est, il faut le dire, un petit millésime. Seules quelques rares exceptions ont pu se sauver de la noyade. Ne rêvez pas, elles sont rares, mais pas du tout inintéressantes. Les blancs secs sont à oublier. Mais Yquem et Rieussec par exemple, sont de très belles réussites.
1981	Rouge : le Bordeaux type par excellence, racé, tonique et flatteur. On commence à pouvoir le goûter. Il y a toujours des exceptions qu'il faut savoir attendre, mais c'est une belle bouteille en perspective. Blanc : le type même des belles bouteilles, prêtes à boire. Elles développent tous leurs charmes.
1982	Rouge : le géant ! Les spécialistes ne tarissent pas d'éloges, le plus grand consiste à dire qu'il est agréable à boire depuis sa mise en bouteille mais que le même vin a encore un potentiel de vieillissement intact. Epicuriens, à vos bouteilles, conservateurs, n'ayez aucun complexe. Blanc : la plupart des blancs sont à boire. A part quelques exceptions, ce type de vin ne gagne pas beaucoup à vieillir. Les liquoreux, qui n'ont pas le potentiel des rouges, commencent à se montrer charmeurs. Grands et intéressants.
1983	Rouge : un grand millésime qui ne démérite pas après le géant 82. Bien typé Bordeaux, bonne harmonie entre le goût, les tanins et l'acidité. On peut commencer à se faire plaisir mais aussi le garder. Blanc : grand millésime surtout pour les liquoreux que l'on peut oublier dans sa cave sans problème. Les secs sont à déguster.

1984	Rouge : un millésime à boire maintenant pour les vins les plus réussis, et qui auraient déjà souvent dû être bus pour les autres. Vins légers, aromatiques, agréables, mais manquant de la complexité que l'on attend d'un Bordeaux. Blanc : c'est un millésime que l'on peut, à part quelques exceptions, passer sous silence.
1985	Rouge : un grand millésime, qui n'est ni le premier, ni le dernier de la décennie, mais un vin profond, gras, ample, fait pour vieillir comme il faut. A boire dans les dix ans pour les plus grands. Les blancs sont moins réussis mais agréables. Les secs sont à boire maintenant, les liquoreux sont à attendre. L'année est bonne mais pas grandiose.
1986	Rouge : ils sont très aromatiques, avec des arômes puissants de fruits rouges, et aptes à bien vieillir. Millésime qu'il faudra savoir attendre quelques années. Assez de tanins et d'acidité en harmonie avec l'alcool. C'est un grand millésime. Blanc : les secs commencent à bien se déguster, les liquoreux devront encore attendre quelques années pour s'exprimer pleinement. Belle année.
1987	Rouge : un petit millésime où l'on pourra trouver des grands vins intéressants, mais non typés Bordeaux. Ce ne seront pas des vins de garde. Blanc : vins moyens sans grand intérêt en général, mis à part quelques bons vinificateurs qui ont bien su élever leur produit.
1988	Rouge : vins bien structurés, complexes, pouvant donner des vins de garde. Ils ont tout pour bien vieillir s'ils ont été bien vinifiés. Blanc : les secs et les liquoreux sont bien réussis. Les Sauternes seront grandioses.
1989	Rouge : sûrement moins grand que 1988. La qualité est très inégale, seules l'expérience et la maîtrise des maîtres de chais feront la différence. Les vins réussis seront souples avec des tanins non agressifs. Blanc : un millésime qui n'égalera pas la qualité de 1988. Les liquoreux manqueront d'acidité pour une bonne évolution. Les secs souffrent du même mal. Ils seront gras et à boire jeunes.

PRODUCE OF FRANCE
SAUTERNES

L'ACCORD DES METS ET DES VINS

Avec la diversité des vins produits, la région bordelaise a tout pour vous séduire : des vins blancs secs, moelleux, liquoreux, ses grands Sauternes, ses Bordeaux génériques rouges, qui sont d'agréables vins de carafe, ses Graves sèveux et élégants, ses Haut-Médoc agréablement corsés et sèveux, les vins de la région de Saint-Emilion, corsés, opulents et généreux. Vous n'aurez aucune difficulté à trouver un vin apte à accompagner agréablement n'importe quelle préparation culinaire. De l'entrecôte, surtout si elle est bordelaise, aux gibiers, qu'ils soient à poils ou à plumes, en passant par les volailles. Toutes ces préparations seront rehaussées qualitativement par la présence d'un Bordeaux rouge.

Un blanc sec s'associera aussi bien avec une lamproie à la bordelaise ou de l'aloyau.

Un blanc liquoreux sera le digne vin de vos apéritifs. Osez un Sauternes avec votre roquefort et tous vos desserts, même s'ils sont chocolatés.

TEMPERATURE DE SERVICE DES VINS

La température de service d'un vin dépend de son origine, de son âge et de ses caractéristiques. D'une manière générale, on peut dire qu'un froid excessif bloque tout développement d'arôme et qu'une température trop élevée rend le vin plat et insignifiant.

Les vins jeunes seront toujours bus plus frais, les vins tanniques à une température élevée.

- entre 5 et 10° C :	*vins blancs liquoreux (Sauternes, Monbazillac)*
- entre 7 et 13° C :	*vins blancs secs (Graves)*
- entre 9 et 11° C :	*vins rosés ou rouges légers (Clairet)*
- entre 15 et 19° C :	*vins rouges (Médoc, Saint-Emilion, Graves, Pomerol).*

QUELQUES RECETTES

Anguille au vin rouge

Pour 4 personnes

Ingrédients :

1 anguille
2 gousses d'ail
2 oignons
2 échalotes
Graisse d'oie
1 bouquet garni
1 bouteille de Graves
2 cuil. à soupe de farine
Sel, poivre.

GRAVES ROUGE OU SAINT-EMILION

Préparation : 40 mn. Cuisson : 1 h.

Préparer l'anguille. L'écorcher, la vider, la couper en gros tronçons et la mettre dans l'eau.

Pendant ce temps, faire revenir l'ail, les oignons et les échalotes émincées. Saupoudrer de farine. Ajouter le bouquet garni puis verser le vin rouge. Flamber. Laisser mijoter 30 minutes. Ajouter alors les morceaux d'anguille essuyés. Saler et poivrer. Couvrir. Faire cuire à petit feu pendant 30 minutes.

Servir en décorant le plat avec des rôties de pains et du persil haché.

Il est possible d'ajouter à la sauce, en même temps que l'anguille, des cèpes séchés que l'on placera ensuite au milieu du plat de service.

Carpe au four de Sorges

Pour 4 personnes

Ingrédients :

1 carpe
1/2 l. de Blaye
30 cl. de crème fraîche épaisse
50 g. de beurre
Persil
2 échalotes
Thym
Chapelure
Sel, poivre
Pain.

COTES DE BLAYE JEUNE OU ENTRE-DEUX-MERS

Préparation : 10 mn. Cuisson : 1 h.

Ecailler et vider le poisson. Le placer dans un plat, sur des morceaux de beurre et du persil haché.

Mettre de l'échalote hachée, quelques brindilles de thym et quelques morceaux de beurre dans le ventre du poisson. Saupoudrer la carpe d'un peu de chapelure et mettre au four (th. 6/7).

Après quelques minutes de cuisson, arroser avec le vin blanc et disposer la laitance dans les espaces libres. Remettre au four et arroser souvent la carpe avec la sauce.

Par ailleurs, faire frire des tranches de pain dans du beurre et lorsque la carpe est cuite, les glisser délicatement sous le poisson.

Verser la crème sur le tout. Remettre un instant au four, sans laisser bouillir. Servir chaud.

Confit

Pour 8 personnes

Ingrédients :

1 paletot d'oie ou de canard (cuisses, contre-cuisses et quartiers)
Sel, poivre
Laurier
Thym.

MONBAZILLAC OU POMEROL

Préparation : 1 h. Repos : 1 nuit Stérilisation : 2 h.
Cuisson : 20 mn.

Découper le paletot. Le saler et le poivrer.

Le lendemain, l'essuyer et le faire mijoter dans sa graisse mélangée avec 2 feuilles de laurier et du thym jusqu'à ce qu'une alumette s'y enfonce aisément. Laisser refroidir légèrement.

Placer dans des boîtes métalliques ou des bocaux en verre. Recouvrir avec de la graisse fondue. Faire stériliser.

Pour servir : réchauffer très doucement dans la graisse qui l'accompagne.

Déguster avec les cèpes grillés ou des haricots verts additionnés d'ail et de persil hachés.

Faisan au chou

Pour 4 personnes

Ingrédients :

1 faisan
1 chou
250 g. de chair à saucisse
100 g. de pain rassis
1 oignon
2 échalotes
2 œufs
Sel, poivre
3 bardes de lard
50 g. de truffes (facultatif)
1 petit verre d'eau-de-vie
3 carottes
2 oignons
1 bouquet garni
Graisse animale.

GRAVES BLANC OU PESSAC-LEOGNAN

Préparation : 50 mn. Cuisson : 1 h. 30 mn.

Séparer les feuilles de chou et les faire blanchir 10 minutes à l'eau bouillante. Les égoutter.

Préparer la farce en mélangeant la chair avec le pain rassis trempé dans de l'eau et égoutté, l'oignon et les échalotes hachées. Lier avec les œufs. Saler et poivrer.

Couper la truffe en lamelles. En mettre la moitié dans la farce, l'autre moitié dans le faisan vidé et flambé. Entourer le faisan de bardes de lard.

Etaler quelques feuilles de chou. Mettre une légère couche de farce. Disposer le faisan au milieu et l'envelopper alors des feuilles. Recommencer l'opération en enveloppant à chaque fois le paquet précédent dans des feuilles de chou garnies de farce. Finalement, ficeler le tout.

Le déposer dans une cocotte graissée avec l'eau-de-vie, les carottes en rondelles, les oignons et le bouquet garni. Laisser cuire doucement à couvert pendant 1 heure 30 minutes.

Civet de lièvre

Pour 6 personnes

Ingrédients :

100 g. de carottes
100 g. d'oignons
10 g. d'échalotes
6 gousses d'ail
2 cuil. de vinaigre
2 cuil. d'huile
2 clous de girofle
2 grains de genièvre
2 feuilles de laurier
Sel, poivre
1 lièvre de 2 kg. et son sang
50 g. de beurre
50 g. de lard
1 l. de Saint-Emilion
2 cuil. de cognac
2 morceaux de sucre
Farine.

SAINT-EMILION

Marinade : 24 h. Préparation : 30 mn.
Cuisson : 1 h. 30 mn.

Couper le lièvre en morceaux et faire mariner pendant 24 heures l'ensemble des ingrédients.

Faire revenir les morceaux de lièvre dans du beurre et de l'huile. Les retirer lorsqu'ils sont bien dorés.

Mettre dans la cocotte 50 g. de beurre, les oignons et les échalotes coupés en quartiers et le lard coupé en dés. Faire rissoler. Y verser la farine en pluie. Faire brunir doucement et mouiller avec le litre de vin. Ajouter le sucre et le cognac en tournant. Remettre les morceaux de lièvre. Y ajouter le bouquet garni et les carottes. Laisser cuire doucement 1 heure 30 minutes.

Piler le foie avec les 6 gousses d'ail et, 10 minutes avant de servir, l'ajouter à la sauce ainsi que le sang réservé.

Garnir le plat en mettant tout autour des tranches de pain grillé frottées avec de l'ail.

Filet de bœuf déguisé

Pour 6 personnes

Ingrédients :

1,5 kg. de filet de bœuf roulé
200 g. de mousse de foie gras
1 ou 2 truffes selon leur grosseur
1 l. de gelée au madère ou au porto.

MARGAUX JEUNE

Préparation : 30 mn. Cuisson : 1 h.

Rôtir le filet de bœuf de manière à ce qu'il soit rosé mais non saignant (50 à 60 mn. à four chaud). Le laisser refroidir.

Pendant ce temps, préparer la gelée.

Couper le rôti en tranches et tartiner celles-ci de mousse de foie gras, puis décorer chacune d'une lamelle de truffe.

Reconstituer le rôti. Le napper de gelée et le mettre au réfrigérateur.

Servir sur un lit de gelée hachée tel que pour ménager un effet de surprise, ou en tranches séparées pour un résultat somptueux.

Chou farci

Pour 6 personnes

Ingrédients :

1 beau chou bien pommé
250 g. de chair à saucisse
250 g. de veau
250 g. de lard gras
2 œufs
100 g. de pain rassis
1 oignon
3 échalotes
3 gousses d'ail
Persil
Fines herbes
Sel, poivre
3 carottes
2 oignons
1 bouquet garni
1 l. de bouillon
1 filet de coton.

COTES DE BOURG OU
GRAVES DE VAYRES

Préparation : 2 h. Repos : 1 nuit .
Cuisson : 3 h. 10 mn.

Séparer toutes les feuilles du chou du trognon. Les faire blanchir 10 minutes à l'eau bouillante. Les égoutter.

Préparer la farce en hachant le veau, le lard gras, l'oignon, les échalotes, l'ail, le persil et les herbes. Mélanger intimement avec la chair, le pain ramolli dans le bouillon et essoré. Lier avec les œufs. Saler et poivrer.

Choisir un beau saladier rond. Y placer le filet que vous retiendrez tout autour du saladier par un élastique. Commencer à disposer joliment une couche de feuilles de chou puis une légère couche de farce et ainsi de suite en alternant feuilles de chou et farce jusqu'à épuisement.

Détacher alors le filet. Le chou se trouve ainsi reconstitué. Serrer le filet et l'attacher avec une ficelle. Laisser reposer le chou une nuit.

Placer le lendemain le chou dans une cocotte avec les oignons, les carottes en rondelles et le bouquet garni. Mouiller avec le bouillon. Laisser cuire tout doucement à couvert pendant 3 heures. Servir le chou coupé en tranches avec la sauce réduite.

Les recettes sont tirées du livre "LES BONNES RECETTES DES REGIONS DE FRANCE" du même éditeur.

le Bourgogne

SON HISTOIRE

Le terme Bourgogne est synonyme, depuis longtemps, de grands vins, aussi bien blancs que rouges.

La Bourgogne, une très ancienne province, a été très riche, avec ses Ducs aux pouvoirs immenses.

Au 1er siècle, les Allobroges utilisèrent (inventèrent, disait Pline l'Ancien) un cépage suffisamment robuste pour résister au climat de la région et travaillèrent cette vigne. Ce cépage était baptisé l'allobrogique, c'est peut-être l'ancêtre du **Pinot Noir**.

C'est grâce à la culture de la vigne qui s'est étendue dans différentes vallées que la Gaulle occupée finit par approvisionner l'Empire romain. La Bourgogne avait la possibilité de transporter ses vins grâce aux fleuves, la Saône, l'Yonne, la Seine, le Rhône et même vers le nord, sur le Rhin.

A cette époque, l'empereur Domitien ordonna l'arrachage des vignes dans toute la Gaulle. Heureusement cette ordonnance ne fut que partiellement exécutée et, en 281, deux siècles plus tard, Probus alors empereur, fit lever cette décision et la Bourgogne lui offrit une vigne qui s'appela tout normalement **La Romanée**.

L'invention du tonneau facilita aussi largement la diffusion des vins soit par la voie fluviale, soit par voies terrestres.

Au 9e siècle, Charles le Chauve fit de la Bourgogne un duché qui revint à la Couronne de France. Dans les siècles qui suivirent, cette région connut une prospérité sans pareil.

L'arrivée des moines coïncide avec cette prospérité. Leur influence fut très grande. Une multitude d'abbayes furent bâties, les unes plus célèbres que les autres : l'abbaye de Vézelay, celle de Cluny et surtout celle de Cîteaux. S'ils étaient de grands constructeurs, ils furent également les défricheurs de la Bourgogne et tout naturellement, le vin étant indispensable pour le culte, les propagateurs des vignes.

Les nobles avaient aussi un rôle important. Amateurs de choses fines, ils étaient toujours à l'affût et à la recherche des meilleurs vins et des meilleurs terroirs susceptibles de les produire. De plus, par leurs déplacements fréquents, ils firent connaître les vins de Bourgogne dans toute l'Europe.

C'est à cette époque que Philippe II le Hardi interdit et fit arracher tout autre cépage que le Pinot Noir, même le gamay qui était reconnu comme étant un cépage vulgaire.

L'opulence de cette région ne cessa de s'agrandir. La noblesse fit construire des châteaux et Nicolas Rolin, aidé de sa femme, créa l'Hôtel-Dieu de Beaune pour que les indigents et les malades soient soignés et nourris. Cette nourriture devait être céleste et terrestre.

La renommée de la région ne fit que grandir jusqu'à la révolution. Au 18e siècle, les premières maisons de négoce virent le jour. C'est à ce moment que le Prince de Conti acheta la fameuse parcelle de vigne de la Romanée qui devint tout logiquement la **Romanée Conti**.

La révolution française supprima les biens de la noblesse, du clergé et le droit d'aînesse. La Bourgogne vit ses domaines se morceler. Le vigneron fit du vin en quantité au détriment de la qualité.

Vers la fin du 19e siècle, le **phylloxéra** débuta ses ravages dans la région Bourguignonne. Comme un malheur n'arrive jamais seul, des maladies telles que le mildiou se mirent de la partie, ravageant tout le vignoble. Une très grande partie de celui-ci fut définitivement arrachée et beaucoup de terroirs ne furent jamais replantés.

Grâce au greffage sur des pieds américains (insensibles à la piqûre du phylloxera) et à l'usage de la bouillie bordelaise contre les maladies cryptogamiques, le désastre put être enrayé. Les vignerons firent à nouveau des vins de qualité. Les progrès ne firent qu'accélérer le processus et la qualité des vins ne fit que progresser.

Pourtant, vers les années 1920, les vins de Bourgogne se vendirent moins bien. Les grands millésimes s'écoulèrent rapidement alors que les millésimes moyens encombraient la cave des vignerons.

C'est en 1934 que fut créee la Confrérie des Chevaliers du Tastevin. Son but est de faire connaître les vins de Bourgogne de par le monde.

Notons que beaucoup d'autres confréries poursuivent le même but pour leurs propres appellations, tel que :

- la Confrérie des Chevaliers de Saint-Vincent
- l'Ordre des Compagnons du Beaujolais
- les Piliers Chablisiens
- la Cousinerie de Bourgogne.

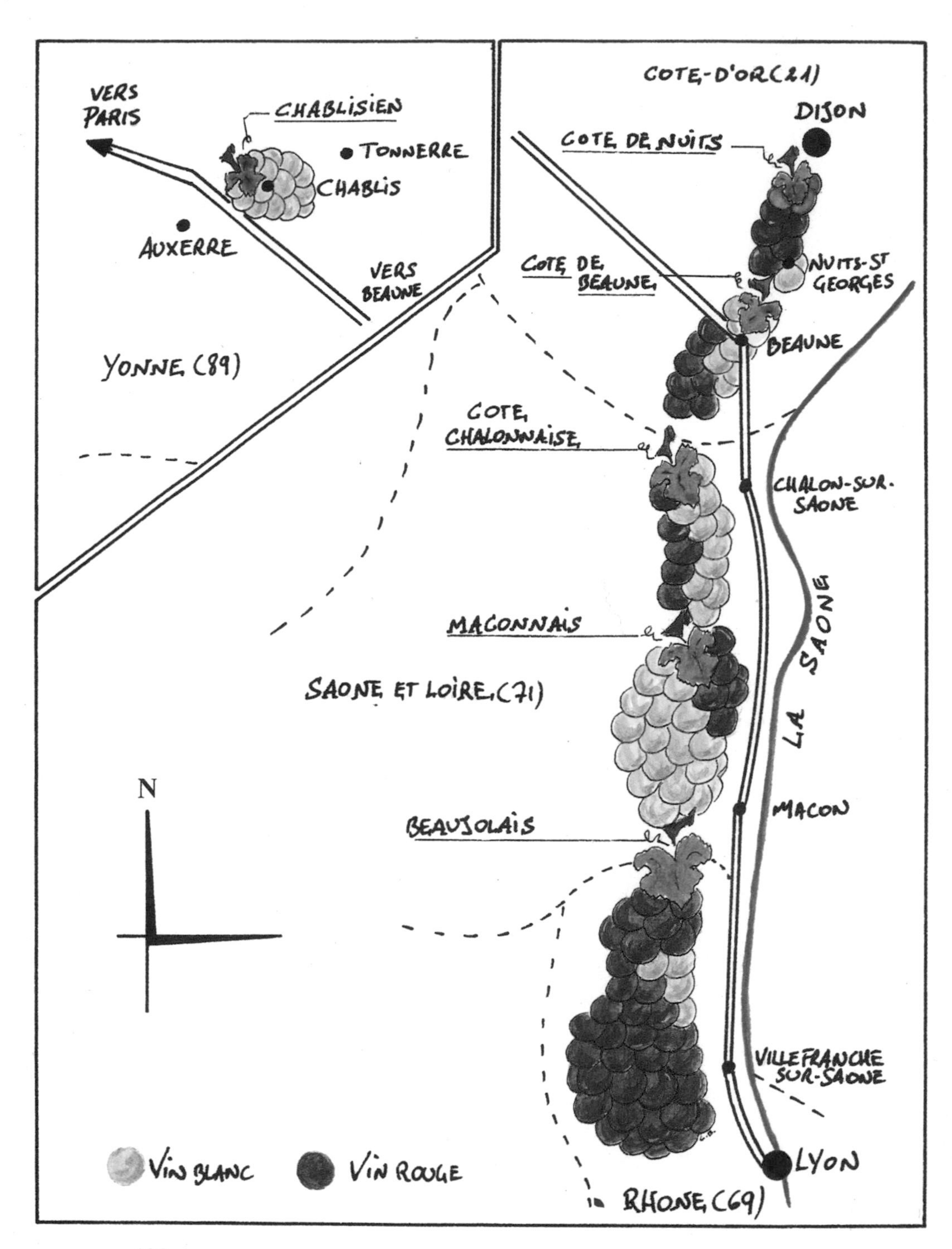
VERS PARIS
CHABLISIEN
TONNERRE
CHABLIS
AUXERRE
VERS BEAUNE
YONNE (89)
COTE-D'OR (21)
DIJON
COTE DE NUITS
COTE DE BEAUNE
NUITS-ST GEORGES
BEAUNE
COTE CHALONNAISE
CHALON-SUR-SAONE
MACONNAIS
LA SAONE
SAONE ET LOIRE (71)
N
BEAUJOLAIS
MACON
VILLEFRANCHE SUR-SAONE
LYON
VIN BLANC
VIN ROUGE
RHONE (69)

LA GEOGRAPHIE

De nos jours, la Bourgogne est devenue la principale voie de passage pour se rendre du nord vers le sud. Cette région viticole ne commence pas à Dijon. On a la surprise agréable de voir déjà les vignes bourguignonnes et d'en goûter les vins aux environs d'Auxerre, en se dirigeant vers Chablis.

Pour vraiment s'imprégner de l'ambiance bourguignonne, il faut éviter les grands axes routiers, la vigne s'accrochant tout naturellement au flanc des collines. En passant par Tonnerre, on rejoint Dijon, ville hautement historique et touristique, véritable porte de la Côte d'Or.

A partir de là, sur une distance de 50 km, serpentant le long de la montagne, la vigne produit quelques-uns des vins les plus prisés au monde.

Après la Côte d'Or, en arrivant à Chagny, on découvre avec autant d'émotion les vins de la côte Chalonnaise avec ses villages aux noms évocateurs de bien des plaisirs bacchiques comme Rully et Mercurey par exemple.

Toujours en suivant cette route vers le sud, nous traversons un cadre agréable et vallonné, dans une région surtout connue pour ses blancs, le Mâconnais, avec également des vins rouges, non moins intéressants. N'oublions pas les Pouilly-Fuissé et Pouilly-Loché, la célèbre roche de Solutré et sa charmante commune produisant également du Pouilly-Fuissé.

Et enfin le Beaujolais, région si connue et si célèbre avec ses 10 grands crus.

Même si l'histoire rattache le Beaujolais à la région lyonnaise, celui-ci appartient intégralement à la famille de ces illustres vins de Bourgogne.

Nous avons donc parcouru l'ensemble des différentes régions bourguignonnes productrices du vin de Bourgogne et d'appellation d'origine contrôlée. Le décret définissant cette délimitation légale a été rendu le 29 avril 1930. Quatre départements les produisent, du sud au nord :

- le département du Rhône
- le département de la Sâone et Loire
- le département de la Côte d'Or
- le département de l'Yonne.

LES CEPAGES

Les cépages sont le seul point commun entre ces régions si différentes.

La vaste famille des pinots y est bien représentée. En effet, pour les vins rouges, nous retrouvons comme cépages autorisés :

le Pinot Noirien
le Pinot Liebault
le Pinot Beurrot
le Pinot Gris
le César (dans l'Yonne)
le Gamay

pour les vins blancs :

le Chardonnay
le Pinot blanc
l' Aligoté
le Sacy (dans l'Yonne)
le Melon de Bourgogne.

❑ **Le Pinot noir.** Sous ses différentes variétés, il occupe comme nous l'avons déjà vu, toute la région et cela depuis des siècles. C'est un raisin compact avec des grains noirs violacés très serrés qui donne un jus blanc comme tous les cépages à vin rouge utilisés en appellation contrôlée en France.

❑ **Le César.** Il est actuellement presque inexistant, est un cépage qui donne des vins corsés et tanniques. Il apporte le support aux vins dans la composition desquels il entre.

❑ **Le Gamay**. Son nom provient du village "Gamay" situé près de Puligny-Montrachet. Il réussit particulièrement bien dans les terrains à tendance granitique du Mâconnais et surtout du Beaujolais. Il entre dans la composition des bourgogne Passe-tout-Grains dans la proportion de 2/3 maximum.

❑ **L'Aligoté.** Cépage mi-fin, peut être le plus ancien de la Bourgogne avec le Melon, actuellement implanté dans des terrains non propices au Pinot Noir et au Chardonnay. En dehors de l'appellation **Aligoté de Bouzeron** A.O.C., ce cépage n'a pas droit à l'appellation village. C'est le vin issu de l'Aligoté qui nous donne le kir, en association avec la crème de cassis.

❑ **Le Chardonnay**. C'est le cépage des grand vins blancs par excellence. Petites grappes dorées aux grains peu serrés, il a aussi acquis ses lettres de noblesse en Champagne. C'est lui qui produit les grands crus bourguignons blancs.

LES REGIONS VITICOLES

LE VIGNOBLE DE L'YONNE

LE CHABLIS

Le vignoble Chablisien, proche de la ville d'Auxerre, est le survivant d'une grande région à vocation viticole qui s'étendait jusqu'aux portes de la Côte d'Or. Cette régression est la conséquence de la catastrophe engendrée par l'arrivée du phylloxera à la fin du siècle dernier.

Lorsque les techniques de greffage permirent de replanter des vignes saines et résistantes au fléau, on ne replanta que les terroirs les plus aptes et les plus propices à l'obtention d'un vin de grande qualité.

Une des particularités du vignoble Chablisien est le climat particulier qui baigne cette région. En effet, au printemps, toute la région risque de grosses gelées qui peuvent anéantir, en l'espace de quelques heures, toutes les espérances de récolte. C'est à cette époque que les vignerons sont d'une vigilance extrême, n'hésitant pas à allumer de petits fourneaux dans les vignes ou à asperger d'eau toutes les vignes (au moins pour les Grands Crus et les 1er Crus). L'aspersion étant très fine, les gouttelettes d'eau enrobent le bourgeon de la vigne et forment, en gelant, une protection efficace contre le froid ambiant.

Actuellement, ce vignoble s'étend sur une zone d'environ 2 000 hectares, avec une homogénéité de sol à dominante calcaire (Kimmeridgien) et issu d'un seul cépage appelé dans la région le "Beaunois" qui n'est autre que le Chardonnay. La production de ces 2 000 hectares se décompose en 4 appellations :

- **Chablis Grand Cru** :

90 hectares. Sept climats ont droit à cette appellation : Vaudésir, Les Preuses, Les Clos, Bougros, Grenouilles, Valmur, Blanchots. Il est cependant possible d'en trouver un huitième, c'est le Moutonne, mais c'est un grand vin issu de deux climats.

Pour les grands crus, tous ces climats sont délimités dans les communes de Chablis, Fyé et Poinchy. Le rendement est limité à 35 hl/ha avec un degré minimum de 11°.

Les vins de Chablis proviennent pour leur plus grande partie des 2 rives d'une rivière qui se nomme le Serein.

- **Chablis 1er Cru** :

D'une superficie de 450 hectares environ. Les 1er crus sont originaires de 27 climats dont les plus connus sont Fourchaume, Montée-de-Tonnerre, Vaillon, Montmain, Mont-de-Milieu, Vaucoupin, en plus des communes déjà citées auparavant. Les 1er crus se trouvent à Maligny et sur d'autres communes aux alentours de Chablis. Pour ces 1er crus, le rendement est limité à 40 hl/ha. Le degré minimum à atteindre est de 10,5°.

- **Chablis** :

1 350 hectares environ en production. 19 communes autour de Chablis peuvent prétendre à cette appellation. Comme pour le Chablis 1er Cru, le rendement est limité à 40 hl/ha et le degré minimum est, pour cette appellation, de 10°.

- **Petit Chablis** :

110 hectares ont droit à cette appellation qui a peut-être tendance à disparaître. Le rendement est le même que pour les autres Chablis, le degré alcoolique doit être de 9,5°.

L'AUXERROIS

Tout près du vignoble Chablisien se trouve un autre vignoble, c'est celui d'Auxerre, où l'on produit, en dehors des A.O.C., un vin délimité de qualité supérieure (V.D.Q.S.) qui est commercialisé sous le nom de **Sauvignon de Saint-Bris**. Comme son appellation l'indique, ce vin est issu du cépage Sauvignon qui connaît ses lettres de noblesse dans d'autres régions viticoles, avec des vins comme le Sancerre, le Pouilly Fumé. Petite récolte de 3 000 hl environ, c'est un vin curieux, typique de son cépage, vif, sec et nerveux, avec des arômes de feuille de cassis, de fleur de sureau.

Les autres A.O.C. sont tous des Bourgognes avec mention de la commune : Bourgogne Joigny, "Côte Saint-Jacques", Bourgogne Irancy, Bourgogne Rosé, Bourgogne Aligoté "Côte de Chitry", Bourgogne rouge et blanc "Saint Bris", Bourgogne Coulanges-la-Vineuse.

Les aires de production de ces vins se situent de part et d'autre de l'Yonne, sur un sol calcaire jurassique à une altitude de 180 à 250 m de moyenne. Une particularité aussi au niveau des cépages dans cette région : une partie de la production de ses vins peut provenir du César pour les rouges et du Sacy pour les blancs, mais dans un pourcentage très faible.

Cette région produit ses vins sur une aire d'appellation de 900 hectares environ.

Avant de passer à la Côte d'Or, il convient de parler du type et de la conservation du Chablis et de l'Auxerrois.

Les Chablis, suivant leurs appellations, peuvent être des vins vifs, secs, légers, avec un nez relativement typé Chardonnay dans leur jeunesse et avoir des arômes de pomme pouvant, dans certains cas, aller vers le minéral (pierre à fusil) pour les plus grands. En vieillissant, les grands Chablis ont surtout des similitudes avec les grands Riesling issus de même terroir (à dominante calcaire). Un petit Chablis a beaucoup moins d'espérance de longévité (2 à 3 ans) qu'un Grand Cru qui, lui, peut aisément se faire attendre 10 à 15 ans suivant la richesse du millésime dont il est issu. C'est en vieillissant qu'il acquiert gras et onctuosité, on pourraît même presque parler de moelleux. Parallèlement les arômes deviennent plus intenses et plus complexes.

Pour les vins de la région Auxerroise, les Aligotés sont souvent plus souples que leurs équivalents en Côte d'Or. Ils peuvent être comparés avec des vins issus de Chardonnay. Les Bourgognes blancs, quant à eux, sont vifs et floraux dans leur jeunesse ; à boire relativement jeunes. Quant aux Bourgognes rouges de cette région, ils éblouissent, dans leur jeunesse, par leur arôme associant à la fois la violette, la framboise et la griotte avec grand bonheur. C'est le reflet type du cépage Pinot Noir.

Ces vins, suivant les millésimes, peuvent se garder et se bonifier une dizaine d'années avec un optimum situé entre 5 et 10 ans.

LA COTE-DE-NUITS

Comme pour la région Chablisienne, Dijon et ses alentours ont été gravement atteints par le phylloxéra et une grande partie du vignoble a disparu. Il reste encore quelques petits vignobles de cette côte dijonnaise, dont le plus célèbre est le vignoble de **Marsannay-la-Côte**, illustre pour son rosé et maintenant, depuis peu, pour son A.O.C. Bourgogne "Marsannay".

De Dijon à Corgoloin, à côté des carrières de Comblanchien, commune où s'arrête l'appellation Côte-de-Nuits, 29 appellations, les unes plus illustres que les autres, se côtoient sur une longueur de 20 km et une largeur d'à peine quelques centaines de mètres. La première commune que l'on rencontre est FIXIN.

FIXIN : Petite commune viticole qui produit presque exclusivement des vins rouges. 61 ha en appellation communale et 32 ha en 1er Crus dont les plus connus sont **Clos du Chapitre, Clos de la Perrière** et **Clos Napoléon.** *(Les chiffres donnés sont ceux de 1987).* Depuis quelques années, on peut trouver un peu de blanc, mais uniquement en appellation communale (36 ha).

Les vins de Fixin sont caractérisés par un côté un peu austère durant leur jeunesse. Ce sont des vins de longue garde qu'il faut savoir attendre, pour son plus grand plaisir.

GEVREY-CHAMBERTIN : Tout de suite après s'offre à nous la vue de **Gevrey-Chambertin**. Quelques parcelles de la commune de Brochon ont le droit à l'appellation Gevrey-Chambertin. C'est dans cette commune que sont produit les 9 Grands Crus de Chambertin, illustres pour avoir été les préférés de Napoléon.

- **le Chambertin:** 12,25 ha en production
- le **Chambertin-Clos-de-Bèze :** 11,07 ha en production
- le **Charmes-Chambertin** et
- le **Mazoyères Chambertin** : 27,22 ha.
- le **Latricières-Chambertin** : 6,12 ha
- le **Griotte-Chambertin** : 3,21 ha
- le **Mazis-Chambertin** : 7,58 ha
- le **Ruchottes-Chambertin** : 2,56 ha
- le **Chapelle-Chambertin** : 5,70 ha.

La légende veut qu'au moyen-âge, un paysan du nom de Bertin ait eu un champs. Comme les moines et les nobles, il a voulu faire du vin. Il complanta donc son champs et, au fil des années, le vin qu'il produisit acquit une grande notoriété.

On ne parlait plus que du champ de Bertin. Ce serait l'origine du grand cru actuel Chambertin et d'une partie du nom de la commune.

Ces grands crus sont des vins de grande classe, très bien structurés, à la fois fermes et délicats, amples et de belle garde.

La commune de **Gevrey-Chambertin** produit des vins de Gevrey-Chambertin (281,40 ha) et de Gevrey-Chambertin 1er Cru (63,15 ha). Quelques-uns des 1er Crus sont **Petite Chapelle, Clos Saint-Jacques, Cazetiers, Aux Combottes...**

Les Gevrey-Chambertin sont des vins relativement colorés, fermes, avec souvent des senteurs de réglisse.

MOREY-SAINT-DENIS : Après Gevrey-Chambertin, en route vers Vougeot, nous allons passer à **Morey-Saint-Denis**, également réputé pour ces Grands Crus :

Bonnes-Mares : 8,64 ha. Une grande partie de ce Grand Cru se trouve sur la commune de Chambolle-Musigny. La caractéristique des Bonnes-Mares est d'associer la puissance et le caractère racé du **Morey** à la féminité du Musigny.

Clos Saint-Denis : 6,05 ha. Appellation Grand Cru relativement méconnue, qui fait la joie des connaisseurs a son caractère aimable à son apogée, mais fougueux et plein de sève dans sa jeunesse.

Clos de la Roche : 15,76 ha. C'est peut être le plus grand des quatre, sûrement le plus proche des Chambertins. Puissant et long en bouche, d'une couleur brun soutenu, c'est un vin de grande garde comme la plupart de ses voisins.

Clos de Tart : 7,53 ha. C'est un vin puissant, à faire vieillir. C'est le plus robuste de la commune. Il est long en bouche et a une puissance aromatique exceptionnelle.

Récemment, le **Clos de Lambrays**, avec 8,70 ha, est passé de Grand Cru à 1er Cru. Mais nombreux sont les spécialistes qui estiment qu'il s'agit là d'une erreur.

Ces Grands Crus sont des vins complexes, puissants, de grande persistance, avec des arômes de fruits rouges. En vieillissant, ils prennent des notes épicées et animales.

Les vins de la commune de **Morey** sont blancs (0,64 ha), ou rouges (48,65 ha), ces derniers étant les plus connus.

En Morey 1er Cru (28,46 ha), il ne se produit que du rouge.

Le Morey-Saint-Denis est un vin qui associe agréablement la puissance du Gevrey (au nord) au moelleux et à la finesse des Chambolle situés au sud.

CHAMBOLLE-MUSIGNY : C'est dans cette commune que sont produit l'illustre **Musigny** et, avec rareté, le **Musigny blanc** (0,40 ha contre 9,23 ha pour le rouge).

Le Musigny Grand Cru est le vin féminin par excellence, avec des arômes de violette très présents. Gaston Roupnel en disait : " *Le vin de Musigny est un vin de soie et de dentelle dont la délicatesse suprême ignore la violence et sait voiler la vigueur*".

Le Bonnes-Mares déjà cité auparavant, dont la partie la plus importante se situe sur Chambolle, est également un Grand Cru.

L'appellation Chambolle-Musigny couvre quant à elle 92,46 ha, avec une parcelle de blancs de 0,80 ha qui sera en production d'ici quelques années.

38,54 ha peuvent prétendre à l'appellation Chambolle-Musigny 1er Cru dont les plus illustres sont **Les Amoureuses** et **Les Charmes.**

Les Chambolle-Musigny sont réputés comme étant les vins les plus fins et les plus délicats de la Côte-de-Nuits.

VOUGEOT : En continuant vers le sud, nous arrivons à **Vougeot** où se trouve le château de l'illustre Confrérie des Chevaliers du Tastevin, ancienne propriété des moines Cisterciens. Cette Confrérie est le phare de tous les vins de la Côte d'Or.

Le vin le plus illustre de cette commune est le Grand Cru du **Clos de Vougeot** (42,48 ha). La production est travaillée par une soixantaine de vignerons qui se partagent l'enceinte du château. Pas de vin blanc.

L'appellation communale Vougeot regroupe la production de blancs (0,36 ha) et de rouges (1,65 ha) avec des 1er Crus (comme **Les Gras, Les Petits-Vougeots**), d'une superficie de 2,29 ha en blancs et 8,90 ha en rouges.

Les vins de cette commune sont réputés pour leur grande longévité et pour leur harmonie.

Après cette illustre commune en vient une autre, non moins grande, avec ces 7 grands crus aux noms plus connus les uns que les autres.

VOSNE-ROMANEE : Cette commune produit des vins sous l'appellation Vosne-Romanée sur une superficie de 103,14 ha uniquement en rouges et des Vosne-Romanée 1er Cru sur 38,83 ha, les plus connus étant **Les Malconsorts, Les Suchots, Les Beaux-Monts**, **La Grande Rue**.

Commençons par **La Romanée Conti** avec 1,80 ha 50 ca, monopole du Domaine de la Romanée Conti ainsi que **La Tache**, avec 6,02 ha.

Tout près de la Romanée Conti se trouve **La Romanée** (0,84 ha), possession de la famille Ligier Belair.

Les autres Grands Crus sont :

- **La Romanée Saint-Vivant** : 8,07 ha
- **Les Grands-Echezeaux** : 8,27 ha
- **Echezeaux** : 33,40 ha
- **Les Richebourg** : 7,88 ha.

Ces Grands Crus, parmi les plus illustres, sont étonnants par leurs caractères si différents. Ils sont cependant tous de longue garde et se bonifient avec l'âge. Comme tous les autres grands crus, ils sont très demandés et cette demande, alliée à leurs qualités, justifie leurs prix.

NUITS-SAINT-GEORGES :
C'est la commune qui a donné son nom à cette région.

L'appellation englobe des vins de la commune de **Prémeaux** et de **Nuits-Saint-Georges**, produit peu de blancs (1,36 ha) et surtout du rouge (156,74 ha).

On produit du Nuits-Saint-Georges 1er Cru sur 117,41 ha dont les plus connus sont **Les Saint-Georges**, **Les Vaucrains**, **Les Cailles** et, sur la commune de Prémeaux, le **Clos de la Maréchale** et le **Clos des Argillières**.

Les vins des communes se situant après Prémeaux, c'est-à-dire Prissey, Corgoloin, Comblanchien, Brochon, ainsi qu'une partie des vins produits à Fixin sont commercialisés sous l'appellation Côtes-de-Nuits Villages ou vins fins de la Côte-de-Nuits. Ce sont des vins fermes, solides, avec du caractère. Il y a très peu de blanc : 1,11 ha pour 139,42 ha en rouge.

LA COTE DE BEAUNE

LADOIX-SERRIGNY : En entrant dans **Ladoix-Serrigny**, nous rencontrons la première commune produisant des vins de la Côte de Beaune. Les vins de cette commune, ainsi que ceux de **Chorey-les-Beaune** sont le plus souvent vendus en **Côte de Beaune-Villages,** voire en **Aloxe-Corton** pour les meilleurs.

La majorité des vignes de la Côte de Beaune est exposée plein est, sauf quand les vignobles s'enfoncent dans les combes. L'exposition est alors sud-est.

La commune de **Ladoix** est aussi, comme celle de **Chorey-les-Beaune**, une des rares communes situées à gauche de la N 74 et qui produise un vin d'appellation communale.

Son vignoble est composé de 63,20 ha de vin rouge et d'un tout petit peu de blanc, soit 3,10 ha. La commune de Ladoix possède aussi une petite partie des Corton-Charlemagne et des Corton.

ALOXE-CORTON : A l'ouest de Ladoix se situent deux villages célèbres pour leurs Grands Crus. Ce sont **Aloxe-Corton**, avec ses toits de tuiles vernissés, et **Pernand-Vergelesses**, une charmante et rieuse commune blottie dans un fond de vallée.

Aloxe est aussi une commune viticole importante, avec 1,22 ha de Corton blanc, 73,35 ha de Corton rouge, 34,12 ha de Corton-Charlemagne, qu'elle se partage avec Pernand-Vergelesses, et des 1er Crus sur près de 20 ha. L'appellation communale est partagée sur 90 ha pour les rouges et une goutte de blanc puisque la superficie revendiquée est de 0,39 ha.

Le **Corton-Charlemagne**, vin blanc uniquement, est riche, sèveux, gras, avec des arômes de poires blettes, de cannelle et de vanille. Il possède de plus un bon support alcoolique.

Les différents Corton Grand Crus comme **Les Renardes**, **Le Clos du Roi**, **Les Bressandes**, **Les Pougets**, **La Vigne-au-Saint**, sont de grands vins rouges racés qui en vieillissant s'enrichissent d'arômes entêtants et d'agréables effluves animales.

PERNAND-VERGELESSES : Cette commune est un peu plus petite. Son appellation communale se compose de 60,80 ha de **Pernand-Vergelesses** rouge et de 21,75 ha de **Pernand-Vergelesses** blanc. Ce sont des vins nerveux, soyeux, de grande garde, restant toujours élégant et racé.

SAVIGNY-LES-BEAUNE : En suivant la route départementale à la sortie de Pernand vers Beaune, se trouve, sur la droite, une commune : c'est **Savigny-lès-Beaune**, réputée pour ses vins tout en dentelle, élégants, aux arômes de fruits rouges qui ne s'atténuent que lentement en vieillissant. Ses terroirs d'exposition est et sud-est, produisent du vin blanc sur 11 ha et du vin rouge sur 189,26 ha. La commune produit aussi une grande part de Savigny 1er Cru sur 112,60 ha, en rouge alors que le Savigny 1er Cru blanc n'est produit que sur 1,68 ha.

Les 1er Crus les plus réputés sont : **Dominodes**, **Lavières**, **Marconnets** et **Vergelesses**.

N'oublions pas **Chorey-lès-Beaune** qui produit des vins rouges sur 124,72 ha et des vins blancs, dans une proportion de 1 %, sur 0,96 ha.

Ces vins sont commercialisés sous l'appellation communale ou sous l'appellation Côte de Beaune-Villages.

BEAUNE : Nous arrivons donc à **Beaune** qui n'est pas seulement la capitale de cette côte mais aussi celle de toute la Côte d'Or. C'est un véritable musée d'histoire avec son Hôtel-Dieu, son hospice mondialement célèbre pour son histoire et la vente des vins qui s'y déroule tous les 3ème dimanche de novembre. C'est la plus importante commune viticole de la côte.

Les vins de Beaune sont des vins qui savent allier le corps et la finesse. Ils sont souples et longs en bouche. Une grande partie du vignoble se trouve en pente sur la montagne de Beaune, avec 268 ha de 1er Cru, 88,32 ha de Beaune rouge et un peu de Beaune blanc, 14,57 ha.

Les 1er Crus comme **Les Bressandes, Clos du Roi, Les Cent-Vignes, Les Teurons, Les Avaux** sont des noms aussi illustres les uns que les autres. Ils font la fierté de Beaune et n'ont rien à envier aux vins produits par ses voisins qui sont Pommard et Volnay.

POMMARD : **Pommard** est reconnue par tous pour ses vins puissants, profonds et de longue garde. Les 1er Crus les plus connus sont **Les Rugiens** (10,13 ha) et **Les Epenots** (24,96 ha). Les autres, tels que **Clos de La Commaraine, Les Chanlins-Bas, Les Boucherottes**, sont produits sur 60,35 ha. Le Pommard, quant à lui, est produit sur 194,73 ha.

VOLNAY : Contrairement à Pommard, **Volnay** associe à ses vins la finesse, l'élégance et une belle structure qui donne un équilibre idéal avec un bouquet délicat et fin. Le **Volnay** est, quant à lui, produit sur 88,35 ha et les 1er Crus sur 106,89 ha. Qui n'a pas entendu parler des crus **Les Chevrets, Les Caillerets, Les Angles, Les Champans** et **Clos des Ducs** ?

On ne produit pas de blancs à Volnay. L'appellation **Volnay-Santenots** est une particularité pour les vins rouges. Issus de certains 1er Crus de Meursault, ils ont droit à l'appellation Volnay-Santenots.

MONTHELIE: : Tout près de Volnay se situe **Monthélie**, commune qui est longtemps passée inaperçue, à grand tort. Aujourd'hui, ses vins sont très recherchés pour leur franchise.

D'aspect peut-être austère dans leur jeunesse, ils ne se donnent qu'après un certain temps de vieillissement. Presque pas de blanc, 2,79 ha, pour 77,18 ha de rouge et un peu de 1er Cru, en rouge uniquement, avec 23,45 ha.

AUXEY-DURESSES : Une autre commune a également souffert de l'ignorance des amateurs de vins, bien qu'elle produise des vins sublimes qui ont, pendant longtemps, été vendus sous les appellations de Volnay et de Pommard. Je veux parler d'**Auxey-Duresses**. 27,58 ha de blancs pour 72,20 ha de rouge et 19,18 ha de 1er Cru rouge.

SAINT-ROMAIN : **Saint-Romain** fait partie de ces communes qui se font lentement connaître. Elle est fière de ses produits et son appellation est, à juste raison, de plus en plus demandée. La demande est autant portée sur les blancs que sur les rouges. Les blancs produits sont vifs, nerveux mais agréables ; les rouges sont élégants, séduisants par leur caractère léger et fruité durant leur jeunesse. 31,38 ha pour les blancs, 45,54 ha pour les rouges.

MEURSAULT : Nous arrivons maintenant dans des communes qui se différencient des autres par leur forte production de vins blancs. **Meursault**, Puligny-Montrachet et Chassagne-Montrachet produisent plus de blancs que de rouges et sont mondialement réputés pour ceux-ci. **Meursault** produit des vins blancs gras, amples, charnus, jaune doré et de longue garde. On produit à Meursault du vin blanc sur 233,50 ha et du vin rouge sur 16,47 ha. 79,69 ha sont classés en 1er Cru blanc et 2,38 ha en 1er Cru rouge qui sont commercialisés

pour une grande part sous l'appellation **Volnay Santenots**. Les plus connus de ces 1er Crus sont **Les Perrières, Les Charmes, Les Cras**.

BLAGNY : **Blagny**, commune proche de Meursault, peut vendre sous l'appellation Meursault. On peut donc trouver un peu de Meursault-Blagny. Cependant, ce hameau commercialise également, mais très peu,

sous sa propre appellation (4,70 ha pour les rouges et un peu plus de 1,5 ha pour les blancs).

PULIGNY-MONTRACHET : Tout proche de Blagny se trouve **Puligny-Montrachet**, berceau du célèbre et rare Montrachet. Mais pour ce Grand Cru, ainsi que pour celui de **Bâtard-Montrachet**, la commune de **Chassagne** partage cette célébrité. **Criots-Bâtard-Montrachet** se trouve entièrement sur Chassagne.

Le Montrachet, qui signifie "Mont rêche", est sûrement le plus grand vin blanc de Bourgogne et fait partie des plus grands au monde. Malheureusement, il n'y en a que 7,49 ha 10 ca partagés entre une dizaine d'heureux propriétaires.

Le **Bâtard-Montrachet**, très célèbre également, est un Grand Cru se situant sur 10,30 ha.

Bienvenues-Bâtard-Montrachet (3,68 ha) se trouve, quant à lui, uniquement sur la commune de Puligny. La commune produit des vins aux arômes de fougères et de beurre noisette. De longue garde, ils paraissent plus fins et plus élégants que les Meursault.

Les Puligny-Montrachet s'étendent, en blanc, sur 109,78 ha, en rouge sur 3,03 ha. Les 1er Crus tels que **Les Combettes**, **Les Folatières**, **Les Clavoillons**, **Les Chalumeaux** et les autres se situent sur 67,74 ha.

CHASSAGNE-MONTRACHET : L'illustre commune voisine, **Chassagne-Montrachet** est tout aussi connue pour ses blancs que pour ses rouges. Ils peuvent, par certains arômes, rappeler quelques Grands Crus de la Côte-de-Nuits. Ils sont plus longs à se faire que les Volnay ou les

Beaune mais savent vous remercier de votre patience. On comptabilise 60 ha en blanc et 94 ha en rouge. Par contre, il y a plus de blanc en 1er Cru, soit 55,30 ha, pour seulement 43,40 ha en rouge.

SAINT-AUBIN : La commune de **Saint-Aubin** était méconnue pour son appellation communale. La plupart de ses vins se vendaient et peuvent encore se vendre sous l'appellation **Côte-de-Beaune-Village**. Elle produit plus de rouge, avec 47 ha plus 18 ha en 1er Cru, que de blanc avec 21,5 ha plus 15 ha en 1er Cru. Ses blancs, vifs et nerveux, sont maintenant recherchés et les rouges intéressent au même titre que les Saint-Romain.

SANTENAY : **Santenay**, un autre fleuron de la Bourgogne, était autrefois réputé pour sa station thermale et l'est actuellement pour son casino. Mais c'est aussi et surtout une grande commune viticole. On y trouve des vins rouges très équilibrés, puissants et suaves, avec des arômes fins et diversifiés. C'est ainsi qu'un cru de Santenay porte le nom de "**L'Epicerie**".

133 ha en appellation communale, 69 ha en 1er Cru. On y trouve un peu de blanc, inoubliable, associant les caractères des vins rouges de Santenay au type des grands Bourgognes blancs. 4 ha en appellation communale et 2 ha en 1er Cru.

Pour terminer notre circuit sur la Côte de Beaune, il ne faut pas oublier trois commune qui ont le même caractère de noblesse. Il s'agit de **Cheilly**, **Dezize** et **Sampigny-les-Maranges** qui, il ne faut pas l'oublier, font partie de cette illustre région de la Côte de Beaune. Elles savent parfaitement récompenser l'amateur qui fera un petit détour pour aller goûter leurs produits.

LA COTE CHALONNAISE

Vers le sud, en quittant le département de la Côte d'Or pour celui de la Saône-et-Loire, se trouve le vignoble de la **Côte Chalonnaise**, au paysage un peu plus vallonné.

Le vignoble, d'une largeur de 6 km environ dans ses parties les plus larges et s'étirant sur 30 km a produit des vins illustres.

Comme en Côte d'Or, et partout en France, le phylloxéra et les autres maladies ont sensiblement réduit l'étendue et l'importance des terres destinées à la culture de la vigne.

RULLY : La première commune que nous découvrons et qui nous offre ses vins porte le nom de **Rully**. Cette dernière est un peu plus connue pour ses vins blancs, tous issus du Chardonnay, qui sont d'une grande finesse et élégants. Ils peuvent être comparés, dans les grandes années, à certains Meursault. Les vins rouges, quant à eux, sont fringants, légers, d'un beau fruité, agréables à boire jeunes. Une des particularités de cette commune est de produire des **Crémants de Bourgogne**.

Certains vins de Rully ont droit a l'appellation Rully 1er Cru, les plus connus d'entre eux sont **Margoty**, **La Fosse**, **Chapître**, **Préau**.

MERCUREY : A une portée de flèche se trouve une autre commune célèbre, **Mercurey**. C'est pour ainsi dire le pôle d'attraction de la côte chalonnaise qui, par rapport à Rully, produit plus de vins rouges.

Les vins blancs sont secs et nerveux, intéressants mais à vrai dire sans grande prétention. Les vins rouges par contre sont fruités, souples et comparables à certains Beaune et Volnay sans en avoir la longueur et le potentiel de vieillissement. Je me rappelle de façon inoubliable un Mercurey 72 qui avait des arômes, un bouquet et le corps d'un grand cru de Vosne-Romanée. Il n'a pas eu la longévité mais quel plaisir j'ai eu en le dégustant à son apogée. Le Mercurey a aussi des 1er Crus très connus, **Clos du Roi**, **Clos Marcilly**, **Clos des Fourneaux**, par exemple.

GIVRY : En continuant notre périple, nous arrivons à **Givry**, sûrement la commune la plus connue au Moyen-âge de la côte chalonnaise. Henri IV faisait du Givry son vin préféré. Comme Mercurey, Givry produit en majorité des vins rouges. Ce sont des vins rouges intéressants, avec une composante nerveuse, sans excès, qui rappelle le vin blanc, un beau corps, une belle longueur, un rapport qualité prix incomparable.

MONTAGNY : Comme la Côte de Beaune qui, au sud, produit des vins blancs, la Côte Chalonnaise produit elle aussi des vins blancs à **Montagny**. Les vins de Montagny sont légers, friands, agréables, d'un goût de noisette, toujours très frais, quelquefois un peu verts. Ce sont des vins blancs à boire dans leur jeunesse. Les vins produits à Montagny ont tous le droit à l'appellation Montagny 1er Cru.

La récolte moyenne des vins de la Côte chalonnaise dans les dernières années a été de 194 400 hl + 4 000 hl de Crémant sur une superficie de 3 700 ha encépagés pour 67 % en Pinot noir, pour 10 % en Chardonnay, 9,5 % en Aligoté et 13,5 % en Gamay pour le Passe-Tout-Grain.

LA COTE MACONNAISE

La Côte Chalonnaise derrière nous, la Bourgogne viticole n'a pas dit son dernier mot. Nous entrons dans la région du Mâconnais, la Bourgogne du sud comme on aime à le dire ici. Au Moyen-âge, la frontière linguistique passait ici, la langue d'oïl cédant le pas à la langue d'oc. Le paysage devient de plus en plus vallonné et les vignes prennent leurs aises dans ces vallons larges et sinueux. Tournus est la première bourgade que nous apercevons ; haut-lieu touristique et surtout gastronomique, elle est le poste frontière du Mâconnais. Tout près, Chardonnay, une commune au nom évocateur, connue par tous les œnophiles.

Le terroir

D'une façon générale la vigne prospère dans les situations les plus chaudes à une altitude variant de 220 à 400 m, en évitant tout normalement les expositions au nord, privilégiant celles au sud-est et les plateaux, sur des sols peu profonds et de préférence caillouteux. Les monts du Mâconnais se présentent comme un ensemble de chaînons de direction nord - nord-est et sud - sud-est séparées par des failles quasiment parallèles. Les crêtes sont des effleurements soit calcaires, soit granitiques. On peut y trouver 3 types de terroirs :

a) **les terrains calcaires, marno-calcaires** :

Ce sont les terrains du Chardonnay où l'on trouvera des Mâcon et des Mâcon Village originaux, fins et typés. La meilleure qualité se retrouve à Pouilly-Fuissé.

b) **les terrains argileux ou argilo-siliceux** :

Ils donnent pour leur part des Mâcon blancs fringants et agréables à boire jeunes. Ce terrain se prête bien au Gamay qui y produit d'agréables Mâcon rouges. Ce type de terrain s'appelle souvent "Belouze".

c) **les terrains siliceux sur sous-sol gréseux, granitique ou volcanique** :

C'est le type de terrain que l'on trouve à la limite du Beaujolais et en certains points du vignoble surtout à l'ouest et au sud-ouest où ils produisent de merveilleux Mâcon rouges à base de Gamay. Ce type de terroir est idéal pour la plantation de ce cépage.

Superficie et mode de conduite

C'est une grande région viticole puisque le vignoble a une superficie de 5 000 ha. Il est planté principalement en Chardonnay (67 %), suivi par le Gamay (25 %), le Pinot noir (n'ayant pour sa part qu'un faible pourcentage : 7,5 %) en progression régulière, et 0,5 % d'Aligoté. Il existe une grande différence entre le Mâconnais et la Côte-d'Or : ici, 2/3 de la

production sont vinifiés et commercialisés par 15 coopératives.

Comme l'encépagement nous le laissait prévoir, 2/3 des vins sont blancs, pour une récolte moyenne de 314 000 hl de vins tranquilles et 8 000 hl de Crémant. Pour obtenir cette production, les vignerons du Mâconnais et du Chalonnais ont droit à une densité de plantation de 7 000 pieds/ha pour les Mâcon blancs et 8 000 pieds/ha pour les autres appellations.

Suivant les cépages, différents modes de tailles sont autorisés :

Pour le Pinot noir : Guyot simple, cordon de Royat, gobelet ou éventail.

Pour le Chardonnay : Taille à queue du Mâconnais ou Guyot.

Pour le Gamay : Gobelet et Guyot simple.

Pour l'Aligoté : Guyot uniquement.

Les appellations les plus prestigieuses de cette région sont sans conteste **Pouilly-Fuissé**, **Pouilly-Loché** et **Pouilly-Vinzelles**. La production de ces appellations est d'environ 70 000 hectolitres.

POUILLY-FUISSE : Le **Pouilly-Fuissé** est un vin blanc sec, aux reflets verdâtres dans sa jeunesse, puissant, souple et bouqueté. Il peut donner de belles choses en vieillissant et reste très élégant.

POUILLY-LOCHE, POUILLY-VINZELLES : Leurs vins sont similaires, peut-être un peu moins fins, et avec moins de bouquet.

Pour les trois appellations, on retrouvera souvent un goût de noisette, de pierre à fusil et, dans leur jeunesse, un goût de miel d'acacia et de violette.

SAINT-VERAN : C'est une appellation intéressante qui est commune aux villages de Saint-Vérand, Chânes, Chasselas, Davaye, Legues, Prissé, Solutré (avec son célèbre rocher) et Saint-Amour. C'est toujours un vin blanc sec, franc, gouleyant jeune. On le dit même rieur, tendre, avec une constante aromatique de noisette et de beurre frais.

MACON : Les appellations **Mâcon** et **Mâcon supérieur** désignent à la fois des vins rouges, blancs et rosés. Ce sont des vins de carafe agréables et plaisants. Les blancs rappellent souvent les Pouilly mais moins grands et moins charpentés. Les rouges sont fruités et plus corsés que les Beaujolais. Les communes de l'arrondissement de Mâcon ont presque toutes le droit de mettre leur nom derrière Mâcon. Les plus connus sont : **Mâcon-Clessé**, **Mâcon-Fuissé**, **Mâcon-Loché**, **Mâcon-Lugny**, **Mâcon-Viré**. 44 communes au total ont cette possibilité.

On trouve aussi, mais uniquement en vins blancs, l'appellation Mâcon-Villages. Ils titrent au minimum 11° et ont la particularité d'être corsés, glissants et fruités.

LE BEAUJOLAIS

Connu de par le monde entier, il est installé dans un paysage agréablement vallonné. Saint-Amour, jolie commune viticole produisant un des vins les plus aimables, élégants et délicats de cette illustre région, est le trait d'union avec la Côte Mâconnaise.

Géographie

Ce vignoble qui englobe la région des grands crus au nord et celle du Beaujolais, couvre une superficie de 22 000 ha en production. Elle débute après la région du **Saint-Véran**, dans une sorte de vallée ayant comme frontière à l'ouest les Monts du Beaujolais, où la culture de la vigne s'arrête entre 450 et 550 m d'altitude, et à l'est la plaine alluviale de la vallée de la Saône (longueur 55 km sur une largeur variant entre 12 et 15 km). Ce fleuve permettait autrefois le transport aisé des vins du Beaujolais vers le sud par les monts du Lyonnais et de l'Azzergues.

Le terroir et le climat

C'est le granit qui domine (le granit décomposé est le meilleur terroir pour le cépage Gamay, présent partout).

Dans le Haut-Beaujolais ou Beaujolais du Nord, c'est un terrain ancien, du plissement hercynien, composé de débris de granit, de porphyre, de schistes ou de diorite essentiellement granitique.

Dans le Bas-Beaujolais ou Beaujolais du Sud on trouve des terrains sédimentaires du secondaire ou du tertiaire, granitiques et argileux ou argilo-calcaires.

Le vignoble baigne dans un climat tempéré mais avec de grands écarts de température entre l'hiver et l'été, + 40° C en août et de - 7 à - 10° C en hiver). L'ensoleillement est très bon. Le tout est favorable à la culture de la vigne.

La pluviométrie de la région est moyenne, avec quelques risques de grosses pluies d'orages et de grêles en période estivale.

La culture de la vigne

Les vignes, merveilleusement soignées ont l'aspect, un peu comme en Alsace, d'un immense jardin. La densité de plantation varie de 9 000 à 13 000 pieds à l'hectare. Ces pieds sont taillés de différentes façons.

La taille courte. La vigne est conduite en éventail ou en gobelet. Chaque cep comptera de 3 à 5 cornes (coursons), taillées à 2 yeux en plus du bourillon. Un sarment (gourmand) pourra être laissé sur le pied en vue du rajeunissement de celui-ci. Le nombre de bourgeons du cep ne doit pas dépasser 12.

La taille longue. La taille Guyot simple est autorisée, le cep portant un long bois taillé à 8 yeux au maximum et 1 ou 2 coursons à 2 bourgeons en plus du bourillon. Comme pour la taille courte, le nombre d'yeux ne peut dépasser 12 par pied.

LE BEAUJOLAIS PRIMEUR

Le Beaujolais primeur ou Beaujolais nouveau est né de l'achat des cafetiers-restaurateurs lyonnais du vin nouveau, bourru, qu'ils enlevaient directement du pressoir et transportaient chez eux pour en finir la fermentation. Ils obtenaient un vin clair aux arômes fruités et délicats qui faisait la joie de leurs clients.

Actuellement le marché du Beaujolais nouveau concerne 400 000 hectolitres.

Ces vins sont à l'œil d'un rouge clair rappelant la groseille et certaines cerises. Avec une robe légère, peu soutenue mais attirante.

Au nez ils sont frais, fins, avec des arômes de raisins frais et de petits fruits rouges.

Au palais ils sont tendres, souples, frais, gouleyants. Ils se dégustent par larges rasades et se servent de préférence entre 10 et 14°.

Ces vins peuvent être mis à la disposition des consommateurs le 3e jeudi de novembre, à 0 heure.

LE BEAUJOLAIS ET LE BEAUJOLAIS SUPERIEUR

Ces appellations s'appliquent à des vins rouges, rosés et blancs récoltés sur l'ensemble de la région viticole avec un minimum de 9° pour les rouges et de 9,5° pour les blancs. Ces degrés sont majorés de 0,5° pour l'appellation Beaujolais Supérieur. En 1987, 638 000 hl de Beaujolais et Beaujolais Supérieur ont été récoltés sur une superficie d'environ 15 000 ha.

LE BEAUJOLAIS VILLAGES

Cette appellation est réservée aux meilleurs terrains. Ils doivent titrer 10°. Le nom des communes d'origine peut être adjoint à l'appellation Beaujolais, exemple Beaujolais Beaujeu. 40 communes ont ce droit.

372 000 hl récoltés en 1987.

Les Grands Crus

Ils sont au nombre de 10. Les voici, du nord au sud :

- Saint-Amour,
- Juliénas,
- Chénas,
- Moulin-à-Vent,
- Fleurie,
- Chiroubles,
- Morgon,
- Regnié,
- Brouilly,
- Côte de Brouilly.

SAINT-AMOUR : Le vignoble de Saint-Amour a produit, en 1987, 13 400 hl de vin en appellation. C'est un vin plein de finesse et de bouquet. Il paraît qu'autrefois, les chanoines du Chapitre Saint-Vincent de Mâcon venaient au moment des vendanges non seulement pour le vin nouveau mais également pour y déguster d'autres fruits plus ou moins défendus.

JULIENAS : Vignoble d'une superficie d'environ 600 ha qui, en 1987, a produit 32 900 hl. C'est le vin préféré des Lyonnais. Le Juliénas se boit frais en compagnie d'amis. C'est un vin au bouquet flatteur et exquis mais ferme et puissant. Il peut se conserver quelques années.

CHENAS : Petit vignoble qui a produit, en 1987, 14 600 hl. Le nom de la commune provient des chênes qui recouvraient toute la région à l'époque des Celtes. C'est un vin élégant et aimable aux arômes floraux, certains y trouvent de la pivoine, et d'une belle couleur rouge rubis. Du Chénas on dit : *"On ne boit pas, on donne un baiser à son verre et le vin vous rend la caresse"*.

MOULIN-A-VENT : Vignoble de 675 ha, dont l'altitude varie de 250 à 280 m, donnant un vin robuste qui le fait appeler par les connaisseurs la "Romanée-Conti" du Beaujolais. D'un beau rubis foncé (directement lié au terroir de type granitique avec du bioxyde de manganèse), il est corsé, capiteux et apte au vieillissement. La production de 1987 a été de 36 200 hl.

FLEURIE : La commune a produit 45 100 hl en 87 d'un vin rouge rubis, léger, très parfumé et fruité. C'est un vin à boire jeune et très frais (la température fraîche favorise les arômes primaires du vin). Pour les grands millésimes, comme le Moulin-à-Vent et le Morgon, c'est un vin de

garde. La superficie de l'appellation est de 800 ha.

CHIROUBLES : Commune natale de Victor Pulliat, le sauveur du vignoble européen après l'invasion du phylloxéra. Avec ses 320 ha c'est une petite commune viticole qui a produit, en 1987, 20 000 hl d'un vin à l'arôme de violette très prononcé. C'est sûrement le vin parmi les Grands Crus à boire le plus jeune. Corsé et ferme, on dit dans la région que les femmes l'aiment mais que les hommes le boivent.

MORGON : C'est sûrement le cru le plus typé, on dit dans certains millésimes qu'il "morgonne". Le Morgon est pour certains trop Bourgogne et pas assez Beaujolais. La robe est d'un rouge foncé. Il est apte au vieillissement, ferme, bien charpenté et quand même très élégant. Les arômes dominants du Morgon sont l'abricot et le kirsch. Le terroir le plus connu est le Py. Le sol est composé de porphyres et de diorites. 61 300 hl ont été produits en 1987.

REGNIE : Nouvelle A.O.C., dernière-née des grands crus du Beaujolais, l'appellation s'étale sur 600 ha qui produisent environ 30 000 hl. Le **Regnié** est généreux, éclatant, très fruité, avec des arômes de fruits rouges associés à des parfums de fleur. Une centaine de vignerons ont tout fait pour obtenir cette consécration. Qu'ils en soient remerciés.

BROUILLY : Un des crus les plus connus du Beaujolais. Plusieurs communes ont droit à l'appellation, ce qui explique les 72 600 hl de production pour les 1 300 ha environ qui ont droit à l'appellation. La montagne de Brouilly leur procure une situation exceptionnelle. Ce sont des vins fruités, tendres et très aromatiques qu'il faut cependant boire dans leur première jeunesse.

COTE DE BROUILLY : Plusieurs communes, comme pour le Brouilly, ont droit à cette appellation. D'une belle couleur pourpre, parfois cerise, il est puissant et charnu. Il est capable de vieillir un peu. Terroir spécifique situé sur la roche bleue de Brouilly, environ 300 ha ont droit à l'appellation et ont donné 16 700 hl en 1987. François Rabelais en faisait ses délices.

954
954
954

LA VINIFICATION

LA VINIFICATION EN BLANC

Les vins blancs de Bourgogne sont issus du Chardonnay ou de l'Aligoté. Les raisins sont amenés à la cuverie. Quelquefois le vigneron les égrappe et les foule ou alors les pressure immédiatement. Le moût est ensuite souvent mis dans une cuve pour y être débourbé, c'est-à-dire séparé des éléments lourds qui ne sont d'aucune utilité à la vinification. C'est le débourbage statique qui dure de 12 à 24 heures et laisse un moût déjà presque clair.

D'autres moyens peuvent être utilisés. La centrifugeuse, par exemple, est un moyen rapide mais l'investissement est élevé et ne peut être rentabilisé que sur de grands domaines. La bentonite est aussi un moyen souvent utilisé.

Le moût clarifié est ensuite pompé dans une cuve où la fermentation alcoolique va progressivement transformer le sucre du moût en alcool. La durée de cette fermentation est variable suivant la température de l'arrière-saison et du moût. Les quantités relativement faibles mises en fermentation ne risquent que rarement de trop élever la température du moût, ce qui est toujours néfaste au développement des arômes fermentaires. Le vin est soutiré dans une autre cuve pour les blancs génériques et les Aligotés. Pour les 1er Crus et les Grands Crus, les vins sont pompés dans des pièces bourguignonnes de 228 l. en bois de chêne.

Beaucoup de vignerons n'éraflent pas, car les rafles facilitent le pressurage en drainant d'une certaine façon le marc à presser.

Lorsque le vin a été débourbé, le vigneron prend soin de remuer les lies fines durant la fermentation pour faciliter le travail des levures.

Le débourbage n'est pas une chose fréquente ; beaucoup de vignerons ne le pratiquent pas et pompent directement le moût dans les cuves ou dans les pièces. La petite quantité de moût dans les pièces ne favorise pas trop la montée en température qui reste entre 15 et 18°.

LA VINIFICATION EN ROSE

En Bourgogne, il ne se fait que très peu de rosé. L'appellation la plus connue est le Bourgogne Marsannay-la-Côte. Tous les autres vins vinifiés en rosé perdent leur appellation communale pour ne garder que l'appellation Bourgogne Rosé. Les grappes de Pinot rouge sont éraflées. On peut obtenir le rosé de 2 façons : soit par une légère et courte macération (quelques heures suffisent pour obtenir la couleur) suivie d'un pressurage, ou par un pressurage direct qui arrache les éléments colorants. Le moût est ensuite mis en cuves ou en pièces pour la fermentation alcoolique et malolactique.

LA VINIFICATION DES CREMANTS

Dans les régions de Bourgogne produisant du Crémant de Bourgogne A.O.C., les vignerons qui l'élaborent prennent soin de suivre la méthode champenoise, la seule autorisée pour cette appellation. Un peu de Pinot noir est utilisé pour faire du Crémant de Bourgogne rouge mais la majorité de celui-ci est à base de cépages blancs. Le raisin n'est pas foulé et le pressurage est effectué dans un pressoir sans chaîne ou autre élément qui casserait le gâteau de marc. Le moût doit subir la fermentation alcoolique et malolactique puis le vin obtenu doit obligatoirement faire une deuxième fermentation en bouteille provoquée par l'adjonction d'une liqueur de tirage. La durée de cette fermentation et la conservation du vin sur les lies issues de celle-ci ne doit pas être inférieure à 9 mois. La pression ainsi acquise par le dégagement du gaz carbonique doit être égale à 4 atmosphères à 20°. Le vin est dégorgé et, après adjonction d'une liqueur d'expédition, le vin effervescent pourra être vendu comme Crémant de Bourgogne A.O.C. s'il est blanc ou rosé.

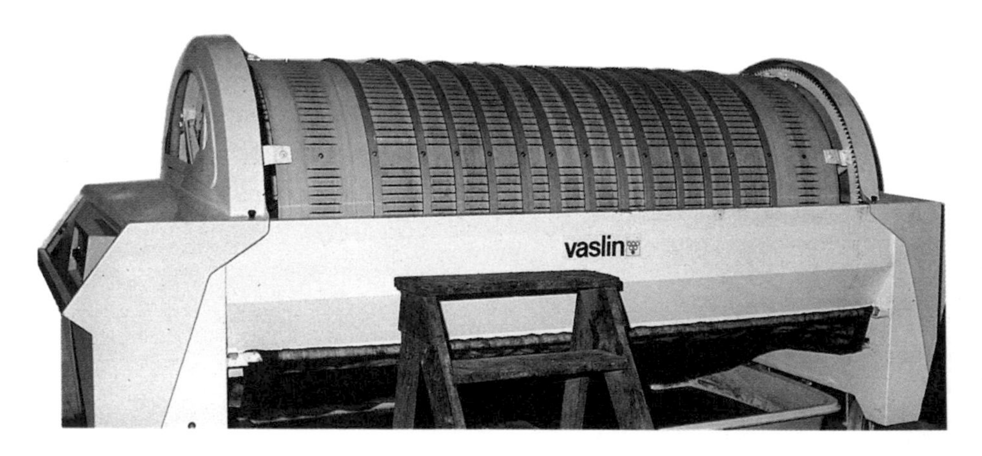

LA VINIFICATION EN ROUGE

Pour les vins rouges issus de Bourgogne, il nous faudra distinguer deux méthodes de vinification : la méthode utilisée pour les rouges de la Côte-d'Or, de l'Yonne, du Mâconnais, du Chalonnais et la méthode utilisée pour le Beaujolais.

LE BEAUJOLAIS

Les vins du Beaujolais sont des vins qui en majorité sont produits et vinifiés pour être bus dans leur première jeunesse avec des arômes fruités et floraux très intéressants. Les vignerons cherchent donc à obtenir le maximum de ces arômes, directement issus de la fermentation.

C'est pour cela que l'on utilise la macération dite carbonique ou semi-carbonique. Les raisins de Gamay sont mis à macérer entiers. Ils ne subissent donc ni éraflage, ni foulage. Une fois versés dans la cuve de fermentation on referme celle-ci. Le dégagement de gaz carbonique empêche toute fermentation, sauf la fermentation intracellulaire à l'intérieur de la baie de raisin. Cette fermentation favorise le dégagement aromatique mais au détriment de la charpente du vin. C'est la macération carbonique.

La macération semi-carbonique utilise le même principe. Simplement, on prend soin de saturer la cuve avec du gaz carbonique avant d'y mettre les raisins. Il se produit une fermentation enzymatique qui fait baisser la quantité d'acide malique.

Le jus se colore en même temps que le degré alcoolique s'élève.

Au bout d'une semaine environ, on ouvre la cuve pour que l'oxygène entre en contact avec le liquide et les raisins. Les levures de fermentation peuvent alors commencer à effectuer leur travail. Le jus qui s'écoule est le jus de goutte. On pressure les raisins et on obtient le jus de presse qui est mélangé au premier. Mis en cuves ou en pièces, les vins subiront la fermentation malolactique qui les assouplira. Ce sont des vins de primeurs qu'il faut boire jeunes et qui ne se bonifient que très peu au vieillissement.

LES VINS ROUGES AUTRES QUE LE BEAUJOLAIS

C'est une vinification traditionnelle. Les raisins issus des cépages Pinot noir, Gamay et César (en très faible pourcentage pour les vins rouges originaires de l'Yonne) arrivent à la cuverie et y sont foulés et égrappés. Ils sont mis dans des cuves de macération en chêne (mais progressivement remplacés par des cuves en ciment, acier émaillé et maintenant en inox). Les baies de raisins sont en contact avec le jus, la fermentation alcoolique commence. Le jus alcoolisé en contact avec celles-ci extrait les anthocyanes (matières colorantes) qui se trouvent dans la pulpe des baies. Cette macération dure suivant les cas de 10 à 20 jours. Pendant ce temps, le vigneron pompe le moût du bas de la cuve sur le chapeau, composé de la pulpe et de la peau, pour garder celui-ci humide et pour homogénéiser l'ensemble de la cuvée. La température de celle-ci est maintenue entre 20° et 30°. C'est pour cela que les cuves inox sont très intéressantes. On peut refroidir la paroi extérieure très facilement. Après cette macération, le jus est tiré et le marc pressé pour en retirer le reste du vin. On effectue le pressurage quand la plus grande partie du sucre est transformée en alcool. Ultérieurement, le jus de goutte sera mélangé avec le jus de presse.

L'ELEVAGE DES VINS

Que ce soient les blancs, les rouges ou les rosés, la fermentation alcoolique terminée, les vins sont mis en cuve ou en pièce bourguignonne.

Les pièces sont faites de chêne des Vosges, du Limousin ou du Troncais, chacun de ces bois apportant une touche différente au vin. Ces pièces vont être entreposées dans une cave réchauffée pour favoriser la fermentation malolactique. Cette fermentation est nécessaire en Bourgogne pour tous les vins car on recherche une certaine souplesse . 10 grammes d'acide malique en étant dégradés par la fermentation donneront 6,7 g. d'acide lactique, qui est déjà un acide moins agressif, et 3,3 g. d'acide carbonique sous forme de gaz carbonique. Cette fermentation terminée, le vin est soutiré, sulfité, puis suivant le vigneron, il restera plus ou moins longtemps dans ces mêmes pièces. Les Grands Crus et 1er Crus y resteront souvent entre 15 à 18 mois. La pièce est régulièrement ouillée au cours de cet élevage, c'est-à-dire remplie pour qu'il n'y ait pas d'air en contact avec le vin. Cette oxydation favorise certaines maladies du vin (piqûre, fleur). Cet ouillage est important puisque le bois laisse évaporer une partie du vin.

Une autre opération très importante est le soutirage. Il permet de séparer le vin clair de la lie qui s'est déposée au fond du tonneau ou de la pièce. Le dernier soutirage est complété par un collage qui permet de clarifier et de rendre limpide et brillant le vin avant l'embouteillage.

Juste avant la mise en bouteille le vin est légèrement sulfité pour lui permettre de bien veillir, puis filtré pour éviter tout problème en bouteille (nouvelle fermentation). Le précieux liquide est enfin mis dans le flacon puis empilé dans la cave. Il attendra que le vigneron le juge apte à être commercialisé.

L'ACHAT DES VINS

On peut, en Bourgogne, constituer une cave très diversifiée. En effet, les vins de cette région sont très différents les uns des autres au niveau de leurs structures, ce qui leur permet d'évoluer différemment. Nous en avons un peu parlé en faisant le tour des appellations.

Le vin étant vivant, il évolue, mûrit et vieillit. Jeune, il est parfois dur mais avec de beaux arômes fruités. Vieux, si sa constitution le permet, il associe rondeur et souplesse (les tanins se sont estompés) et développe des arômes plus évolués de cuir, de tabac, de café, et souvent, pour le pinot, de cerises confites à l'eau-de-vie. Après l'apogée arrive une autre phase qu'il ne faudrait jamais atteindre avec les vins que l'on a dans sa cave. Les vins deviennent creux, vides, plats, et souvent acides.

On ne gardera pas un Beaujolais aussi longtemps qu'un 1er cru de la Côte de Beaune. Voici un tableau qui vous donnera la durée de conservation des crus de cette région (ces données ne sont qu'indicatives, la qualité du millésime, le type de vinification de chaque viticulteur pouvant diminuer ou augmenter ce laps de temps). Quand on compulse une carte des millésimes, il faut aussi être ouvert aux conseils des vignerons qui auront peut-être bien réussi un millésime qui est soi-disant moyen.

<table>
<tr><th colspan="3">VINS BLANCS</th></tr>
<tr><td>Mâcon</td><td>de 1 à 3 ans</td><td rowspan="6">De part la qualité de certains millésimes, ces durées peuvent être rallongées.

Pour d'autres millésimes, les durées seront plus courtes.</td></tr>
<tr><td>Chablis</td><td>de 1 à 5 ans</td></tr>
<tr><td>Chablis 1er Cru
et Grand Cru</td><td>de 5 à 15 ans</td></tr>
<tr><td>Pouilly-Fuissé</td><td>de 3 à 5 ans</td></tr>
<tr><td>Meursault
Puligny
Chassagne</td><td>de 5 à 20 ans</td></tr>
<tr><td>Montrachet
Corton-Charlemagne</td><td>de 5 à 20 ans
voire plus</td></tr>
<tr><th colspan="3">VINS ROUGES</th></tr>
<tr><td>Mâcon</td><td>de 1 à 3 ans</td><td rowspan="4">Suivant la commune, les vins de la Côte-de-Nuits peuvent avoir un potentiel de vieillissement plus important.</td></tr>
<tr><td>Givry-Mercurey</td><td>de 2 à 10 ans</td></tr>
<tr><td>Appellation communale de la Côte d'Or</td><td>de 4 à 15 ans</td></tr>
<tr><td>1er Cru de la Côte d'Or
et Grands Crus :
- Côtes de Beaune
- Côtes-de-Nuits</td><td>

de 10 à 15 ans
de 10 à 25 ans</td></tr>
<tr><td>Beaujolais et
Beaujolais-Village</td><td>de 1 à 4 ans</td><td>Jamais plus, leur caractère primeur aurait disparu.</td></tr>
<tr><td>Crus de Beaujolais</td><td>de 2 à 5 ans</td><td>Le Moulin-à-Vent, le Morgon et le Juliénas sont aptes à vieillir un peu plus.</td></tr>
</table>

LA CAVE

Quand vos vins sont achetés, il faut les entreposer dans un lieu adéquat pour les avoir à portée de main quand l'occasion d'ouvrir une bouteille sélectionnée par soi-même se présente et de pouvoir l'apprécier en compagnie de quelques amis, ou en tête à tête à l'occasion d'une fête. Mais une cave est aussi nécessaire pour pouvoir les faire mûrir s'ils sont trop jeunes ou encore fermés. C'est ce séjour qui les bonifiera.

Malheureusement, cette cave à vin, qui peut servir de lieu de stockage à des bouteilles prestigieuses, est souvent bien peu prise en compte et en considération par les architectes et les constructeurs. N'importe quelle pièce ne fait pas une cave.

Il faut soigner l'orientation et l'hygrométrie, se préserver des odeurs, de la lumière, des vibrations et des écarts de température.

Dans le cas où vous avez le choix de la pièce qui va servir de cave, choisissez-la exposée au nord si possible, l'ardeur des rayons du soleil s'y fera moins sentir. Choisissez-la également éloignée de toute source d'odeur (chaufferie, garage). Si la pièce choisie dispose d'une fenêtre ou d'une lucarne, obturez-la pour que la lumière ne puisse pas passer (les rayons U.V. du soleil font vieillir prématurément les vins). Evitez, quand c'est possible, d'être trop près de la route. Les vibrations produites par le passage des véhicules sont néfastes à la bonne conservation des bouteilles stockées.

La pièce parfaite dispose d'un sol de terre battue, véritable régulateur de l'hygrométrie. Le cas échéant, une caisse de sable dans un coin, que l'on prendra soin d'humidifier régulièrement permettra de conserver cette humidité bénéfique et nécessaire. Un hygromètre sera le bienvenu de même qu'un thermomètre. L'humidité relative idéale est de 70 à 85 %. Elle permet aux bouchons de ne pas se dessécher et d'éviter ainsi tout échange gazeux entre le vin et l'air ambiant. Ce taux d'humidité permet aux étiquettes de ne pas être altérées par la moisissure qui serait présente avec une humidité plus forte.

La température est très importante aussi. Une cave très froide est peut-être très bonne pour la conservation des vins, mais ils restent bloqués et n'évoluent pas. Ce n'est pas le but recherché. En revanche, une cave trop chaude fait évoluer les vins trop rapidement au détriment de la finesse du produit. Mais le plus important est d'avoir un écart de température le plus faible possible entre la température minima et la température maxima et que cet écart de température se fasse le moins vite possible. La température moyenne de la cave devant se situer entre 10 et 14°.

Toutes ces conditions réunies permettent d'obtenir une cave valable. Mais il ne suffit pas d'avoir la pièce. Il faut savoir gérer son stock. Il faut connaître ses vins, leur évolution, en les goûtant de temps en temps.

L'idéal est la tenue d'un livre de cave, qui permettra de suivre l'évolution du vin entre deux dégustations et de se remémorer rapidement les vins entreposés. Il faut aussi tenir compte du potentiel de vieillissement de chaque vin.

Certains vins doivent être bus rapidement. Le fait d'être épicurien, de les boire dans leur jeunesse, au moment où ils donnent tellement de plaisirs olfactifs avec leurs senteurs florales, et leurs fruités typiques est sûrement la meilleure façon de les apprécier. D'autres, quelques grands vins de garde, peuvent se conserver 20, 30 ans, voire plus.

Mais garder de très vieilles bouteilles comporte un certain risque. Le bouchon en est un. Il faudrait le changer tous les 20 ans à peu près. Pour cela, il est préférable de demander à un vigneron ou un œnologue de s'en charger.

Les bouteilles doivent être conservées à plat, tête bêche et ensemble lorsqu'elles sont identiques.

N'oubliez jamais qu'il n'est pas hérétique de boire un vin de la commune de Puligny qui n'a que 3 ans par exemple. A ce moment-là il pourra peut-être vous offrir des plaisirs différents que quelques années plus tard.

1980
1979
1985
1978
-Charlemagne
LATION CONTROLÉE
MARATRAY
LADOIX-SERRIGNY (COTE-D'O
1978
ECHEZEAUX
ATION CONTROLÉE
en bouteille au Domaine
NGEARD-MUGNERET
A VOSNE-ROMANÉE (COTE-D'OR)
PRODUCE OF FRANCE
harlemagn
ATION CONTROLÉE
Mis en bouteilles par
Maurice MARATRAY
TAIRE A LADOIX-SERRIGNY (COTE-D'O

LA QUALITE DES DERNIERS MILLESIMES

Les vieilles bouteilles, redisons-le, ne pourront vous donner un vin appréciable que si le millésime et le flacon permettent ce vieillissement.

1970	Beau vin, bonne qualité. Belle réussite aussi bien pour les rouges que pour les blancs.
1971	Très grand millésime, gras, ample, puissant. La réussite est la même en rouge et en blanc.
1972	Vins blancs durs et acides. Les rouges ont produit des surprises. Millésime qui s'est bonifié au vieillissement. Vin de garde.
1973	Grande récolte. Belle réussite en blanc. Dilués en rouge, les vins ont évolué rapidement. Auraient déjà du être bus.
1974	Vins blancs durs et secs qui ont pu être agréables au bout d'une dizaine d'années. Vins rouges moyens, acides et astringents, à évolution rapide.
1975	Belle réussite en blanc, un peu nerveux mais de belle évolution. En rouge, la pourriture a fait des ravages. Vins maigres et très souvent insignifiants.
1976	Vendanges précoces. Très concentrés, les grands seront peut-être un jour de grands vins mais on ne sait pas quand. A suivre de très près : beaucoup de 1976 en rouges sont déjà sur le déclin. En blanc, des vins souples d'évolution rapide, gras et amples.
1977	Certains vins rouges ont pu donner à leur époque des vins légers, intéressants, mais ce qu'il en reste est à oublier. En blanc certaines bouteilles ont été magnifiques. Vin élégant et racé. Les plus belles réussites ont été faites sur les communes de Chassagne et de Puligny.
1978	Grands. Partout, en blanc et en rouge. Vins blancs à boire, vins rouges, pour les grands, à garder avec précaution.
1979	Grands vins blancs un peu plus souples que les 78. Beau vin, beau potentiel de vieillissement. Les rouges sont d'évolution un peu plus rapide que la moyenne, beau millésime, la plupart sont à boire maintenant.

1980	Millésime à surprise. Dans l'ensemble, des vins rouges légers, agréables, d'évolution assez rapide mais très plaisants. En blanc, de beaux vins élégants et racés, sûrement de garde.
1981	Vins rouges agréables, tendres à souhait, plaisants depuis le début, avec de beaux arômes fruités. Vins blancs plaisants, typés, racés, agréables à boire maintenant.
1982	Vins rouges légèrement dilués, d'évolution rapide. Très plaisants actuellement avec des fruités légers et tendres. Grands vins blancs, peut-être un peu trop souples pour un long vieillissement, mais quel plaisir en les buvant aujourd'hui.
1983	Grand millésime aussi bien en blanc qu'en rouge. Très belle matière, beaucoup de corps et de tanins pour les rouges. Belle harmonie pour les blancs. De garde pour les vins susceptibles de vieillir.
1984	Année austère, dure pour les blancs et les rouges. Quelques belles réussites en blanc si on aime les vins nerveux. En rouge, de beaux arômes de fruits rouges mais des vins légers et acides. Sûrement pas de longue garde.
1985	La réussite à tous les niveaux. Les Beaujolais, les Mâcons sont à leur apogée. Les Chablis commencent à montrer leur qualité. Les Côtes de Beaune et Côtes de Nuits, agréables à boire et intéressants à faire vieillir pour développer des arômes plus complexes. Grande année.
1986	Beau millésime. Vins un peu plus souples et moins structurés que l'ensemble des 85, d'évolution sûrement un peu plus rapide. Leur potentiel de vieillissement est en général moins important que pour ceux de 85.
1987	Millésime intéressant, à boire jeune pour le fruité typique de cet âge pour les rouges. Les vins sont peu complexes mais agréables. Les blancs, un peu durs, gagneront à attendre un peu.
1988	Il rappelle les grand millésimes de 69 et de 71, avec un gras et des tanins rarement égalés pour les rouges. Sûrement un millésime de longue garde. Les blancs sont soyeux, amples mais harmonieux, d'un même niveau de réussite que les rouges.
1989	Vins blancs : les Chardonnay ont souffert et présentent un manque d'acidité. Nous sommes en présence de vins opulents, riches mais déséquilibrés, d'évolution rapide. Même impression pour les vins rouges, mais le caractère tannique sauve l'ensemble. Ce seront des vins fruités, agréables, dont il faudra surveiller le vieillissement.

LA DEGUSTATION

Pour la dégustation stricte comme pour la consommation normale des vins de Bourgogne, l'utilisation de verres type INAO est recommandée. Les verres ballons que vous avez peuvent aussi faire l'affaire. Mais la relation vue-goût n'est souvent pas respectée.

Pour les Bourgognes blancs, type Aligoté, Saint-Romain, Saint-Aubin, Mâcon blanc, qui sont agréabes à boire jeunes, le verre devrait avoir une forme qui mette en avant les arômes primaires. Pour les autres grands, Meursault, Puligny, Chassagne, Pouilly-Fuissé et certains Chablis qui sont des vins dont les arômes se dégagent moins rapidement, il faudrait un verre qui augmente la concentration de ces arômes. Donc, il faudrait au minimum deux verres différents pour les blancs.

Les mêmes raisons opposeraient les Bourgognes rouges, qui sont à boire jeunes, (les Beaujolais, les Mâconnais) avec les Bourgognes 1er Crus et Grands Crus et certains Beaujolais Grands Crus.

Le verre INAO apparaît donc l'idéal. Il est reconnu au niveau national et sert d'étalon olfactif entre vins blancs et vins rouges de toutes les régions viticoles françaises et surtout, il respecte la relation entre les arômes et les goûts d'un vin sans trop avantager l'un par rapport à l'autre. Ce verre est donc l'ustensile idéal pour tous les vins de cette belle région viticole qu'est la Bourgogne.

Les plaisirs de la dégustation commencent déjà au son que produit le vin que l'on verse. La perception de longueur en bouche est aussi importante et se mesure dans le temps en caudalies. C'est le nombre de secondes que dure la sensation du vin, abstraction faite de la dominante tannique ou acide du vin goûté. Les grands vins mesurent jusqu'à 20 caudalies.

L'habitude prise, tous ces différents stades se font automatiquement, mais procurent toujours le même plaisir.

Mais le plus grand plaisir que l'on puisse éprouver, et il peut être le même avec un petit Chablis qu'avec un Chevalier-Montrachet, c'est de goûter le vin entre amis, d'en parler, de réussir l'association de ce vin avec un mets ou un plat.

LES VERRES

De gauche à droite : verre ballon, flûte à crémant, verre traditionnel, verre type INAO, verre traditionnel.

LA CUISINE BOURGUIGNONNE

La cuisine de cette région a toujours été renommée. Historiquement, toutes les régions viticoles ont été une mine de recettes culinaires. On retrouve toujours l'association de la table et du vin. La cuisine bourguignonne est une cuisine à tendance rustique. Elle est connue par sa simplicité et est restée fidèle à son terroir.

Les grands vins de Bourgogne ont toujours servi de base aux préparations culinaires. Le célèbre coq au Chambertin n'en est qu'un illustre exemple. Osez aujourd'hui ouvrir une bouteille de Chambertin pour l'élaboration de la sauce. Le prix de la bouteille vous freinera peut-être mais quel régal ! Et si vous avez eu le courage d'ouvrir une bouteille pour la sauce, osez ensuite en ouvrir une seconde pour la table, le plaisir ne serait pas complet sans cela. Le vin est pour beaucoup dans la réussite culinaire et dans les plaisirs de la table.

Les mets typiquement bourguignons restent "rustiques". Ce sont :

- les escargots de Bourgogne,
- le jambon persillé,
- la pochouse (matelote au vin rouge),
- le brochet, les tanches,
- les œufs en meurette,
- le bœuf bourguignon,
- la daube,
- la potée,
- le gigot d'agneau,
- les abats au Meursault,
- le coq au Chambertin,
- les grives de vignes,
- les bécasses.

N'oublions pas les fromages, L'Epoisses, le Chambertin et les fromages de l'Abbaye de Citeaux qui sont aussi bons que rares.

Mais au-delà des spécialités bourguignonnes, les vins de cette région, par leurs caractères multiples, à boire jeunes, vifs, nerveux ou amples, gras ou évolués, trouvent chacun une place avec presque toutes les préparations culinaires que l'on peut imaginer. De simples viandes juste poêlées rehaussées d'une sauce composée d'un vin rouge de la région, qu'il soit jeune comme un Beaujolais ou plus ample et structuré comme un Volnay, un Beaune ou un Pommard, ne peuvent être qu'une réussite. Les vins rouges accompagnent pratiquement toutes les préparations de bœuf, d'agneau et de cheval. Les blancs s'associent parfaitement avec les poissons de mer, d'eau douce, et les crustacés. Les grands Meursault, Chablis Grands Crus à leur apogée, se marient avec les terrines de gibier, de canard, de ris de veau et même dans certains cas, avec du foie gras. Mais ces mêmes terrines pourront aussi être accompagnées de vins rouges jeunes comme des Morgon, des Mercurey, des Rully ou des Bourgognes rouges du pays auxerrois.

1970
Beaune
Maratray Père & Fils

QUELQUES RECETTES

Jambon persillé

Pour 4 personnes

Ingrédients :

1 kg. de porc salé (épaule ou jambon)
1 pied de veau
2 ou 3 couennes fraîches
1/2 l. de vin blanc sec
2 gousses d'ail
1 carotte
1 oignon
1 bouquet garni
Sel, poivre
2 clous de girofle à piquer dans l'oignon
1 tige d'estragon
2 cuil. de vinaigre de vin
250 g. de persil haché.

MERCUREY BLANC
servi à 10° C.

Dessalage : 2 à 3 h. Préparation : 30 mn.
Cuisson: 2 h ou 2 h. 30 mn.

Laver le morceau de porc. Le faire dessaler (selon le degré de salaison, de 2 à 3 heures en changeant l'eau).

Dans un faitout, mettre le porc, le pied de veau blanchi, les couennes, le vin blanc, de l'eau à hauteur, l'ail, l'oignon, la carotte, le bouquet garni et l'estragon. Ne pas saler l'eau. Couvrir et faire cuire doucement pendant 2 heures ou 2 heures et demie.

Laisser tiédir dans la cuisson. Sortir les viandes, ôter les couennes. Ecraser à la fourchette, en mélangeant bien avec du persil haché. Verser le vinaigre.

Ce jambon se fait en saladier. Y alterner une couche de persil, une couche de viande... Terminer par une couche plus épaisse de persil, de 0,5 à 1 cm.

Recueillir le jus de cuisson. Le passer au chinois et le verser lentement dans le saladier. Mettre à prendre en gelée en posant une assiette qui, pesant sur la masse, la tassera.

Tourte nivernaise

Pour 6 personnes

Ingrédients :

400 g. de pâte brisée
250 g. de filet de porc
250 g. de rouelle de veau
Graisse de rognon de bœuf
Sel, poivre, muscade
1 pointe d'ail, 1 échalote
Persil haché
2 œufs entiers, 30 g. de crème
150 g. de beurre.

BOURGOGNE IRANCY
servi à 12° C.

Préparation : 30 mn. Cuisson: 40 mn.

Foncer un plat rond à gratin de pâte brisée.

Faire une farce avec le porc et le veau hachés. Ajouter la graisse de rognon, du sel, du poivre, une pointe de muscade, l'ail, l'échalote, le persil haché, les œufs et la crème. Bien piler le tout. Avec une grande partie de cette farce, faire des boulettes.

Sur la pâte, disposer une couche de farce, sur celle-ci une couche de boulettes puis une autre couche de boulettes (2 couches superposées). Finir avec une couche de farce et quelques petits morceaux de beurre. Recouvrir avec une abaisse de pâte que l'on soudera sur les bords. Ajouter un tour de pâte d'1 cm de large.

Cuire à four assez chaud, th. 6. La cuisson achevée, faire un trou dans le couvercle et verser (facultatif) un jus de viande ou un peu de crème.

Gougère

Pour 6 personnes

Ingrédients :

1/2 l. de lait
5 g. de sel
1 pincée de poivre
120 g. de beurre
250 g. de farine
8 œufs
125 g. de gruyère
2 cuil. à soupe de crème.

La gougère est le plat à servir lors de la dégustation de vins de Bourgogne.

Préparation : 15 mn. Cuisson: 30 mn.

Dans une casserole mettre le lait, le sel, le poivre et le beurre. Faire bouillir.

Hors du feu, incorporer la farine en remuant avec une cuillère en bois.

Remettre 1 minute sur le feu en remuant avec la cuillère pour dessécher la pâte qui ne doit pas adhérer au récipient. Retirer la casserole du feu et poser sur la table.

Incorporer les œufs 2 par 2 puis le gruyère coupé en petits dés ou, mieux, détaillé en fines lamelles (mais non râpé), puis la crème, en mélangeant bien.

Dresser des petits choux en forme de couronne. Badigeonner le dessus à l'œuf battu. Parsemer la surface de touts petits dés (ou lamelles) de gruyère.

Cuire à four moyen 20 minutes.

Il faut que les choux soient dorés et que l'intérieur soit moelleux.

Servir tiède.

Oeufs en meurette

Pour 4 personnes

Ingrédients :

8 œufs
50 g. de beurre
200 g. de lardons maigres
1 bouquet garni
1 bouteille de vin rouge
1 tasse de bouillon ou d'eau
2 oignons
2 gousses d'ail.

COTES DE BEAUNE-VILLAGES servi à 13° C.

Préparation : 10 mn. Cuisson: 25 mn.

Mettre dans une casserole le beurre et l'huile. Chauffer. Faire revenir doucement les lardons. Ajouter les oignons, l'ail et le bouquet garni

Verser le vin et le bouillon (ou l'eau). Faire bouillir 20 minutes. Verser la sauce dans une autre casserole en la passant à la passoire.

Récupérer les lardons et les joindre. Casser et glisser les œufs un par un dans cette sauce qui mijote. Saler et poivrer.

Imprimer à la casserole un léger mouvement de rotation pour bien mélanger.

Servir chaud.

Escargots à la bourguignonne

Pour 4 personnes

Ingrédients :

100 escargots
500 g. de beurre
8 gousses d'ail
4 échalotes
Persil
Cerfeuil
Un peu de muscade râpée (facultatif)
Le jus d'1 citron
Sel, poivre.

POUILLY-FUISSE
servi à 10° C.

Préparation : 1 h. 15 mn. Cuisson: 7 mn.

Hacher finement l'ail, les échalotes et les herbes. Saler et poivrer. Ajouter la pointe de muscade. Bien mélanger avec le beurre et le jus de citron.

Dans les coquilles bouillies, bien nettoyées intérieurement et extérieurement, égouttées et séchées, mettre un peu de farce. Réintégrer l'escargot et bourrer de farce. Poser sur un plat à escargots.

Mettre au four quelques minutes. Ne pas laisser dessécher. Servir dès que le beurre est bien fondu.

Variantes :

- Au lieu des coquilles, on peut employer des petits godets en terre allant au feu.

- On peut mettre un peu de chapelure à la surface du beurre qui ferme la coquille.

On notera l'appellation "à la bourguignonne" et non "de Bourgogne" quand il ne s'agit pas d'escargots indigènes.

Suprême de brochet à la dijonnaise

Pour 4 personnes

Ingrédients :

1 gros brochet de 2 kg.
125 g. de lardons de lard gras
6 belles échalotes
1 bouquet garni
Sel, poivre
3 cuil. de cognac ou de marc
4 cuil. de madère
1/2 bouteille de vin blanc
250 g. de beurre
250 g. de champignons
Quelques tiges de persil
4 cuil. de crème fraîche.

MEURSAULT
servi à 12-13° C.

Marinade : 24 h. Préparation : 30 mn.
Cuisson: 20 mn.

Lever à cru les filets du brochet. Enlever les peaux. Piquer les lardons (comme pour un filet de bœuf).

Faire mariner 1 jour au plus avec les échalotes émincées finement, le bouquet garni (queues de persil, thym et laurier), le vin blanc, le cognac et le madère. Saler et poivrer. Couvrir la marinade.

Faire une farce en hachant une partie des champignons et du persil. Conserver des champignons pour la garniture.

Beurrer grassement un plat à gratin. Y répartir la farce. Placer les filets sur cette couche de farce en les entourant du reste des champignons émincés.

Verser par-dessus la marinade passée et faire cuire au four assez vif (th. 6) en arrosant assez souvent. Les filets doivent être bien dorés.

Au moment de servir, ajouter la crème fraîche et 2 ou 3 petits morceaux de beurre fin.

Coq au Chambertin

Pour 6 personnes

Ingrédients :

1 coq de 2 kg.
150 g. de lard de poitrine non fumé
20 petits oignons
200 g. de champignons de Paris
Sel, poivre
2 gousses d'ail
1 bouquet garni
1 bouteille de Chambertin
1/2 verre à liqueur de marc ou de fine champagne
100 g. de beurre
1 cuil. de farine
3 croûtons par personne.

CHAMBERTIN
servi à 15° C.

Préparation : 20 mn. Cuisson: 2 h.

Découper le coq en morceaux que l'on fait revenir dans 50 g. de beurre, avec les lardons blanchis et les petits oignons. Faire flamber d'un verre de marc ou de fine champagne.

Verser le bourgogne. Ajouter le sel, le poivre, l'ail et le bouquet garni. Porter à ébullition. Laisser cuire ensuite doucement en couvrant.

Etuver au beurre les champignons entiers s'ils ne sont pas trop gros. Sinon, les détailler en 2 ou en 4.

A la fin de la cuisson du coq, retirer l'ail et le bouquet garni. Ajouter les champignons. Lier avec le reste de beurre manié avec la farine. Donner un bouillon. Servir très chaud avec des croûtons frottés à l'ail.

Variantes :

- On peut faire mariner le coq pendant 7 ou 8 heures (recommandé).
- On peut ajouter à la sauce un morceau de sucre.

Bœuf bourguignon

Pour 6 personnes

Ingrédients :

1,5 kg. de bœuf rassis (tranche)
4 ou 5 bardes de lard
5 carottes
5 oignons
Thym, laurier, persil
1 gousse d'ail, 5 échalotes
250 g. de champignons de couche
15 cl. de madère
5 cl. de fine bourgogne
Sel, poivre.

POMMARD
servi à 14° C.

Préparation : 45 mn. Cuisson: 4 h.

Dans une petite cocotte en fonte garnie de lard, mettre rondelles de carotte et d'oignon, thym, laurier et persil.

Détailler la viande en petits morceaux. Hacher l'ail, les échalotes et les oignons restants. Emincer les champignons.

Placer un rang de viande puis un rang de hachis et de champignons. Saler et poivrer. Alterner les couches jusqu'à épuisement. Mouiller, jusqu'au tiers de la hauteur, de madère et de fine bourgogne (2/3 de madère, 1/3 de fine).

Placer sur le tout une barde de lard. Couvrir et luter le couvercle (avec un mélange de farine et d'eau, un ruban qui clôt hermétiquement : la vapeur ne doit pas s'échapper). Porter à ébullition. Faire mijoter 4 heures, très doucement.

Les recettes sont tirées du livre "LES MEILLEURES RECETTES BOURGUIGNONNES" du même éditeur.

le Champagne

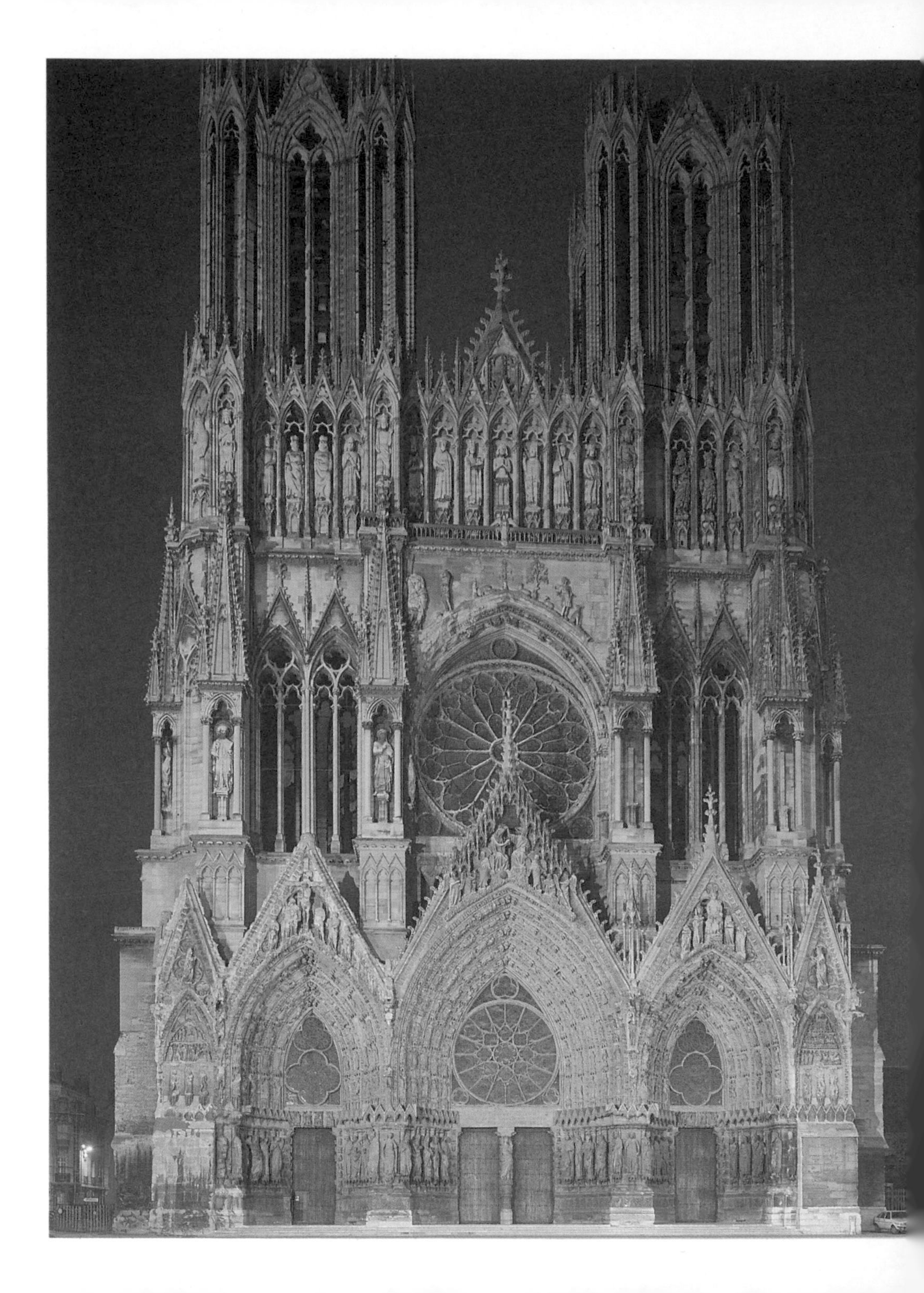

HISTORIQUE

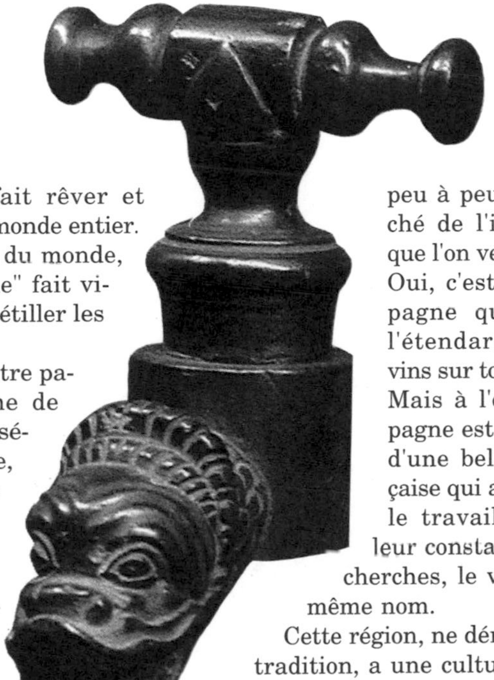

Ce nom seul fait rêver et tourner la tête du monde entier. Dans toute région du monde, le mot "champagne" fait vibrer les cœurs et pétiller les esprits.

Ce vin, à nul autre pareil, est synonyme de fête, de joie, de consécration. Dans la vie, tous les grands moments se fêtent au champagne. La naissance, le mariage, la réussite sociale, la chance..., sont autant d'occasions pour faire sauter un bouchon.

Pour d'autres, le champagne est aussi un stimulant, on pourrait presque dire un médicament. Les fines bulles de ce divin breuvage sont autant de bouffées d'air frais dégageant peu à peu l'horizon bouché de l'instant morose que l'on veut oublier.

Oui, c'est bien le champagne qui porte haut l'étendard des grands vins sur toute la planète.

Mais à l'origine, Champagne est surtout le nom d'une belle région française qui a fait naître, par le travail des hommes, leur constance et leurs recherches, le vin qui porte le même nom.

Cette région, ne dérogeant pas à la tradition, a une culture vinique très ancienne. Du temps des Romains, le célèbre écrivain Pline parlait déjà du produit avec précision et situait Ay.

Il est fort probable que ce vin-là n'était qu'un vin blanc ou rouge semblable aux autres. Mais la région de Champagne était déjà célèbre à cette époque lointaine.

Au Moyen-Age, une multitude de documents historiques attestent de la culture de la vigne produisant des vins blancs et rouges.

En 860, l'évêque de Laon recommandait déjà l'usage des vins de Champagne. Il citait déjà les principales communes viticoles champenoises telles Chaumuzy, Mailly, Cormicy, et préconisait de choisir des vins de coteaux en évitant ceux du sommet et ceux des vallées.

Jusqu'au XVIIe siècle, la Champagne produisait des vins blancs et rouges tranquilles. Les rouges étaient de loin la production la plus importante et concurrençaient les vins de Bourgogne.

Dès cette époque, les vignerons remarquèrent que quelquefois il se produisait en bouteille une seconde fermentation qui rendait le vin effervescent et qui ne gâtait en rien sa qualité. Le vin était plus agréable, les bulles soutenant le bouquet et les arômes du vin.

Ils notèrent également que cette fermentation se produisait plus souvent sur les blancs que sur les rouges.

Ils eurent donc l'idée de favoriser cette fermentation dans la bouteille. Ce fut la naissance du champagne sous la forme que nous connaissons aujourd'hui.

Comme nous le verrons ultérieurement, beaucoup de progrès furent faits entre ce vin d'élaboration empirique et celui que nous dégustons aujourd'hui.

DOM PERIGNON

Quelle belle histoire que celle de Dom Pérignon. On lui attribue la découverte du champagne.

Il semblerait qu'à son époque le champagne existait déjà, mais plus comme une erreur de la nature qu'un résultat voulu. On suppose que des vins de Champagne mousseux se vendaient dès 1660. Cette production irrégulière était considérée comme un don de Dieu.

Si la découverte ne lui revient pas, c'est par contre bien à Dom Pérignon que l'on doit la maîtrise de la vinification champenoise. Ampéologue et œnologue de son époque, Dom Pérignon avait acquis la certitude qu'il existait un lien entre le terroir et le cépage.

Homme de Dieu, il mit tout son savoir comme maître de chai à l'abbaye d'Hautvillers pendant 47 ans, pour élaborer du champagne de façon régulière. Son secret fut d'avoir été le premier à associer les différents crus de la région afin d'obtenir un assemblage harmonieux alliant finesse, délicatesse et longueur en bouche. Il avait ainsi découvert le coupage, opération nécessaire à l'élaboration du champagne.

La légende le montre souvent goûtant des raisins pour en déterminer la provenance. Son coup de génie, en découvrant l'assemblage, fit plus connaître le champagne que la méthode champenoise toute seule n'aurait pu le faire.

Il est mort en 1715. Chaque année, le festival du vin à Hautvillers est là pour rendre hommage à sa découverte.

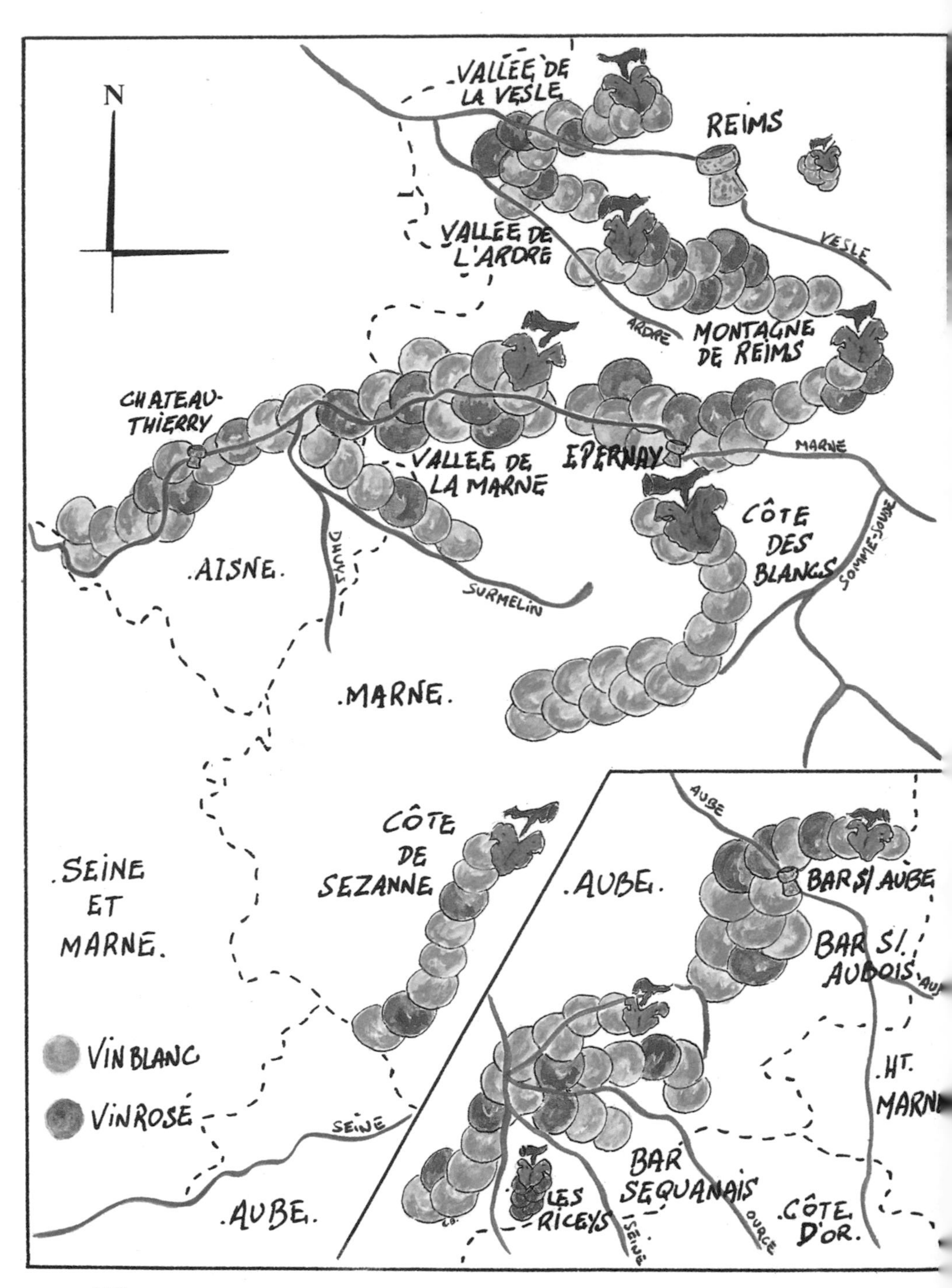
N
VALLÉE DE LA VESLE
REIMS
VESLE
VALLÉE DE L'ARDRE
ARDRE
MONTAGNE DE REIMS
CHATEAU-THIERRY
EPERNAY
MARNE
VALLÉE DE LA MARNE
CÔTE DES BLANCS
SOMME-SOUDE
DHUYS
.AISNE.
SURMELIN
.MARNE.
CÔTE DE SEZANNE
.AUBE.
AUBE
BAR S/ AUBE
BAR S/. AUBOIS
.SEINE ET MARNE.
VIN BLANC
VIN ROSÉ
.HT. MARNE
SEINE
BAR SEQUANAIS
LES RICEYS
SEINE
OURCE
.CÔTE D'OR.
.AUBE.

LA SITUATION GEOGRAPHIQUE

Conscients de l'exception de leur production, les Champenois n'hésitèrent pas à supprimer toutes les parties géographiques qui auraient pu nuire un tant soit peu à l'image de marque de leurs vins.

Ainsi, l'aire de production a été très sévèrement délimitée en éliminant tous les vignobles voisins qui ont fourni en raisins, pendant longtemps, les vignerons Champenois.

La Champagne viticole actuelle est regroupée sur 5 départements :

- la Marne :	20 567 ha
- l'Aube :	5 807 ha
- l'Aisne :	2 486 ha
- Haute-Marne :	40 ha
- Seine-et-Marne :	30 ha

LA MARNE

Avec 19 800 ha en production, c'est le plus important département viticole de la Champagne.

Le vignoble s'étend sur les deux rives de la Marne, entre Epernay et Dormans.

Les vins produits sur les rives sont appelés "les vins de la rivière". Ils sont connus pour être tendres et légers.

C'est dans cette région que l'on se targue d'avoir le berceau du champagne, Hautvillers, patrie de Dom Pérignon, moine et père de la méthode champenoise.

D'autres crus célèbres se trouvent également ici, entre autres Ay, Mareuil-sur-Ay, Avenay, Cumières, Damery.

La montagne de Reims, située autour de la ville du même nom, est un des plus grands centres de production de champagne. C'est là que se sont regroupées les plus grandes maisons de négoce. Une autre partie importante s'est établie à Epernay.

Cette région peut se diviser en plusieurs sous-régions :

- **la Montagne de Reims** proprement dite, avec des villages renommés comme Mailly, Verzenay, Sillery
- **la Petite Montagne de Reims** avec Hermonville, Saint-Thierry, Cormicy
- **la Côte de Bouzy**, vignoble célèbre pour ses vins rouges typiques à l'agréable nez de violette et où l'on trouve Ambonnay, Louvois, Tours-sur-Marne.

Contrairement aux "vins de la rivière", les "vins de montagne" sont corsés et séveux, avec un bouquet entêtant.

La Côte-des-Blancs, avec Epernay, est une région où sont produits des champagnes uniquement issus des

cépages blancs. Les communes les plus célèbres sont Cramant, Cuis, Avize, Le Mesnil-sur-Oger, Vertus, Bergères-les-Vertus.

L'AUBE

4 900 ha sont en production et comprennent aussi la production de la Haute-Marne, avec les communes comme Bar-sur-Aube, Bar-sur-Seine, aussi nommées Bar-Séquannais et Bar-sur-Aubois.

Le département de l'Aube possède un vignoble distinctement détaché de celui de la Marne. Il produit d'agréables vins qui, s'ils n'ont pas la classe des crus de la Marne, sont tout de même intéressants.

C'est dans ce département que se trouve la célèbre commune de "Les Riceys".

L'AISNE

2 200 ha en production. Ce chiffre comprend la production du département de la Seine-et-Marne.

Dans ce département géographiquement proche de la Marne, le vignoble prospère plus particulièrement aux alentours de Condé-en-Brie, Saint-Ayrian, Barzy-sur-Marne, Château-Thierry, Charty, Soissons, Vailly, Gouttes-sur-Marne.

Ce vignoble est le prolongement du vignoble de la Marne, après Verneuil et Dormans, sur les deux rives de la Marne.

Les vins produits dans cette région sont de bons champagnes, agréables et séveux, n'ayant souvent rien à envier à ceux issus du département de la Marne.

LES CONDITIONS CLIMATIQUES

Située entre le 48e et le 49e parallèle, la Champagne ne bénéficie pas toujours des conditions propices à la vigne et au vignoble.

De nombreux dangers menacent l'arrivée à maturation des raisins destinés à l'élaboration du champagne.

Le premier danger qui peut se présenter au cours du cycle végétatif de la vigne, et détruire des superficies importantes, est la gelée d'hiver. Elle a ravagé le vignoble durant les hivers 1985 et 1986. Les ceps n'ont pas résisté au froid intense (-25° C) et ont éclaté.

On peut dire qu'une année sur sept, la production de champagne est amputée par les dégâts causés par les gelées d'hiver. Mais la vigne n'est pas au bout de ses peines. La gelée de printemps peut s'abattre sur le vignoble. Et elle ne s'en prive pas. Il s'en produit une tous les 3 ans.

Ainsi, en 1989, les gelées de printemps du 26 et du 27 avril dévastèrent 6 000 ha, ce qui représente le quart de la surface en production. Heureusement, les contre-bourgeons furent favorisés par un climat très clément, ce qui permit de limiter les dégâts par la suite.

En avril 1990, le même phénomène s'est reproduit, détruisant le travail des vignerons sur plus de 7 000 ha.

Si la nature est restée clémente jusqu'à ce moment, elle peut se fâcher au moment de la floraison en ne prodiguant pas la température nécessaire à celle-ci. Si elle ajoute un peu de pluie, elle détruit tout espoir de récolte par la "coulure" ou le "millerandage". Ce phénomène fut très important en 1980.

La coulure

Au moment de la floraison, les grappes ne sont pas fécondées, le plus souvent à cause d'un temps froid et humide. Les fleurs, qui restent fermées, finissent par tomber.

Le millerandage

Pour les mêmes raisons climatiques, toutes les fleurs de la grappe ne sont pas fécondées. Il en résulte une grappe irrégulière avec de petits grains, souvent à peau très épaisse et dépourvus de pépins. Le millerandage est souvent une conséquence de la coulure.

La nature dispose encore de ses orages de grêle. Une année sur cinq lui paye son tribut. La période la plus dangereuse pour ce fléau est incontestablement le mois d'août. Les orages de grêle peuvent détruire en quelques instants les espoirs de vendange de toute une commune, voire d'une région.

Beaucoup plus tard, et heureusement beaucoup plus rarement, les gelées d'automne peuvent venir assombrir l'époque des récoltes.

En effet, si l'année n'était pas favorable depuis le début, il faut attendre la maturité du raisin et vendanger plus tard. Les premières gelées nocturnes d'automne peuvent alors détruire l'année de labeur du vigneron. La plus significative de ces derniers temps a eu lieu en 1972.

Tous ces dangers peuvent se cumuler et donner des années catastrophiques. Ainsi, en 1978, la production de champagne s'est soldée par 290 431 pièces de 205 litres alors qu'en 1982, la récolte avait fourni 1 079 453 pièces du même contenu.

Voici un tableau des récoltes des dernières années qui vous permettra de constater les énormes différences que peut engendrer la nature par ses caprices :

Année	Nombre de pièces
1988	822 867
1987	969 764
1985	560 156
1984	724 991
1983	1 093 626
1982	1 079 453
1981	337 904
1980	415 428

Si la nature peut certaines années réduire à néant le travail des vignerons, elle sait aussi offrir à la vigne les meilleures conditions climatiques afin qu'elle produise en quantité un vin de qualité.

UNE RARE CURIOSITE

Il existe encore quelques rares maisons qui possèdent les derniers hectares de vignes "franches de pied".

Le phylloxera causa des dégâts très importants aux différents vignobles français. Les vignes "franches de pied" sont encore des vignes non greffées, donc non atteintes par ce fléau.

Ces vignes sont conduites en foule comme le faisaient les vignerons du siècle dernier. Ce mode d'exploitation présente quelques inconvénients. La densité de plantation se situe entre 20 000 et 25 000 pieds/ha au lieu de 8 000 à 8 500 plants habituellement. Les vignes plantées en foule sont en situation désordonnée, ce qui ne permet pas de palissage sur fil. Les pieds sont donc attachés sur des échalas (piquets) que l'on ôte chaque hiver.

Comment peut-on expliquer le fait que le phylloxera n'attaque pas ces vignes ?

Voici une explication : grâce au mode de culture.

En février les vignes sont taillées. Tous les sarments sont coupés au ras du bois de 2 ans à l'exception d'un seul choisi généralement parmi les plus vigoureux. Celui-ci est entaillé à 3 ou 5 yeux selon la vigueur du cep.

Plus tard, en avril, vient le temps de la "bêcherie" exécutée avec une houe à bras spéciale. Le vigneron couche le bois de 2 ans à 10 ou 15 cm en terre, ne laissant sortir que le sarment taillé à 3 ou 5 yeux. C'est une sorte de provinage annuel.

Les piquets que l'on a ôtés durant l'hiver sont à nouveau fichés contre chaque sarment enterré. On y attache les jeunes pousses durant le mois de juin. Ce mode de culture ne permet naturellement aucun travail mécanique. Tous les travaux sont effectués à la main. Les coûts de production sont donc majorés de 250 à 300 %.

On peut donc judicieusement penser que les vignes résistent au phylloxera grâce à l'émission annuelle de nouvelles racines qui se forment sur la partie du sarment enterré.

INSOLATION ET PLUVIOMETRIE

L'insolation annuelle de la Champagne est faible. Elle s'élève à 1 500 heures par an en moyenne.

Pour d'autres régions, cette insolation serait largement inférieure à la normale nécessaire à la bonne maturation des cépages utilisés. Mais un des éléments importants pour le champagne est que le raisin ne soit pas surmaturé. Cela nuirait à sa finesse et à son élégance naturelle.

Si l'insolation est inférieure à la normale des autres régions viticoles, la pluviométrie, quant à elle, est supérieure.

Les pluies sont importantes et peuvent engendrer, comme nous l'avons vu, des dégâts considérables.

La moyenne annuelle se situe aux alentours de 670 mm.

GEOLOGIE

Dès le Moyen-Age, comme nous l'avons relaté, les vignerons avaient déjà pris conscience que les meilleures situations se trouvaient à mi-pente des collines. Les vins des sommets et des fonds de vallée étaient moins réputés.

Le terrain le plus propice à la culture des vignes est le sol à dominante caillouteuse quelquefois en association avec de l'argile. Ce type de sol permet une bonne aération et favorise l'emmagasinage de la chaleur du jour qui sera restituée la nuit.

Le sous-sol est naturellement composé de la fameuse craie de Champagne.

L'addition des deux permet un drainage efficace. Les pluies importantes sont facilement évacuées. Ainsi, la vigne ne souffre pas des maladies inhérentes à une humidité trop importante.

Le sous-sol crayeux, élément friable, a encore d'autres avantages. Les racines des vignes peuvent facilement s'y enfoncer très profondément, permettant ainsi aux vignes de ne pas souffrir trop rapidement du manque d'eau.

Le sous-sol de craie étant facile à travailler, les vignerons n'ont pas eu grand mal à creuser des galeries pour en faire des caves. Elles bénéficient d'une ambiance favorable : hygrométrie constante, le plus souvent aux alentours de 100 %, et température stable, environ 10° C.

Ces conditions ont certainement favorisé la recherche de nos ancêtres pour l'élaboration du champagne.

On dénombre actuellement plus de 200 km de galeries si précieuses pour l'élaboration des vins de Champagne.

LES CEPAGES

Comme l'aire de production, le choix des cépages est aussi réglementé. C'est le cas de toutes les régions viticoles en Appellation d'Origine Contrôlée.

Les cépages autorisés sont :
- le **Pinot Noir**
- le **Meunier**
- le **Chardonnay**

Il subsiste encore quelques pieds d'autres cépages que nous passerons sous silence. Ces cépages se retrouvent uniquement dans l'Aube et en Haute-Marne et ne représentent plus, depuis 1985, que 2 % de l'encépagement de chaque département.

Voici la répartition par cépage et par département ainsi que leur évolution durant 3 années :

Départ.	Année	Pinot Noir	Chardonnay	Meunier
MARNE	1986	26 %	34 %	40 %
	1987	25 %	33 %	42 %
	1988	25 %	33 %	42 %
AUBE	1986	82 %	8 %	8 %
Hte-MARNE	1987	82 %	8 %	8 %
	1988	83 %	8 %	7 %
AISNE	1986	13 %	6 %	81 %
SEINE-et-	1987	13 %	6 %	81 %
MARNE	1988	13 %	7 %	80 %

Le total des surfaces plantées par cépage en 1988 est de :

- 35 % pour les Pinot Noir
- 26 % pour les Chardonnay
- 38 % pour les Meunier

Nous constatons que, contrairement aux idées reçues, le Meunier est le cépage le plus complanté.

En effet, toutes les grandes maisons de champagne affirment que leurs cépages principaux sont le Pinot Noir et le Chardonnay.

MEUNIER

L'origine du Meunier est inconnue. L'époque de son apparition aussi, mais l'on s'accorde à dire que le Meunier est de la famille du Pinot Noir, certainement son ancêtre.

L'origine de son nom provient de l'aspect visuel des premières feuilles et des bourgeons qui sont cotonneux et velus, de couleur blanchâtre comme la farine qui se fixe partout dans les moulins à céréales.

Le principal avantage de ce cépage est son débourrement tardif, après les Chardonnay et les Pinots noir. La région champenoise étant encline à souffrir de gelées printanières régulières, le Meunier est un cépage précieux, le plus souvent complanté dans des endroits à forts risques de gel.

C'est également un cépage à la production très régulière. Il rattrape le temps perdu lors du débourrement pour arriver à maturité presque au même moment que les autres cépages.

Le terrain de prédilection du Meunier est à base de silice. Il réussit moins bien sur les terrains calcaires, même avec le porte-greffe adéquat. C'est pour cela qu'il est moins complanté dans les départements de l'Aube et de l'Aisne.

C'est un cépage rustique, s'accommodant de terrains et de situations moins favorables.

PINOT NOIR

C'est un grand cépage qui a acquis ses lettres de noblesse dans maintes régions viticoles, notamment en Bourgogne où il est le cépage de tous les plus grands vins rouges.

En Champagne, il est assez largement complanté et ses raisins servent à faire du vin blanc.

Le Pinot Noir est le cépage roi de toutes les expositions de Premier Cru, là où les conditions idéales sont réunies pour leur donner la chance d'arriver à une bonne maturité mais sans plus. Car, élément important, il faudra encore que le Pinot Noir récolté puisse apporter la bonne dose d'acidité aux vins dans la composition desquels il entrera.

C'est un cépage précoce. Il souffre donc quelquefois des gelées dévastatrices du printemps, mais il a l'avantage de très bien résister aux températures largement négatives des gelées d'hiver.

C'est le cépage rouge idéal pour les conditions septentrionales extrêmes où se situe la Champagne.

Le Pinot Noir, associé à des porte-greffes résistant à la chlorose, maladie due à un excès de calcium, ne subit pas trop les méfaits de celle-ci. C'est le cépage des terrains à dominante calcaire que l'on retrouve presque partout en Champagne.

Les régions comme la Montagne de Reims et la région d'Ay sont ses terrains de prédilection. Il y donne le meilleur de lui-même, risquant même d'être trop prolifique. Il faut alors que le vigneron limite volontairement le rendement avant les vendanges et même avant maturité, ou qu'il limite la cueillette au moment de la vendange en ne sélectionnant que les plus belles grappes.

CHARDONNAY

Comme le Pinot Noir, le Chardonnay est le cépage des grands vins. En Bourgogne, il est utilisé pour l'élaboration des Meursault, des Puligny-Montrachet.

En Champagne, c'est le cépage que l'on gardera pour les meilleures expositions, dans des sols calcaires de préférence.

C'est là qu'il livrera toute sa finesse et toute son élégance.

Contrairement au Meunier, le Chardonnay est un cépage précoce. Il faut toujours craindre les dégâts occasionnés par les gelées printanières. Par contre, sa maturité est plus tardive. C'est le prix à payer pour que cette finesse légendaire soit au rendez-vous.

CARACTERE DES VINS ISSUS DES DIFFERENTS CEPAGES

Le Meunier donnera des vins rouges sans trop de corps et de caractère.

Le Pinot Noir apportera une touche de vinosité en association avec une opulence bien présente.

Le Chardonnay, comme nous l'avons déjà dit plus haut, donnera des vins frais, d'une rare élégance.

En dehors de quelques cuvées issues de la Côte-des-Blancs, donc faites d'un assemblage de différents vins de Chardonnay, le champagne traditionnel est un judicieux mélange de vins en provenance des 3 cépages cités. Ceci est une cuvée.

Nous allons maintenant examiner les différentes étapes par lesquelles les raisins doivent passer pour donner le vin de base utilisé pour l'élaboration de la cuvée.

L'ELABORATION DU VIN

DETERMINATION DU PRIX DU RAISIN

Le prix du raisin au kilo fait l'objet, chaque année, d'une décision prise à l'issue d'une négociation entre les représentants du vignoble et ceux du négoce du vin de Champagne.

A ce moment sont également définies les modalités de chaque vendange : date d'ouverture et de fermeture de la cueillette, frais de pressurage, commission de courtage et autres commissions annexes.

Le prix étant défini, le préfet de la Marne promulgue un arrêté officialisant les décisions prises.

Par exemple, pour l'année 1989, l'arrêté stipulait que le prix du kilo de raisin issu de vignes classées en Grand Cru (100 %) serait pour les acheteurs de 26,77 francs.

Ces 26,77 francs étaient composés :

- du prix de base de 24,50 francs le kilo pour les raisins issus de crus à 100 % (pour les raisins issus des crus à 80 %, le prix sera établi au prorata, c'est-à-dire à 19,60 francs).
- d'une prime de 0,80 francs pour les Pinot Noir et les Chardonnay.
- d'une redevance égale à 6 % du prix de base, soit 1,47 francs par kg.

Ainsi, chaque commune produisant des raisins dans l'aire délimitée a été classifiée en pourcentage. Il est proportionnel à la qualité des raisins, donc directement lié à l'exposition et au terroir.

C'est ce que l'on trouve indiqué dans l'échelle des crus (voir tableau). Cette classification ne descend pas jusqu'à 0 %. Elle s'arrête à 80 %.

Sur la liste, nous n'avons tenu compte que des Premiers Crus (classification de 90 à 99 %) et des Grands Crus (100 %). Cette liste est sujette à modification de façon régulière.

LISTE DES CRUS - PREMIERS CRUS ET GRANDS CRUS (en %)

AMBONNAY	100	MAREUIL-SUR-AY	98
AVENAY	93	MONTBRE	94
AVIZE	100	MUTIGNY	93
AY-CHAMPAGNE	100	OGER	99
BEAUMONT-SUR-VESLE	100	OIRY	99
BERGERES-LES-VERTUS	90	PIERRY	90
BILLY-LE-GRAND	95	PUISIEULX	100
BISSEUIL	93	RILLY-LA-MONTAGNE	94
BOUZY	100	SACY	90
CHAMPILLON	93	SILLERY	100
CHIGNY-LES-ROSES	94	TAISSY	94
CHOUILLY	90	TAUXIERES	99
CRAMANT	100	TOURS-SUR-MARNE	100
CUIS	93	TREPAIL	95
CUMIERES	90	TROIS-PUITS	94
DIZY	95	VAUDEMANGES	95
ECUEIL	90	VERTUS	93
GRAUVES	93	VERZENAY	100
HAUTVILLERS	90	VERZY	99
LE MESNIL-SUR-OGER	99	VILLEDOMMANGE	90
LES MESNEUX	90	VILLENEUVE-RENNEVILLE	93
LOUVOIS	100	VILLERS-ALLERAND	90
LUDES	94	VILLERS-MARMERY	95
MAILLY-CHAMPAGNE	100		

LES VENDANGES

La qualité du raisin devant être irréprochable, les équipes de vendangeurs reçoivent des consignes très strictes le jour de l'ouverture des vendanges.

Les raisins doivent arriver entiers et non écrasés sur le lieu de pressurage. Pour ceci, les comportes doivent être percées pour que le jus des baies malencontreusement éclatées puisse s'écouler sans problème.

Beaucoup de vignerons utilisent encore des comportes en osier.

Les comportes sont appelées régionalement des "mannequins" et contiennent 80 kg. de raisins.

Pas de pourri. Il faut sélectionner les raisins et éliminer impitoyablement les baies pourries ou abîmées.

Certaines années, l'opération de nettoyage, qui se fait sur place dans les vignes, demande beaucoup de travail. C'est l'épluchage.

L'épluchage permet plus tard, durant la vinification, une meilleure fermentation. Elle évite les mauvais goûts et favorise une bonne prise de mousse.

Le soin apporté au raisin doit être encore plus grand quand on vendange le Pinot Noir. Le jus de raisin macérant avec les peaux donne de la couleur au moût, ce qui serait préjudiciable à la qualité visuelle du vin.

On comprendra donc parfaitement qu'il y a impossibilité totale de vendanger mécaniquement.

Les raisins ainsi épluchés et transportés arrivent au pressoir ou "vendangeoir".

LE PRESSURAGE

Pour les raisons que nous avons vues précédemment, les raisins ne sont jamais foulés avant d'être mis sur le pressoir qui, lui aussi, est particulier.

Les anciens pressoirs étaient larges et bas, toujours pour ne pas blesser le raisin. Un pesage précis des raisins est effectué.

On utilise depuis peu des pressoirs pneumatiques qui font très bien l'affaire. Il faut que le jus extrait de la baie puisse s'écouler le plus rapidement possible pour ne pas être en contact avec la peau.

De façon générale, un pressoir champenois contient 4 000 kg. Cette quantité constitue un **marc** duquel on extrait rapidement le moût.

La quantité de moût que les vignerons champenois sont autorisés à prélever sur le marc est de 2 665 litres, ce qui correspond à 13 pièces de 205 litres.

Les 13 pièces sont divisées en 3 parties :

- les 10 premières, soit 2 050 litres seront la **cuvée**
- les 11ème et 12ème seront les vins de **première taille**, soit 410 litres
- la 13ème sera le vin de **deuxième taille**, soit 205 litres.

Avec les anciens pressoirs, après les 2 050 litres, on était obligé, pour continuer à faire couler du moût, de tailler les bords du marc. Ce terme est resté en usage.

Les 3 dernières pièces ne sont pas utilisées pour les grands champagnes car le moût a souvent une amerture et une verdeur assez perceptibles.

Dans un premier temps le moût est mis dans une grande cuve pour la décantation, opération destinée à clarifier le jus avant la fermentation. On appelle cette opération le "débourbage".

Certaines grandes maisons utilisent la centrifugation mécanique pour cette opération, ce qui permet un gain de temps et de place sans nuire à la qualité future du vin, sauf pour quelques puristes.

LA FERMENTATION ALCOOLIQUE

Après cette opération, le vin est mis en cuve ou dans des pièces de 205 litres où il subira la première fermentation alcoolique généralement suivie par la fermentation malolactique. Si celle-ci ne se déclenche pas, on la favorise par ensemencement.

La fermentation alcoolique se fait à basse température, environ 18° C. Les grandes cuves sont donc contrôlées pour qu'elles ne dépassent pas cette température. Une température supérieure est bénéfique pour la fermentation malolactique.

Dès la fin de la fermentation malolactique, il faut refroidir le vin. On est encore en plein hiver. Il suffit d'ouvrir grand sa cave au froid pour arriver au résultat escompté : la précipitation des tartres.

Les vins seront plus clairs et ne présenteront plus de dépôt tartrique une fois en bouteille. Une bouteille de champagne comportant des cristaux de tartre est très difficile à ouvrir.

Au début du printemps, après les autres opérations communes à toutes les vinifications en blanc (soutirage, collage, filtrage), nous arrivons à un moment très important : la préparation des cuvées.

25
24

LES CUVEES

La cuvée est l'âme même de la Champagne. C'est autour de celle-ci que sont réglés tous les travaux des vignes et les travaux de la cave. C'est pour elle que tous les vignerons champenois s'activent. C'est en sorte la consécration de tous leurs travaux.

A ce moment-là le vigneron, fort de la connaissance des différents vins qu'il a en sa possession, va, par de judicieux assemblages, composer son type de vin. Les consommateurs, habitués à son nom et à sa qualité, vont le reconnaître, malgré les différences de millésimes.

La cuvée est en quelque sorte la carte de visite du viticulteur champenois.

Ainsi pourront se trouver regroupés dans une même bouteille des vins de provenance géographique variée. Le vigneron aura eu soin de garder en réserve des vins de différentes années. Il pourra ainsi compenser une année moins bonne. Ces champagnes ne seront pas millésimés.

Les champagnes millésimés seront issus d'une même année. Le millésime doit refléter le caractère de l'année écoulée.

La cuvée est d'une importance réelle pour toute la région champenoise. C'est elle qui a su sauver le produit. C'est devenu un rite qui est pris très au sérieux par des personnes compétentes qui savent et connaissent exactement les caractéristiques du produit final à obtenir.

L'élaboration du champagne rosé est une chose intéressante et unique en France. Il ne s'élabore pas par le biais d'une macération courte ou par saignée d'une cuvée, mais par assemblage de vin blanc et de coteaux champenois rouges.

Cette opération s'effectue au moment du tirage. L'avantage est de pouvoir obtenir exactement la couleur désirée qui, suivant les maisons de champagne, va d'un rose presque imperceptible au rouge léger.

Il y a un deuxième avantage. Cette méthode permet de préserver le goût de la maison. Si sa politique est de mettre en avant la race et l'élégance du Chardonnay dans ses cuvées ou si la maison n'a que du Chardonnay, il lui est tout de même possible d'élaborer un rosé tout en gardant son caractère.

LE TIRAGE

Dès que les différentes cuvées sont élaborées, le vin est assemblé dans des cuves avant d'être mis en bouteilles avec la **liqueur de tirage**.

Cette liqueur permet au vin de faire une deuxième fermentation qui se produira en bouteilles.

La liqueur, composée de sucre de canne (24 g./l. en moyenne) et de levure, permet d'obtenir la pression de 6 atmosphères nécessaire pour l'appellation.

La liqueur de tirage est mélangée au vin et, dès que la mise en bouteilles est faite, on entrepose les bouteilles en cave. C'est l'opération de la mise sur lattes : les bouteilles sont empilées et, à intervalles réguliers, stabilisées par une latte.

C'est ainsi que le vin en bouteilles subit sa deuxième fermentation dans des caves et des galeries taillées dans la craie. L'avantage ? Une hygrométrie élevée et une température constante (10-11° C).

L'hygrométrie n'a plus tellement d'importance. Mais il y a encore quelques années, la capsule métallique était un bouchon en liège. Seule une hygrométrie élevée assurait un bon maintien des bouchons, surtout quand la pression se faisait forte.

Une température fraîche et régulière du lieu d'entreposage est nécessaire. Si la température est basse, la fermentation se fait lentement et les bulles sont fines. Si la température est plus élevée, les bulles sont plus grossières.

Le vin sur lattes est entreposé durant un laps de temps mimimum de 12 mois pour les champagne non millésimés, et de 36 mois pour les champagne millésimés, après la date de tirage.

Certaines grandes maisons de négoce conservent leur stock ainsi pendant 5 à 6 ans pour les millésimes.

Le vin stocké va, sous l'effet des levures et du sucre, subir une lente transformation des sucres en alcool, avec une production de gaz carbonique qui va progressivement se répartir dans le vin.

Les levures, lorsqu'elles auront transformé tout le sucre en alcool, vont mourir, formant ainsi la lie qui, en se dégradant, produira différents acides dont des acides aminés.

On suppose que ces acides aminés sont un support pour les arômes du vin de Champagne. Cet échange se fait le temps de la mise sur lattes et affine le vin.

On dit que le vin, en vieillissant sur ses lies, se bonifie. C'est pour cette raison que l'on essaie toujours de les conserver sur lattes plus longtemps que la durée minimale imposée.

Certaines grandes maisons de champagne possèdent ainsi des stocks de millésimes vénérables, entreposés sur lattes, qui ne sont dégorgés qu'au dernier moment.

Une grande maison d'Ay possède des 1973, 1975 et 1976 qu'elle commercialise sous la dénomination de cuvée "Récemment Dégorgée" ou "R.D.". Sur une contre-étiquette, sont inscrits la date de dégorgement ainsi que le nombre de bouteilles dégorgées ce jour-là. Ce système permet de conserver le plus longtemps possible le vin sur ses lies. Les bouteilles, une fois dégorgées, évoluent très rapidement.

Le but recherché par les maisons champenoises est de mettre leur champagne en vente quand il est prêt à boire, quand le maximum d'osmose s'est fait entre les lies et le vin.

Le champagne n'est commercialisé que lorsque les vinificateurs qui l'ont élaboré jugent sa qualité optimum.

A moins d'aimer les arômes tertiaires du vin de Champagne, qui peuvent rappeler le pain chaud, les champignons, le café, avec parfois un léger arôme de porto ou de madère, il est préférable de consommer dans les deux ans en moyenne les bouteilles de champagne que vous avez dans votre cave.

REMUAGE ET DEGORGEMENT

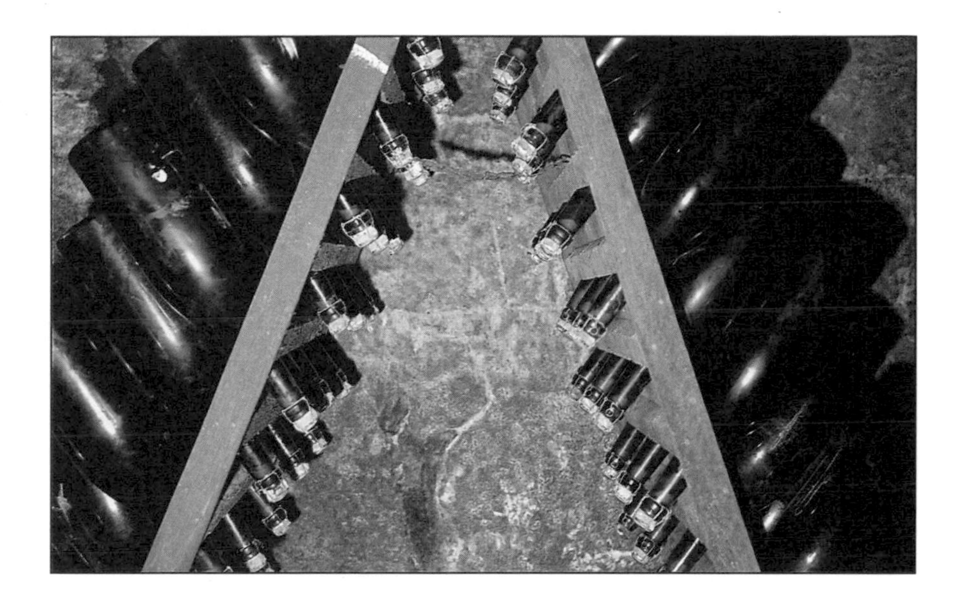

Après cette seconde fermentation arrive le moment du **remuage**. Les cavistes vont dépiler les bouteilles, les remuer pour remettre en suspension la lie qui s'était formée au cours de la fermentation, puis les positionner sur des pupitres. Le remuage peut débuter. Cette opération consiste à tourner les bouteilles tous les jours d'un quart de tour pour décoller le dépôt. Peu à peu, les bouteilles se rapprochent d'une position verticale. Le dépôt se rassemble dans le goulot et le vin est limpide. Cette opération aura duré de 3 à 6 semaines.

Les bouteilles parvenues à ce stade sont ôtées du pupitre et stockées sur pointe, c'est-à-dire le goulot en bas.

Ce stockage peut durer un certain temps, formant un stock tampon rapidement dégorgeable et dont le vin n'évolue pas aussi rapidement que celui d'une bouteille de champagne prête à la commercialisation.

Le stockage sur pointe se nomme aussi "vin en masse".

Vient enfin la phase du **dégorgement**. Cette opération consiste à évacuer la lie regroupée au fond du goulot.

Autrefois l'opération de dégorgement proprement dite s'effectuait à la volée. Le dégorgeur était un spécialiste considéré. Son travail consistait à prendre la bouteille sur pointe en lui imprimant un mouvement de rotation vers le haut. Simultanément il la débouchait et le champagne expulsait la lie.

Un bon coup de main et une solide expérience étaient indispensables. Si la bouteille était relevée trop haut et ouverte trop tard, la lie se remélangeait au vin et rendait le champagne impropre à la consommation. Par contre, si la bouteille n'était pas assez relevée, on perdait une grande quantité de champagne.

Actuellement, des moyens modernes sont largement mis à la disposition de cette technique.

Les bouteilles sont précautionneusement prises et disposées, goulot en bas, dans un bain de saumure à -25° C.

Cette saumure est destinée à congeler la masse de lie. Le glaçon formé, il suffit de retourner la bouteille et de la déboucher comme une bouteille d'eau gazeuse. La pression du gaz carbonique se chargera de propulser le glaçon de lie hors de la bouteille.

Le manque de liquide sera compensé par la **liqueur d'expédition**. La liqueur se compose d'une certaine dose de sucre et d'un vin vieux tranquille de Champagne. On utilise un vin vieux pour être certain qu'il soit exempt de levures ou de bactéries qui provoqueraient un départ de fermentation en bouteilles du sirop de sucre.

C'est la quantité de sucre que l'on ajoute qui permet d'élaborer les différents types de champagne : brut, extra-dry, sec, demi-sec, doux.

Immédiatement après l'adjonction de liqueur, on rebouche la bouteille d'un bouchon que l'on entoure d'un muselet.

Les bouteilles sont alors vigoureusement secouées. Cela favorise le bon mélange de la liqueur et du vin. C'est le **piquetage**.

Les bouteilles sont à nouveau stockées quelques mois pour homogénéiser le produit.

Plus tard, au fur et à mesure des besoins et des ventes, elles seront conditionnées et habillées différemment suivant chaque maison et la qualité du champagne qu'elles contiennent.

Ce n'est qu'à partir de ce moment que le champagne porte son nom et qu'il peut être commercialisé.

LES APPELLATIONS

COTEAUX CHAMPENOIS A.O.C.

Si la plus renommée des appellations est celle de Champagne, il y a possibilité, dans toute cette aire d'appellation, de produire des vins tranquilles qui sont commercialisés sous l'appellation Coteaux Champenois, avec quelquefois la mention de la commune d'origine.

Pour le rouge, l'une des communes les plus réputées est Bouzy. Quelques autres communes réputées : Ambonnay, Ay, Mancy, Chigny-les-Roses, Cumières, Vertus. Ces vins peuvent être blancs ou rouges, jamais rosés.

Les vins blancs Coteaux Champenois sont, pour la plupart, issus du cépage Chardonnay. Mais il y a possibilité de produire du blanc de noirs, sans interdiction.

Les vins rouges Coteaux Champenois sont issus du cépage Pinot Noir. Suivant le choix du viticulteur, la macération peut être classique, mais certains lui préfèrent une macération carbonique.

Comme dans les autres régions, les vins issus de macération carbonique seront plus fruités dans leur jeunesse, mais de garde plus courte.

Les Coteaux Champenois rouges se caractérisent toujours par leurs arômes de fruits rouges, surtout la framboise bien mûre.

Le vin rouge issu de Bouzy a une particularité. Il a des arômes très fins de violette.

ROSE DES RYCEYS A.O.C.

Cette appellation ne peut être revendiquée que pour les vins issus des parcelles situées sur la commune des Riceys et dans l'aire d'appellation champagne. Elle subit les mêmes contraintes quantitatives que le champagne.

C'est uniquement un vin rosé tranquille issu de la macération du Pinot Noir. C'est un vin fort rare mais connu depuis longtemps.

CHAMPAGNE

Cette appellation s'applique à tous les vins blancs ou rosés effervescents produits dans l'aire géographique délimitée. Mais, sous cette appellation générale, on peut trouver plusieurs sortes de champagne :

Le champagne millésimé :

Quand la qualité du millésime le permet et que la cuvée ne contient que des vins d'une même année, les viticulteurs champenois apposent sur la bouteille le millésime de la récolte. Le millésime ne pourra être mis en vente que trois ans après la récolte et seuls 80 % de celle-ci ont droit au millésime. Les 20 % restants doivent être conservés pour pouvoir être assemblés avec les cuvées sans années.

Souvent les grandes maisons de champagne ne commercialisent le champagne millésimé qu'au bout de 5 à 6 ans.

Le champagne millésimé peut indistinctement être un blanc de noirs, un blanc de blancs, ou un mélange de blancs et de noirs. C'est le plus souvent la troisième solution qui est utilisée.

Le blanc de blancs :

Le champagne blanc de blancs est constitué de vins issus de cépages blancs. On admet un faible pourcentage de raisins noirs.

La dominance du cépage Chardonnay donne au blanc de blancs une saveur fraîche et légère. C'est un champagne élégant, léger et racé.

Le blanc de noirs :

On trouve très peu de champagne issu exclusivement de raisins noirs. Ils sont souvent très vineux et peuvent manquer d'élégance.

La plupart du temps les champagnes sont un judicieux mélange de blanc de blancs et de blanc de noirs. C'est le champagne tout court, sans autre appellation, issu de différents cépages et de différents millésimes. Le but de toutes ces opérations est d'obtenir une régularité qualitative qui permettra de fidéliser sa clientèle.

Le champagne rosé :

L'élaboration du champagne rosé est une curiosité, sa commercialisation en est une autre.

C'est un champagne rare parce que très peu demandé et donc très peu produit. Mais presque toutes les maisons de champagne vous en proposeront.

R.D.
KRUG
BRUT
1983
Ay-France
1983

LES MILLESIMES

CHAMPAGNE

La région champenoise mise plus sur une régularité de la qualité de ses produits que sur la particularité d'un millésime par rapport à un autre. C'est peut être ce qui a fait son succès.

Il ne faut pas oublier que les millésimes sont intéressants à boire quand ils sont commercialisés. Leur évolution peut être un peu plus lente que les cuvées traditionnelles.

Le champagne, quel qu'il soit, n'est pas un vin de garde au sens propre du terme.

1976	Grand millésime, rare. Peu de vins ont résisté au temps et à la dégustation.
1978 **1979**	Millésimes qui se font rares. Prennent le goût de pain et de café des vieux champagnes.
1981	Millésime d'évolution rapide, sauf si vous les avez achetés récemment.
1982	Millésime intéressant, sans trop d'excès, léger et agréable.
1983	Grand millésime ayant donné des vins gras, peu nerveux.
1985	Millésime commercialisé par presque toutes les maisons.
1986	Millésime qui commence à être commercialisé.
1988	Le millésime 1988 n'est pas encore disponible. Il vous faudra encore quelques années de patience.

Les maisons de champagne vendent leur champagne quand elles considèrent que le produit est proche de son apogée.

Ce qui ne veut pas dire que de vieux champagnes ne soient pas intéressants. Des années comme 1914 ou 1938 par exemple, peuvent apporter un réel plaisir gustatif et olfactif si les bouteilles n'ont été dégorgées que quelque temps auparavant.

COTEAUX CHAMPENOIS ET ROSES DES RICEYS

En règle générale, ces produits sont rarement millésimés et sont à boire dans les 4 à 5 années qui suivent leur production.

Si effectivement il y a toujours des exceptions qui confirment la règle, vous ne devez pas en général attendre ces vins trop longtemps. Vous en seriez les premiers lésés.

LES REGLES DE L'ETIQUETTE

Pour un produit aussi connu et prestigieux que le champagne, le législateur a tout mis en œuvre pour que personne ne puisse avoir de doutes sur ce qui se trouve dans la bouteille, derrière l'étiquette.

De récentes dispositions prises par le Conseil de la Communauté Economique Européenne répondent dès maintenant à l'objectif de clareté et d'objectivité que tout consommateur est légitimement en droit d'attendre.

Dès les premières transactions de champagne, les vignerons ont essayé de mettre sur les bouteilles des signes distinctifs permettant de fournir des indications sur l'origine ou la particularité du vin.

Ainsi, le chanoine Jean Godinot disait dans son livre "**La manière de cultiver la vigne et de faire du vin de Champagne**" paru en 1718 :

"Afin qu'on ne puisse pas changer le vin ni le flacon et qu'on soit sûr de l'envoi et de la fidélité des domestiques...".

Et pour ceci, on apposait souvent sur la cire qui recouvrait ficelle et bouchon un cachet portant un chiffre, une lettre ou une effigie. Ainsi, chaque élaborateur de vin de Champagne pouvait prétendre reconnaître son produit. La couleur de la cire permettait souvent de reconnaître la qualité de la cuvée.

Plus tard, vers 1820, les grands négociants champenois proposèrent à leur clientèle des étiquettes. Mais il fallait le signaler dès la commande et payer un supplément.

Rapidement, l'étiquette champenoise devint jolie. Les progrès de l'imprimerie et de la lithographie profitèrent à la beauté des étiquettes champenoises.

Laissons de côté l'aspect esthétique et concentrons nous sur le rôle d'information de l'étiquette.

Dès les premières étiquettes, les vignerons champenois avaient pris l'habitude d'inscrire trois indications qui étaient : l'origine du vin, le nom de l'élaborateur et celui de la commune où le champagne était élaboré, indications qui, à l'époque, n'étaicnt nullement obligatoires.

- Pour l'origine du vin, on citait le cru ou la commune de production des raisins. En plus des dénominations géographiques, on y joignait généralement le terme de "mousseux" ou bien l'on faisait précéder les lieux de l'expression "crème de..." ou "fleur de...".

Plus tard, vers le début du siècle, l'appellation champagne s'impose et élimine toute autre mention d'origine.

- Le nom de l'élaborateur était tout simplement la signature du manipulant qui avait élaboré le produit. Il le faisait par fierté et par esprit commercial, pour faire mieux connaître ses produits.

- Le nom de l'élaborateur était toujours suivi de la commune où celui-ci avait ses installations.

Une autre indication était spontanément ajoutée sur l'étiquette : l'année de la récolte dont le vin était issu exclusivement. On la retrouve pour la première fois en 1834.

Le champagne millésimé était né.

LES NOUVELLES DISPOSITIONS APPLICABLES

Depuis 1979, et pour satisfaire aux demandes de la Communauté Européenne, les étiquettes des vins de Champagne doivent comporter les 9 mentions suivantes :

- **l'appellation** : le mot champagne figure traditionnellement en évidence sur l'étiquette, sans obligation de la mention "Champagne Appellation Contrôlée".

- **la marque** : c'est la dénomination originale qui permet à l'élaborateur de distinguer ses vins de ceux des autres.

- **la teneur en sucre résiduel** : selon la teneur en sucre résiduel exprimée en grammes/litre, le vin est qualifié de :

. demi-sec :	entre 33 et 50 g.
. sec :	entre 17 et 35 g.
. extra-dry :	entre 12 et 20 g.
. brut :	à moins de 15 g.
. extra-brut :	entre 0 et 6 g.

Ces termes remplacent les termes de "goût américain" ou "goût russe" du siècle dernier.

- **le volume** : il est obligatoire de mentionner le volume de vin contenu dans le récipient. Les flaconnages autorisés actuellement sont :

. quart :	20 cl.
. demi :	37,5 cl.
. bouteille :	75 cl.
. magnum :	1,5 l.
. jeroboam :	3 l.
. rehoboam :	4,5 l.
. mathusalem :	6 l.
. salmanazar :	9 l.
. balthazar :	12 l.
. nabuchodonosor :	15 l.

Les contenants de plus de 10 litres ne sont pas réglementés.

- **le titre alcoométrique acquis** : toujours exprimé en pourcentage volumique variant entre 10 % vol. (11 % vol. pour les millésimes) et 13 % vol. maximum.

- **l'immatriculation professionnelle** : elle comporte des initiales et un numéro qui est attribué par le C.I.V.C. à chaque manipulant, pour chaque marque qu'il utilise.

Si le manipulant qui élabore le vin et appose les étiquettes sur la bouteille est propriétaire de la marque, les initiales sont :

. NM pour un Négociant-Manipulant

. CM pour une Coopérative-Manipulante. C'est un groupement de viticulteurs.

. RM pour un Récoltant-Manipulant

Et, dans les autres cas, lorsque le manipulant n'est pas le propriétaire de la marque, les initiales sont MA, Marque Auxiliaire.

L'objectif de la règlementation est de faire connaître aux consommateurs l'identité du professionnel qui a élaboré le produit.

Cette mention est inscrite en toutes lettres et comporte le prénom et le nom s'il s'agit d'une personne physique, la raison sociale s'il s'agit d'une personne morale. Cela peut aussi être un code spécifique à l'élaborateur, l'immatriculation professionnelle par exemple.

Dans le cas où la référence est faite de façon codée, il est obligatoire de faire mentionner en toutes lettres le nom et l'adresse d'un distributeur ayant participé au circuit de commercialisation.

- **la commune d'élaboration** : le nom de la commune où le vin a été élaboré et éventuellement son code postal suivent les références de l'élaborateur.

- **le pays d'origine** : le nom de "France" complète la mention de l'élaborateur.

La règlementation prévoit aussi des mentions facultatives qui peuvent, si les conditions exigées sont remplies, être portées sur l'étiquette : la mention du millésime, la référence aux cépages.

LE CHAMPAGNE ET L'ART

Le champagne, produit festif par excellence, support de l'art ? Cela a été réalisé par une grande maison qui a eu l'idée d'associer les deux.

Le résultat de cette fusion est une bouteille contenant un millésime d'une qualité exceptionnelle habillée somptueusement par quelque artiste inventif.

En 1983, le premier artiste a avoir osé s'exprimer sur une bouteille fut Victor Vasarely (voir photo), célèbre dans le monde entier par ses Vegas (motifs géométriques créant l'illusion du relief).

En 1985, Arman créé une bouteille avec ses célèbres "empilements" et ses "objets éclatés" avec lesquels il recréé des compositions esthétiques : sculptures, décors, tableaux.

En 1987, c'est une bouteille créée par André Masson.

En 1988, Taittinger fait appel à Vierra Da Silva. Sa peinture est une peinture heureuse.

Enfin, en 1990, la dernière œuvre vient d'être réalisée par Roy Lichtenstein. Gageons que se ne soit pas la dernière.

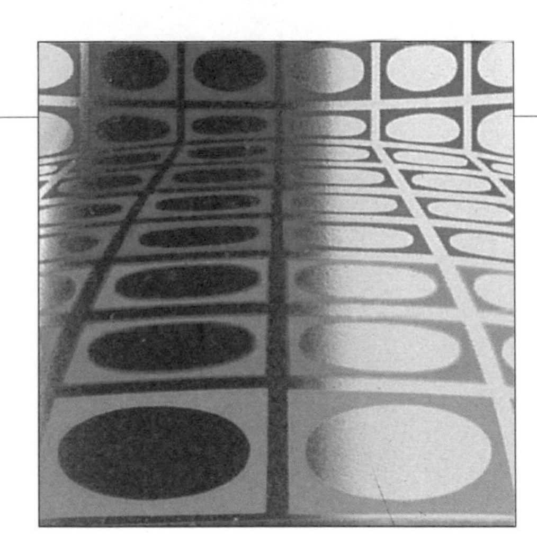

SERVICE DES PAQUEBOTS A VAPEUR NAPOLITAINS

CLAUDE CLERC & CIE
A
MARSEILLE

Négociants Commissionn^res
& Agents intéressés
des Paq^ts à vap^r Napolitains
Transit et Recouvrements

MARIE CHRISTINE, Force 160 Chev^x
ROYAL FERDINAND, Force 80 Chev^x
FRANÇOIS PREMIER, Force 120 Chev^x

DÉPARTS RÉGULIERS
DE
MARSEILLE

Pour Naples, touchant les
Ports de Gênes
Livourne & Civitavecchia
les 5, 15 et 25 de chaque mois,

Marseille 28 Septembre 1836

Monsieur L. Roederer, Reims

Suivant l'avis de votre lettre 31 août écoulé, nous avons été livrés de la caisse sous marque

[marque] N° 7525 contenant 60 bouteilles vin de Champagne pour M. Pietro Sorieri de Livourne —

Nous la faisons embarquer pour sa destination sur le Paquebot [illegible] le Philippine capitaine Giraud français

Nous venons avec plaisir Monsieur, que votre ministère sur cette place par suite de quelques [illegible] nous sommes à votre disposition pour tout ce qui pourrait être à votre convenance, en attendant la faveur de vos commandes —

Nous avons l'honneur de vous saluer bien cordialement

Claude Clerc

ACHAT ET COMMERCIALISATION

En ce qui concerne l'achat du champagne, je crois qu'il ne vous faut aucun conseil. Il y a longtemps qu'il sait se vendre.

Vous n'aurez aucune difficulté, dans n'importe quel magasin, à vous procurer une grande marque ou le vin d'un petit propriétaire, ami du commerçant. Demandez-lui conseil. Il pourra vous dire quel champagne vous plaira si vos préférences vont vers le caractère vineux des blanc de noirs ou la caractéristique typée des blanc de blancs. Il pourra également vous indiquer celui qui saura accompagner vos repas.

Dans les grandes surfaces la question ne se pose même pas : l'éventail des grandes maison est le plus souvent complet. Vous aurez le choix.

Mais je le redis, ne stockez pas trop longtemps les bouteilles. Achetez-les et consommez-les au fur et à mesure de vos besoins. Deux ans me paraissent être le temps de stockage maximum.

Pour vous aider au moment de l'achat, les données que vous trouverez sur l'étiquette vous indiqueront tout sur l'origine du champagne et sur ses caractéristiques. C'est cette règlementation que nous venons d'étudier.

LA CAVE

Pour ce vin malicieux, pétillant et divin, la cave joue un rôle primordial, au même titre que pour les autres vins.

C'est l'élément vital et indispensable pour la bonne conservation du vin en général, du pétillant en particulier. Mais l'objectif d'une bonne cave à champagne n'est pas le même que pour un grand vin de Bourgogne ou celui d'une autre région viticole célèbre.

Néanmoins, les conditions sont les mêmes pour tous les types de vins. La seule différence est que le champagne est un vin prêt à être consommé dès qu'il s'est remis de son transport.

Sa vinification et son élaboration font que, dégorgement passé, il ne se bonifiera plus. Toute maison de champagne qui se respecte ne livrera pas de champagne vert ou trop jeune pour être dégusté.

La cave ne sera donc que le trait d'union entre la Champagne viticole et vos plaisirs bachiques.

Par contre, de mauvaises conditions d'entreposage nuiront très rapidement à la qualité du champagne que vous stockez.

Une bonne hygrométrie :

Veillez à avoir dans votre cave une bonne hygrométrie.

L'idéal est de la maintenir aux alentours de 80 % de préférence. Ce degré est nécessaire à la bonne tenue des bouchons. Ils feront leur travail de façon optimale : maintenir la pression du gaz carbonique dans la bouteille et assurer une osmose entre l'extérieur oxydant et le contenu de la bouteille.

Une température stable :

Celle-ci ne devra pas être trop froide, l'évolution normale du vin serait ralentie, voire stoppée, ni trop chaude, ce qui provoquerait un vieillissement prématuré néfaste à la qualité du vin et à l'idée de l'évolution que l'on s'en fait.

L'écart entre la température minimale et maximale doit être le plus faible possible et se produire lentement. L'idéal est de 12 à 14° C. Mais une température variant lentement entre 10 et 15° C, voire 16° C, ne pose pas de problème.

Une luminosité réduite :

Une cave doit être noire ou très sombre. Les rayons U.V. sont néfastes pour le vin. Ils ont une influence négative sur l'évolution de celui-ci.

Vous comprendrez donc aisément qu'il faille à toujours proscrire les tubes néons qui imitent souvent à la perfection les rayons solaires. La bougie de jadis faisait parfaitement l'affaire.

Une bonne ventilation :

La cave doit être aérée normalement. Un réduit noir, humide et confiné est catastrophique.

Prévoyez une aération basse, de préférence du côté nord, et une aération haute, de préférence du côté sud.

La circulation d'air évitera la stagnation de mauvaises odeurs qui peuvent se créer dans un milieu humide.

Pas de vibrations :

Le calme est nécessaire au vin. Tous les types de vibrations sont à proscrire.

Avant d'investir dans de nombreux vins coûteux, il faut se rappeler que la qualité de la cave est la condition nécessaire préalable à leur bonne conservation.

LA DEGUSTATION DU CHAMPAGNE

Plutôt que de parler des caractères aromatiques des différents vins produits par la Champagne, nous allons parler de l'art de servir le champagne dans les meilleures conditions.

- La première condition est de le servir à la bonne température. Elle se situe entre 6 et 8° C. Les blancs de blancs sont merveilleux vers 6° C, les blancs de noirs se plaisent vers 8° C, voire 9° C, leur charpente supportant mal une température trop basse.

Pour arriver à cette température, placer la bouteille au réfrigérateur, ou mieux dans un seau à glace rempli à parts égales d'eau et de glaçons. Eviter les chocs thermiques trop forts (congélateur par exemple).

- Quand votre bouteille est à température, commencez par ôter l'habillage du bouchon. Défaites le muselet en prenant soin de retenir le bouchon. Il arrive quelquefois que celui-ci parte sans aucun effort. Dans ce cas, il se peut que le bouchon soit desséché, surtout si la bouteille est restée longtemps debout ou si cette dernière est restée stockée durant des années. Mais ce ne sont que des suppositions.

Otez aussi la petite capsule métallique se trouvant sur le haut du bouchon. Inclinez alors la bouteille à 45°. Tenez fermement le bouchon d'une main et, de l'autre, tournez la bouteille d'un côté et de l'autre. Quand vous sentez le bouchon partir, freinez-le pour que le gaz ne s'échappe pas de façon bruyante. Il doit s'échapper avec un léger sifflement. C'est élégant et plus agréable à l'oreille, tout en évitant souvent un épanchement du précieux liquide.

- Dernier point auquel il faut avoir pensé à l'avance : le verre.

Si l'on utilisait jadis des coupes à champagne, les amateurs avertis, de nos jours, préfèrent l'usage de la flûte, élégante, élancée, comme le produit qu'elle va contenir, de préférence haute sur pied.

Les progrès en vinification ont permis d'élaborer des vins plus fins et plus élégants qu'autrefois. A cette époque, on utilisait la coupe qui, en laissant partir beaucoup d'arômes, éliminait également les éventuels arrière-goûts indésirables.

La flûte en forme de tulipe est idéale pour emprisonner et concentrer les arômes quelquefois très fugaces du vin.

De nos jours, les fabriquants de verres font des prodiges : plus aucun défaut dans le verre, plus aucune aspérité à sa surface, au grand dam des amateurs de champagne. Le premier plaisir est d'entendre puis de voir le vin mousser dans le verre.

Il faut savoir qu'un bon champagne "tient bien la mousse". La couronne de bulles qui se forme autour du bord du verre, à la surface du liquide, doit être régulière et rester en place bien plus longtemps que la mousse. C'est un premier indice de qualité.

Il faut aussi que le champagne pétille. Il ne peut pétiller que lorsqu'il y a des aspérités dans le verre. C'est au niveau de ces "défauts" que se produisent les bulles. Un verre d'une pureté idéale ne conviendra pas.

N'oubliez pas de rincer abondamment vos verres. Les produits de vaisselle sont l'ennemi du champagne qu'ils empêchent de mousser.

Après tous ces conseils laissez-vous aller, sans restriction aucune mais avec modération tout de même, à la dégustation du champagne.

Un champagne se boit par larges gorgées et longues rasades.

Et maintenant, aux exercices pratiques !

Salade au lard

Pour 6 personnes

Ingrédients :

750 g. de pissenlit
3 cuil. à soupe de vinaigre de champagne
1 cuil. à café de moutarde
200 g. de lardons fumés
3 cuil. d'huile
Sel, poivre
300 g. de pommes de terre
1 échalote.

COTEAUX CHAMPENOIS BLANC
servi à 8° C.

Préparation et cuisson : 40 mn.

Faire cuire les pommes de terre à l'eau. Les éplucher, les couper en rondelles et les faire revenir avec 2 cuillerées d'huile.

Nettoyer, bien laver les pissenlits et les disposer dans un saladier tenu au bain-marie.

Faire revenir les lardons dans 1 cuillerée d'huile et les verser sur la salade. Ajouter les pommes de terre rissolées.

Faire chauffer le vinaigre avec l'échalote hachée, le sel, le poivre. Verser sur les pommes de terre et mélanger.

Tantimolles, vautes ou chialades

Pour 4 personnes

Ingrédients :

125 g. de farine
2 œufs
1 verre de lait
1 pincée de sel
1 cuil. d'huile
30 g. de beurre.

CHAMPAGNE BRUT BLANC DE NOIRS
servi à 10° C.

Préparation et cuisson : 20 mn.

Mélanger la farine, les œufs entiers, le lait froid, une pincée de sel, l'huile et le beurre fondu à peine coloré. La pâte doit être lisse mais consistante. Au besoin, alléger avec un peu de lait.

Mangée molle et sans sucre, la tantimolle est cuite à la poêle. Il faut la faire sauter en l'air d'un bon coup de poignet pour la retourner.

La tantimolle est une crêpe rustique. Selon la tradition, lorsqu'on la fait sauter dans la poêle, on peut envoyer un naïf dans la cour, pour voir si elle ne saute pas au-dessus de la cheminée.

Mousse de foies de volaille

Pour 4 personnes

Ingrédients :

300 g. de foies de volaille
100 g. de crème fraîche
100 g. de beurre
2 échalotes
2 cuil. de marc de champagne
Sel, poivre
Truffes ou trompettes de la mort (facultatif).

CHAMPAGNE BRUT
BLANC DE NOIRS
MILLESIME
servi à 10-12° C.

Préparation : 20 mn. - Repos : 2 à 3 h.

Nettoyer les foies. Les faire revenir dans une noix de beurre pendant 2 minutes.

Ajouter les échalotes finement hachées et laisser cuire encore 2 minutes.

Passer le tout à la moulinette pour obtenir une purée au grain très fin. Ajouter éventuellement les champignons ou la truffe en morceaux.

Ajouter le beurre ramolli, l'alcool, le sel et le poivre. Incorporer la crème fouettée.

Mettre au frais pendant 2 ou 3 heures avant de servir.

Pain de poulet

Pour 4 personnes

Ingrédients :

250 g. de blanc de poulet cru
125 g. de graisse de bœuf
2 œufs
20 cl. de crème fraîche
Epices
Sel, poivre.

CHAMPAGNE BRUT
BLANC DE BLANCS
servi à 9° C.

Préparation et cuisson : 1 h. 20 mn.

Hacher le blanc de poulet et la graisse de bœuf. Passer le tout au tamis, puis incorporer les œufs battus et la crème fraîche. Saler, poivrer et épicer selon les goûts.

Faire cuire au bain-marie 1 heure à four moyen dans un moule à soufflé préalablement beurré.

Ce pain de poulet se mange froid ou chaud.

On peut l'accompagner ou non d'une sauce Béchamel, d'une sauce tomate ou d'un velouté de volaille.

Matelote champenoise

Pour 6 personnes

Ingrédients :

500 g. d'anguille
500 g. de brochet
500 g. de carpe, de brême ou de tanche
Bouquet garni (persil, thym, laurier, estragon...)
6 gousses d'ail
6 échalotes
1 bouteille de vin blanc
60 g. de beurre
30 g. de farine
Persil haché
Poivre du moulin
10 g. de sel.

Croûtons frits ou fleurons pour servir.

COTEAUX
CHAMPENOIS BLANC
servi à 8° C.

Préparation et cuisson : 40 mn.

Préparer et tronçonner l'anguille, le brochet, la carpe, la brême ou la tanche.

Dans un chaudron ou une grande cocotte en fonte grassement beurrée, disposer les tronçons de poissons avec le bouquet garni, les gousses d'ail et les échalotes finement hachées. Saler, poivrer au moulin et mouiller avec le vin. Mettre sur un feu vif et faire bouillir 20 minutes à couvert.

Placer les poissons égouttés sur le plat de service et les tenir au chaud.

Faire bouillir 1 à 2 minutes le liquide de cuisson, en le liant avec le beurre travaillé avec la farine (préparé un instant à l'avance). Retirer le bouquet garni, vérifier l'assaisonnement.

Verser la sauce sur les poissons et saupoudrer de persil haché. Entourer le plat de croûtons frits ou de fleurons.

Ecrevisses à la champenoise

Pour 4 personnes

Ingrédients :

3 dz d'écrevisses
1 bouteille de vin blanc
2 carottes
2 oignons
2 gousses d'ail
1 bouquet garni (thym, laurier, persil, cerfeuil, estragon, 2 clous de girofle)
Sel, poivre
Persil, estragon haché
25 cl. de crème fraîche.

CHAMPAGNE BRUT
BLANC DE BLANCS
MILLESIME
servi à 12° C.

Préparation et cuisson : 40 mn.

Préparer un court-bouillon avec le vin blanc, les carottes et les oignons émincés, les gousses d'ail. Ajouter du sel, une bonne pincée de poivre et le bouquet garni. Laisser bouillir 5 minutes puis y plonger les écrevisses châtrées*. Couvrir et laisser cuire une dizaine de minutes.

On laissera les écrevisses tiédir dans leur jus de cuisson avant de les dresser en buisson dans un saladier.

Servir avec le court-bouillon que l'on aura fait réduire et qui sera servi nature, avec du persil ou de l'estragon haché, ou additionné de crème fraîche pour obtenir une sauce onctueuse.

** Tourner la nageoire centrale de la queue d'un demi-tour et tirer pour extraire le boyau.*

Lapin aux girolles

Pour 6 personnes

Ingrédients :

1 lapin d'1,5 kg.
1/2 l. de vin blanc
1/2 l. de bouillon
1 échalote
1 gousse d'ail
1 bouquet garni
500 g. de girolles
Sel, poivre.

Croûtons frits pour servir.

CHAMPAGNE BRUT
BLANC DE BLANCS
servi à 10° C.

Préparation et cuisson : 1 h. 30 mn.

Découper le lapin et faire revenir les morceaux dans une cocotte. Saler, poivrer, ajouter l'échalote hachée et couvrir de vin blanc et de bouillon. Ajouter l'ail écrasé, le bouquet garni. Porter à ébullition et laisser cuire doucement 1 heure.

En fin de cuisson, ajouter les girolles que l'on a fait blanchir quelques minutes à l'eau bouillante.

Servir avec des croûtons frits.

Rognons de veau sautés au champagne

Pour 6 personnes

Ingrédients :

6 rognons de veau
1/2 verre de marc
1 verre de champagne
6 cuil. à soupe de crème fraîche.

CHAMPAGNE BRUT
OU DEMI-SEC
BLANC DE NOIRS
MILLESIME
servi à 10 ou 12° C.

Préparation et cuisson : 15 mn.

Couper les rognons en deux dans le sens de la longueur. Les saisir au beurre dans une sauteuse. Les assaisonner de sel et de poivre. Les retirer quand ils sont légèrement rissolés et les tenir au chaud dans le plat de service.

Déglacer le fond de cuisson avec le marc. Flamber. Eteindre avec un verre de champagne. Laisser réduire puis ajouter la crème fraîche. Quand la sauce est onctueuse, en napper les rognons.

Si la sauce est servie à part, on peut flamber les rognons au marc devant les convives.

Boudin blanc

Pour 6 personnes

Ingrédients :

750 g. de noix de jambon frais
350 g. de mie de pain fraîche
3 dl. de lait
2 œufs
Noix de muscade
Sel, poivre
1 boyau de porc (acheté chez le tripier ou le charcutier)
50 g. de beurre pour la cuisson.

CHAMPAGNE
EXTRA-DRY
BLANC DE BLANCS
servi à 8° C.

Préparation : 1 h. Cuisson : 35 mn.

Hacher le jambon. Ajouter la mie de pain passée au tamis. Saler et poivrer. Travailler le tout puis délayer avec le lait et les œufs battus. Rectifier l'assaisonnement sans omettre de la noix de muscade.

Hacher encore une fois le tout finement. Farcir un boyau avec cette préparation. Ficeler tous les 10 cm environ. Mettre à pocher le boudin 25 minutes à l'eau frémissante. Le laisser refroidir puis le faire rissoler au beurre avant de le servir.

Le boudin blanc est une spécialité de Rethel.

Pieds de cochon à la Sainte-Ménéhould

Pour 6 personnes

Ingrédients :

6 pieds de porc
2 l. d'eau
1 bouteille de vin
3 carottes
2 oignons
Thym, laurier
Persil
3 clous de girofle
100 g. de beurre
100 g. de chapelure
Sel, poivre.

ROSE DES RICEYS
servi à 10° C.

Préparation et cuisson : 12 à 24 h.

Flamber et nettoyer les pieds de porc. Les plonger dans de l'eau bouillante pour arracher les ongles, les rafraîchir et les fendre dans toute leur longueur avant de reformer le pied en attachant les deux moitiés avec du fil.

Faire cuire très doucement 12 à 24 heures dans un bouillon composé d'eau additionnée de vin blanc, de carottes, d'oignons, du thym, du laurier, du persil, des clous de girofle, du sel et du poivre.

Laisser refroidir dans le bouillon. Déficeler. Egoutter. Passer les pieds dans le beurre fondu puis dans la chapelure.

Les griller ou les réchauffer au four une vingtaine de minutes.

Accompagner ce plat d'une purée de pommes de terre ou d'une purée de pois cassés.

Ce mets faisait le régal de Louis XVI à qui Sainte-Ménéhould n'a guère porté chance en 1791 par l'intermédiaire du maître de poste Drouet.

Nonettes de Reims

Pour 6 personnes

Ingrédients :

200 g. de miel
200 g. de farine
2 jaunes d'œufs
1/2 verre d'eau
3 g. de levure chimique.

Glaçage :
2 blancs d'œufs
50 g. de sucre glace.

CHAMPAGNE
DEMI-SEC
servi à 8° C.

Préparation : 30 mn. Cuisson : 40 mn.
Repos : 1 mois.

Faire chauffer le miel au bain-marie. Y ajouter la farine et travailler longuement à la spatule pour obtenir une pâte lisse qu'il faut laisser reposer 1 mois.

Y incorporer alors 2 jaunes d'œufs battus dans 1 demi-verre d'eau avec la levure. Bien mélanger le tout.

Faire cuire à four doux 30 minutes puis découper en petits rectangles que l'on nappera de blancs d'œufs battus avec le sucre glace. Repasser quelques minutes dans le four pour glacer.

Salade de fruits au champagne

Pour 4 personnes

Ingrédients :

1 melon
Fruits rouges : fraises, cerises, groseilles
Abricots très mûrs
Pêches juste mûres
1 bouteille de champagne demi-sec.

CHAMPAGNE
DEMI-SEC
BLANC DE NOIRS
servi à 9° C.

Préparation : 30 mn.

Avec une cuillère à pommes parisiennes, creuser des petites boules dans la chair du melon.

Laver et égrapper les groseilles. Dénoyauter les autres fruits. Couper les abricots, les pêches et les fraises si elles sont trop grosses.

Disposer tous les fruits dans une coupe. Arroser avec le champagne. Laisser macérer 2 à 3 heures au frais.

Les recettes sont tirées du livre "GASTRONOMIE CHAMPENOISE ET ARDENNAISE" du même éditeur.

les Vins du Sud

HISTORIQUE

LES COTES DU RHONE

Les grandes régions des Côtes du Rhône confirment l'histoire viticole française : les vignobles se situent à flanc de coteaux qui se disposent eux-mêmes le long d'un fleuve, véritable artère de la région. En effet, pendant longtemps les transports n'étaient que fluviaux car ils étaient plus sûrs et plus rapides que les moyens de transport terrestres. C'est ce même fleuve qui a apporté culture et art viticole en servant d'artère aux invasions des Allobroges et des Romains. Ces derniers ne servirent que de catalyseurs à la culture de la vigne. Leur passage servit à faire évoluer le marché et à augmenter le niveau qualitatif en rationalisant le travail. A l'époque de l'invasion romaine, il existait un vin réputé de longue date dans cette région. Le vin poisse de Vienne était un grand vin. Il est fort probable qu'il ait été un cousin très proche des résinés grecs.

Plus tard, les différentes invasions, Vandales, Wisigoths, Ostrogoths, que subit la région ruinèrent cette vallée. Tous y opérèrent leurs méfaits, suivis des Burgondes, chassés par le fils de Clovis qui commença à unifier la France en étendant sa domination jusqu'à la Méditerranée.

Le christianisme qui était apparu dans cette région dès l'époque romaine ne fut point anéanti par les différentes vicissitudes des invasions. Tout naturellement, des moines s'installèrent, adaptèrent et améliorèrent la culture et l'élevage de la vigne et du vin. Les Clunysiens et les Cisterciens furent pendant de longues années d'éternels défricheurs et bâtisseurs.

Il est aussi à noter que dès 1157, les papes eurent une demeure à Castrum Novum (Châteauneuf), grâce au don à perpétuité fait par l'empereur Frédéric Barberousse à l'évêché d'Avignon. Plus tard, un pape vint s'installer dans le Comtat Venaissin. Il s'agissait du Pape Clément V, qui organisa un concile en 1311/12 toujours appelé Concile de Vienne.

L'Histoire est peuplée d'anecdotes glorifiant les vins de cette région.

En 1675, Saint-Peray expédiait des vins vers Grenoble. En 1697, les vins de Laudun étaient connus à Meau. En 1699, les mêmes vins étaient très appréciés à Montmartre et les vins de Tain étaient dégustés et fortement appréciés à la Cour de Russie. Vu leur renommée, les vins du Rhône étaient vendus à cette époque au même prix que les vins de Beaune.

LA PROVENCE

La Provence est le lieu privilégié des vacances, du farniente, de la mer et de la plage. Voici l'image stéréotypée que l'on se fait de cette région. La Provence, c'est aussi autre chose : une cuisine riche en goûts et en saveurs, et une vaste gamme de vins que l'on a souvent l'habitude de regrouper sous une même appellation : "Côtes de Provence".

Les limites de la Provence viticole diffèrent considérablement de celles de la Provence historique et géographique. Exemple : la région de production Provence n'englobe pas le département du Vaucluse, qui lui fait partie intégrante des Côtes du Rhône. En revanche, le Comté de Nice, rattaché à la France au siècle dernier, appartient à la région Provence.

La mer Méditerranée joua un rôle important dans le développement de cette région viticole. Il est à peu près certain que les vignes prospérèrent dans la région bien avant l'occupation romaine. Mais il est à peu près sûr que la mise en valeur des vignobles est due aux Romains. Les vins de Provence sont parmi les plus vieux de France. César les avait appréciés. En préparant une expédition punitive contre les Gaules celtique et belge, il fit largement provision de vins de la région en prévision du voyage, afin de soutenir le moral de ses légionnaires.

Plus tard, la Provence subit l'invasion des Burgondes, des Wisigoths et des Sarrasins. Mais c'est également en Provence que s'installa la plus brillante civilisation du Moyen Age, grâce aux ports ouverts au commerce et sûrement grâce à ses vins qui jouissaient déjà d'une grande réputation.

LE LANGUEDOC

L'histoire du Languedoc ressemble à celle du Roussillon. Les premières implantations viticoles coïncident avec les zones de colonisation grec-

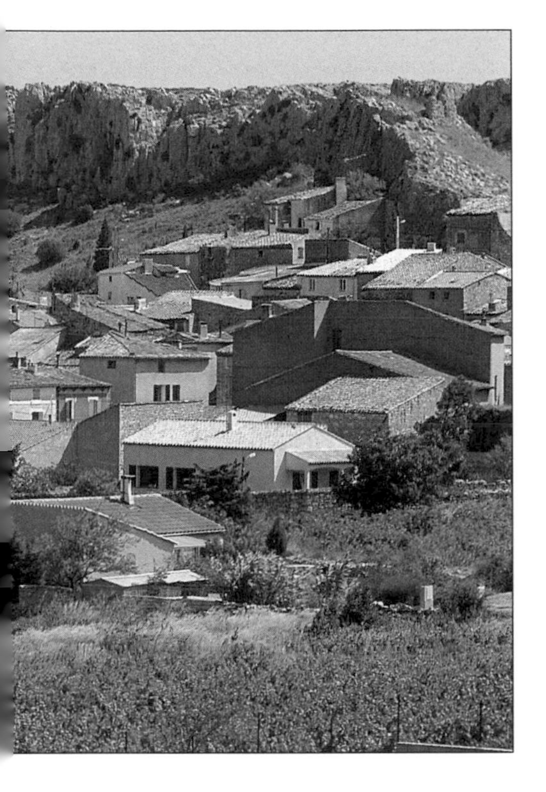

que sur le littoral, toujours au voisinage des ports. Plus tard, ce sont les Romains qui apprirent aux Gaulois à faire du bon vin.

La noblesse vivant dans la région fit prospérer les villes où elle séjournait. Les villes comme Carcassonne, Montpellier, sont remplies de merveilles architecturales. La région viticole du Languedoc englobe donc de nos jours 3 départements : le Gard, l'Hérault et l'Aude, formant ainsi le plus grand vignoble de France, par son étendue.

LE ROUSSILLON

C'est bien avant Jésus-Christ que les Grecs et les Corinthiens installèrent, plantèrent et rendirent célèbre la culture de la vigne dans cette région. Plus tard, Pline l'Ancien fit l'éloge des vins moelleux de la région. Au XVIIIe siècle, Aruan Vilanova inventa le mariage du suc de la vigne et de l'esprit de vin, il réalisa ainsi le premier mutage.

Depuis 1935, la vigne qui occupait 72 000 ha. est en légère mais constante régression, au profit de la qualité. La vigne s'accroche de plus en plus aux versants des collines chaudes et sèches, produit moins, mais offre au vigneron un vin d'une qualité supérieure.

Cette production viticole peut se diviser en différents types de vins :

- les Vins Doux Naturels (V.D.N.) : Banyuls, Banyuls grand cru, Maury, Muscat de Rivesaltes, Rivesaltes, Grand Roussillon. Aujourd'hui, le vignoble du département des Pyrénées Orientales produit 90 % des Vins Doux Naturels de France.

- des appellations d'origine contrôlée en rouge, blanc et rosé : Collioure, Côtes du Roussillon, Côtes-du-Roussillon Villages.

- les vins de Pays : les vins de pays Catalan, des Côtes Catalanes, des Côteaux des Fenouillèdes, de la Côte Vermeille, d'Oc, des Pyrénées Orientales, des Vals d'Agly.

LA CORSE

C'est un vignoble dont on parle peu. Pourtant, toute une palette de produits attend l'amateur qui fait l'effort de vouloir connaître les différents vins qui sont produits en Corse.

Historiquement, on peut affirmer presque sans conteste que les premiers vins français furent produits ici, et certainement bien avant les romains, puisque les Etrusques auraient colonisé cette belle île par les vignes.

Ils furent longtemps oubliés et ignorés puisque l'on en produisait fort peu et qu'ils voyageaient très mal. Curnonsky en dit : "Ces vins sont forts, solides, musclés. Ce sont des vins de feu, pleins de corps et de sève, très riches en alcool, parfois violents et iodés, toujours exquis et parfumés".

Depuis, le vignoble a évolué. Environ 1 500 viticulteurs sont actuellement les héritiers de ce passé historique très chargé. Environ 4 000 ha. de vignes sont classés A.O.C. en Corse. L'ensemble du vignoble est considérablement plus étendu et produit également des vins de consommation courante.

Une particularité de ces vignobles est d'être constitués par de nombreux cépages locaux adaptés au sol et au climat du pays.

LE SUD-OUEST

Non loin de la grande région bordelaise et voulant s'en dissocier, la région du Sud-Ouest s'étend de la Dordogne aux Pyrénées. Elle comporte un grand nombre d'appellations toutes plus intéressantes les unes que les autres. L'amateur de vins y trouvera son bonheur aussi bien en vins blancs (secs ou moelleux) qu'en vins rouges (aimables, gouleyants ou structurés et tanniques). Dans cette vaste région, nous ne parlerons que des vins d'appellation contrôlée. Les V.D.Q.S. sont pourtant légion par ici et ne manquent pas de charme : Côtes de Saint-Mont, Côtes du Brulhois, Lursan, Lavilledieu, Estaing, Entraygues et Fel. Ce sont des vins faciles et toujours agréables à boire.

Cette vaste région regroupe des terroirs bien différents et produit des vins d'appellation sur dix départements.

Après la chute de l'Empire Romain se succédèrent différentes invasions les unes plus meurtrières et dévastatrices que les autres. Les Francs, les Wisigoths, les Arabes et les Normands ne laissèrent pas de répit à ce pays et finirent par le ruiner. Comme toujours, c'est le clergé et ses moines qui sauvèrent la culture de la vigne dans cette vaste région. Ces grands amateurs de vins surent replanter et cultiver les vignes dans les meilleures conditions.

LES CEPAGES

Dans ce chapitre, nous nous contenterons d'énumérer les cépages principaux de chaque région, avec leurs qualités et leurs défauts généralement compensés par l'adjonction d'autres cépages.

LES CEPAGES VINS BLANCS

LE SEMILLON

Ce cépage est principalement complanté dans le Sud-Ouest. Il est idéal pour l'obtention des vins moelleux car il est très sensible au *Botrytis cinerea* (pourriture noble).

Vinifié en sec, c'est un cépage anodin.

Autres noms : Malaga, Chevrier, Mances blanc, Colombier.

LE SAUVIGNON

Cépage robuste, relativement précoce, résistant au *Botrytis cinerea*. Production moyenne et régulière. Cépage aromatique donnant des vins au bouquet particulier légèrement musqué et herbacé.

Dans le Sud-Ouest, il est associé au Sémillon.

LA MUSCADELLE

Ce cépage au goût musqué est un appoint intéressant pour de nombreux vins blancs, secs ou moelleux. Mais, étant très sensible à la coulure et à la pourriture grise, il est de plus en plus délaissé dans le Sud-Ouest.

L'UGNI BLANC

Cépage très répandu, de la Corse où il se nomme Rossola Bianca, en passant par la Provence, les Côtes du Rhône et autres régions.

C'est un cépage très apprécié pour sa vivacité. Il produit des vins secs et nerveux, à l'agréable goût de pierre à fusil.

Autres noms du cépage : Rossola Bianca, Clairette à grains ronds, Saint Emilion, Beou.

LE MUSCAT A PETITS GRAINS

C'est un cépage à production très moyenne. Très fruité, il peut être vinifié tranquille et donner de grands V.D.N. ou effervescents.

Il entre dans la composition des Clairette de Die.

C'est un cépage que l'on retrouve essentiellement dans les régions du Languedoc et du Roussillon, avec une percée dans les Côtes du Rhône pour le Muscat de Beaumes-de-Venise par exemple.

C'est le cépage du Muscat d'Alsace.

Autres noms : Muscat d'Alsace, Muscat Blanc, Muscat de Rivesaltes, Muscat de Frontignan, Muscat de Die.

LE MUSCAT D'ALEXANDRIE

Ce cépage très aromatique provient très certainement d'Afrique. C'est un cépage particulier.

Bon raisin de table, il peut être vinifié en sec ou en moelleux. Il est à l'origine des mistelles et des V.D.N. du Sud-Ouest.

Autres noms : Muscat Romain, Muscat à gros grains.

LA MALVOISIE

Cépage donnant un vin corsé et généreux, de saveur très agréable et fine.

Autres noms : Malvoisie du Roussillon.

LE VIOGNIER

C'est un cépage très agréable, donnant un vin jeune fruité et qui, dans certains cas, peut bien vieillir.

Ce cépage est utilisé pour les appellations Condrieu et Château-Grillet.

Capricieux, de production irrégulière, il commence néanmoins à être complanté de façon importante dans le sud des Côtes du Rhône et même en Provence.

LE MARSANNE

Cépage spécifique à certaines régions.

Il donne aux vins d'excellentes possibilités de vieillissement.

Il est aussi présent en Provence, en association avec la Malvoisie et le Douallon, cépage local.

Autres noms : Grosse Roussette, Avilleran.

LE ROLLE

Cépage provençal par définition et surtout utilisé pour l'A.O.C. Bellet. C'est aussi le Vermentino corse.

Il est aussi présent dans certaines régions du Languedoc-Roussillon.

Il donne des vins fins et élégants, aux fines touches végétales et florales.

Autre nom : Tilleul Reseda.

LA CLAIRETTE, LE BOURBOULENC

Elle apporte aux vins la richesse, un agréable bouquet fruité et une certaine fraîcheur.

LE GRAND MANSENG ET LE PETIT MANSENG

Cépages réputés mais localisés essentiellement dans les Pyrénées pour l'élaboration du Jurançon et du Pacherenc. Le Petit Manseng sert toutefois essentiellement à l'obtention de vins moelleux.

LES CEPAGES VINS ROUGES

LE MERLOT

Ce cépage produit des vins souples, riches en couleur, d'évolution assez rapide. C'est le cépage de production régulière le plus précoce. C'est la base des vins rouges de Bergerac.

LE CABERNET SAUVIGNON

Relativement répandu, il produit peu et de façon irrégulière. Cépage tardif, il produit des vins rouges charpentés et tanniques qui s'associent bien au Merlot. Rarement utilisé seul.

En Provence, venu tout droit des régions bordelaises, il est associé à la Syrah.

LE GRENACHE

Ce cépage est présent dans tous les vignobles que nous explorons. C'est souvent le support principal d'un bon nombre de crus méridionaux.

Il est très peu acide et apporte la richesse, la rondeur et la puissance. Il entre dans la composition de la plupart des Vins Doux Naturels (V.D.N.) du Languedoc-Roussillon où il retrouve son terroir de prédilection, caillouteux et aride.

En Provence on faisait, au siècle dernier, des V.D.N. à base de Grenache. Cette tradition s'est malheureusement perdue.

LA SYRAH

C'est le cépage exclusif des Côtes du Rhône septentrionales. Les vignerons de la région méridionale le complantent de plus en plus.

On le trouve aussi dans toutes les autres régions viticoles : Languedoc, Roussillon, Provence.

Les vins issus de la Syrah sont susceptibles d'être de garde. Ils sont très fruités et d'un bon support tannique. Ils résistent bien à l'oxydation, principal méfait du temps.

LE CABERNET FRANC

C'est un cépage d'assemblage que l'on retrouve dans les vignobles pyrénéens produisant des vins rouges parfumés, tendres et fins.

LE MOURVEDRE

Sûrement d'origine espagnole, il a été historiquement un des cépages principaux de la région. C'est un cépage assez précoce, réussissant bien dans les expositions sud-est. Il donne, associé à d'autres cépages, des vins corpulents, soutenus en couleur, relativement tanniques, mais d'évolution souvent assez rapide.

C'est le roi des cépages provençaux. C'est lui qui apporte charpente, corps et longueur et qui donne ses lettres de noblesse au Bandol.

LE CINSAULT

Ce cépage apporte la fraîcheur.

Elégant, fruité, il est souvent utilisé pour les vins rosés et les primeurs.

Associé à d'autres cépages, il peut faire des vins de garde.

Il est présent essentiellement dans les Côtes du Rhône et la Provence.

LE COT

Il s'appelle également Malbec ou Auxerrois.

Il donne un vin tendre, mais moins parfumé et fruité que ceux issus des Cabernets. Il est surtout utilisé dans le vignoble de Pécharmant et dans les régions du Sud-Ouest.

A Cahors, il représente souvent 70 % de l'assemblage.

Les autres cépages sont des cépages accessoires. Ils n'en sont pas pour autant inutiles car ils apportent une touche indispensable à la typicité du vin.

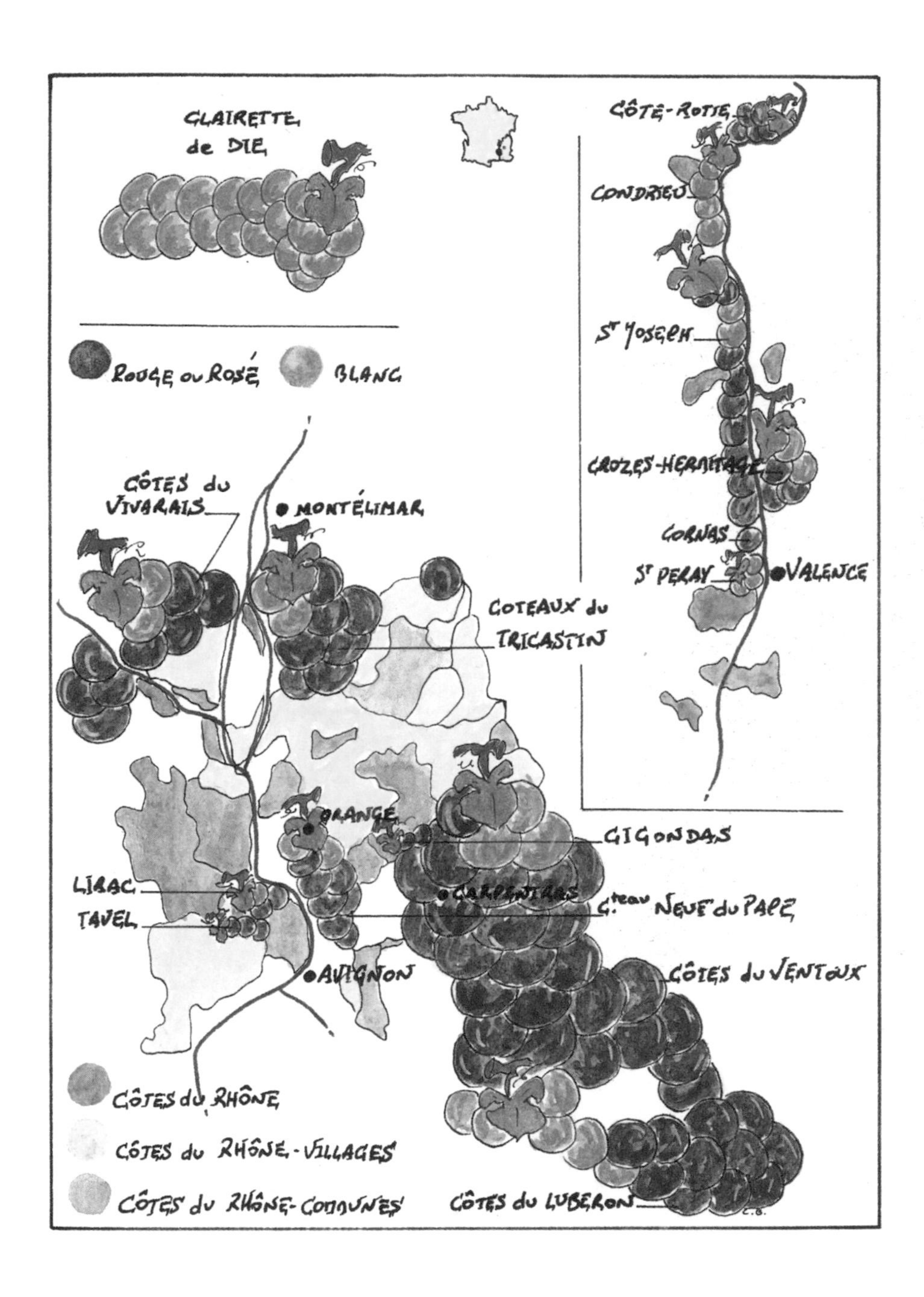
CLAIRETTE de DIE
ROUGE ou ROSÉ
BLANC
CÔTE-ROTIE
CONDRIEU
St JOSEPH
CROZES-HERMITAGE
CORNAS
St PERAY
VALENCE
CÔTES du VIVARAIS
MONTÉLIMAR
COTEAUX du TRICASTIN
ORANGE
GIGONDAS
LIRAC
TAVEL
CARPENTRAS
Château Neuf du Pape
AVIGNON
CÔTES du VENTOUX
CÔTES du RHÔNE
CÔTES du RHÔNE-VILLAGES
CÔTES du RHÔNE-COMMUNES
CÔTES du LUBERON

LES REGIONS VITICOLES

LES COTES DU RHONE

LE VIGNOBLE

Depuis une trentaine d'années, les vignobles de la région du Rhône sont passés au deuxième rang d'importance parmi les vins français. L'ensemble des A.O.C. des Côtes du Rhône se chiffre à 54 700 ha. et se décompose de cette façon :

- Côtes du Rhône A.O.C. : 40 800 ha.

L'A.O.C. Côtes du Rhône est une A.O.C. régionale que l'on peut également trouver dans toutes les communes d'appellation, que ce soit Châteauneuf-du-Pape, Condrieu, Côte-Rôtie. En effet, dans ces communes, toutes les vignes ne sont pas dans l'aire d'appellation communale et sont donc des Côtes du Rhône génériques.

- Côtes du Rhône Villages A.O.C. (16 communes) : 4 770 ha.

- Autres A.O.C. : 54 communes réparties sur 602 ha.

- Appellations communales :
  - Côte-Rôtie : 106 ha.
  - Condrieu : 25 ha.
  - Château-Grillet : 2,60 ha.
  - Saint-Joseph : 426 ha.
  - Crozes-Hermitage : 915ha.
  - Hermitage : 126 ha.
  - Cornas : 65 ha.
  - Saint-Peray : 65 ha.,
  - Gigondas : 1 081 ha.
  - Châteauneuf-du-Pape : 3 100 ha.
  - Lirac : 485 ha.
  - Tavel : 863 ha.
  - Vacqueyras : 1 300 ha.

Le vignoble en lui-même s'étend sur plus de 200 km d'Ampuis juste au sud de la très célèbre ville de Vienne, temple de la gastronomie française, jusqu'à Avignon, ancien siège de la cour pontificale.

Cette région, toute en longueur, est en fait divisée en deux parties très distinctes.

D'Ampuis jusqu'à Valence, on parlera des **Côtes du Rhône septentrionales**, où l'on retrouve la culture d'un cépage unique pour l'élaboration des vins rouges, comme pour les appellations viticoles situées plus au nord, tels le Beaujolais et la Bourgogne. Ce cépage est la Syrah pour le rouge, et trois cépages pour la petite quantité de blanc : Viognier, Roussanne et Marsanne.

Plus au sud se trouvent les **Côtes du Rhône méridionales** au sol plus varié et au climat plus clément. C'est la région où le Rhône rencontre ses affluents, charriant des alluvions alpines ou du centre de la France (Massif Central). Les galets si connus et appréciés de Châteauneuf-du-Pape sont des roches quartziques provenant des Alpes. Mais en dehors de quelques autres alluvions de grès et de sable, une certaine unité géologique est présente : on y trouve un sol rouge dû à la décomposition du calcaire.

Le climat est plus clément, plus chaud, moins pluvieux, plus ensoleillé, permettant la production de vins plus chauds, plus riches et souvent capiteux.

LES APPELLATIONS

Côtes du Rhône A.O.C. :

C'est une appellation générique qui regroupe la production de 40 800 ha. de vignoble vinifiés en blanc, rosé, et principalement en rouge. Tous les cépages énumérés sont autorisés. Ce sont en général des vins agréables, fruités et capiteux, mais sans excès. Ils sont à boire relativement jeunes.

Côtes du Rhône-Villages A.O.C. :

17 communes ont fait depuis longtemps de louables efforts pour la qua-

lité et la commercialisation de leurs vins. Pour les récompenser et promouvoir leurs produits, les communes ont le droit d'adjoindre à l'appellation "Côtes du Rhône" le nom du village. Il s'agit de : Laudun, Saint-Gervais, Chusclan (Gard), Rochegude, Saint-Maurice-sur-Eygues, Vinsobres, Rousset-les-Vignes, Saint-Pantaléon-les-Vignes (Drôme), Cairanne, Rasteau, Roaix, Séguret, Visan, Sablet, Valréas, Beaumes-de-Venise (Vaucluse).

Les vins produits dans ces aires sont puissants, parfumés et ronds, typiques du climat qui les a créés.

A.O.C. SEPTENTRIONALES

RIVE DROITE

Côte-Rôtie A.O.C. :

Avec ses 106 hectares situés principalement sur la commune d'Ampuis, nous entrons de plain-pied dans les grands vins de la région du Rhône.

Les crus les plus réputés de cette appellation sont Côte Brune et Côte Blonde. Les vins de Côte-Rôtie sont issus à 80 % de la Syrah complétée par du Viognier.

Jeunes, les vins de Côte-Rôtie ont un bouquet de violette associé à des senteurs de framboise et de fraise. A leur plénitude, ces vins savent y associer la réglisse et la truffe.

Côte Brune et Côte Blonde : c'est en souvenir des deux très jolies filles du Sieur d'Ampuis, dont la renommée avait traversé les frontières, que les viticulteurs du cru ont donné ces noms aux vins qu'ils produisaient.

Condrieu A.O.C. :

Charmante bourgade produisant les deux vins blancs les plus réputés des Côtes du Rhône : Condrieu sur une superficie de 25 ha. et Château-Grillet sur une superficie de 2,60 ha.

Les 25 ha. de l'appellation Condrieu sont reportés sur les communes de Condrieu, Chavannay, Malleval, Saint-Michel-sur-Rhône, Saint-Pierre-de-Bœuf, Vérin et Limony.

Ce vin a des arômes d'abricot, de pêche et, en vieillissant, on peut y déceler des arômes de poire, de miel et d'amandes. Mais c'est un vin très fragile qui supporte mal le transport (il lui faut une longue période de repos pour se remettre).

Château-Grillet A.O.C. :

La superficie est de 2,60 ha., le tout en terrasses. C'est un vin d'exception. Un seul propriétaire produit environ 80 hl. dont tout le monde aimerait avoir quelques exemplaires dans sa cave. Ce vin ressemble au Condrieu mais il est plus fin et plus élégant. On dit qu'il associe la violette et le musc de façon agréable. Personnellement, je préfère le boire jeune, mais beaucoup de gens aiment le laisser évoluer.

Saint-Joseph A.O.C. :

Cette commune produit du rouge et du blanc. Le vignoble couvre les flancs escarpés de plusieurs coteaux des communes de Glun, Mauves, Saint-Jean de Muzols, Lemps et Vio. Autrefois les vins de cette région se nommaient les vins de Mauves. Les vins, produits sur 426 ha., sont corsés, colorés et peu tanniques. On retrouve des arômes assez prononcés de framboise sauvage.

Le vin blanc, à base de Roussanne et de Marsanne, très fruité, nerveux et riche, se rapproche des Hermitage.

Il est préférable de boire les Saint-Joseph jeunes. En vieillissant, ils perdent beaucoup de leur intérêt.

Cornas A.O.C. :

Le vignoble, complanté de Syrah, est situé sur des terrasses granitiques. La couleur du Cornas est toujours très sombre (grenat foncé). C'est un vin qui se rapproche de l'Hermitage, sans toutefois en avoir la structure, ni le bouquet. Ce manque de bouquet existe depuis toujours et ne désavantage en aucun cas les vins de Cornas, c'est leur particularité.

Saint-Peray A.O.C. :

Les cépages Roussanne et Marsanne en font un vin blanc au remarquable parfum de violette, capiteux et sec. On en fait un vin mousseux, méthode champenoise, qui garde cet agréable caractère de violette malgré la deuxième fermentation en bouteille.

Une partie du Saint-Peray est toutefois commercialisée en vin blanc tranquille, qu'il faut si possible boire jeune.

RIVE GAUCHE

Hermitage A.O.C. :

La légende veut que le chevalier Gaspard de Stérimberg obtint de Blanche de Castille, à son retour de croisade contre les Albigeois, une concession dont il aurait fait un ermitage planté de vignes. Les vins rouges sont issus de la Syrah, les vins blancs de la Roussanne et de la Marsanne.

Les vins rouges sont généreux, puissants, corsés et d'une belle couleur rouge pourpre. Ce sont des vins aptes au vieillissement. Riches et puissants, il peuvent s'apparenter aux Côte-Rôtie.

Les blancs sont séveux, floraux. En vieillissant, leurs arômes rappellent la noisette, l'amande et le miel.

A Hermitage, on produit depuis toujours des vins de paille, très rares et exceptionnels. Ils font partie des trois meilleurs vins de paille français avec l'Alsace et le Jura.

Crozes-Hermitage A.O.C. :

L'appellation regroupe la production de 11 communes. Il existe deux terroirs différents qui produisent des vins rouges et blancs : le granit au nord, les cailloux roulés au sud.

Les vins produits ont les mêmes caractéristiques que ceux d'Hermitage mais n'en ont ni l'ampleur, ni l'élégance. Les blancs sont plus légers et ont souvent un parfum de noisette et d'aubépine.

Ces vins ne sont pas de grands vins de garde. Il est plus intéressant de les boire relativement jeunes.

A.O.C. MERIDIONALES

Gigondas A.O.C. :

Gigondas, reconnu en A.O.C. depuis 1971, est un vin relativement récent. Il est produit au pied des Dentelles de Montmirail depuis une cinquantaine d'années.

Gigondas ne produit que des vins rouges, exception faite d'un peu de rosé, puissant et capiteux.

Les vins rouges sont puissants et corsés, d'une grande finesse et d'une élégance parfaite. Ce sont des vins qui gagnent à vieillir quelques années avant d'être dégustés.

Vacqueyras A.O.C. :

C'est grâce aux efforts constants et louables des vignerons produisant des vins sur l'aire d'appellation que l'I.N.A.O. a autorisé cette nouvelle appellation.

Auparavant, cette commune ne pouvait qu'apposer son nom après l'appellation Côtes du Rhône-Villages.

Châteauneuf-du-Pape A.O.C. :

Face à Tavel, de l'autre côté du Rhône, s'étale le vignoble de Châteauneuf-du-Pape, fief des grands vins rouges, puissants et gras.

C'est en 1923 que les vignerons de Châteauneuf-du-Pape se sont groupés en une Fédération des Producteurs de Vins. Ils ont élaboré un statut de production précis concernant l'aire de production, l'importance des galets, la méthode de taille qui doit être courte, la couleur du vin rouge ou blanc et la teneur minimum en alcool (jamais inférieure à 12,5°).

Pour garantir une excellente qualité, les récoltants sélectionnent eux-mêmes une certaine quantité de la production.

Les vins de Châteauneuf-du-Pape ont leurs propres bouteilles ornées de la tiare pontificale et des clefs de saint Pierre. Une seule condition : le vin doit être mis en bouteille par le propriétaire pour avoir le droit d'utiliser ce signe distinctif.

Les vins rouges de Châteauneuf-du-Pape ont un bouquet constitué d'arômes de fruits rouges, de noyau, d'anis, d'épices qui peut, en vieillissant, rappeler la truffe et les senteurs de la garrigue. C'est un vin pour le gibier et les sauces élaborées.

Le vin blanc est tout en finesse et en élégance qui masquent souvent un corps puissant. Il constitue environ 10 % de la production totale.

Lirac A.O.C. :

C'est la seule appellation locale qui produit des blancs, des rouges et des rosés.

Les vins de Lirac sont des vins rafraîchissants. Les rouges sont harmonieux, amples sans être lourds. Les blancs sont fins, élégants et bien parfumés. Les rosés se rapprochent des vins de Tavel tout en étant un peu moins secs.

Tavel A.O.C. :

Tout le monde connaît le Tavel, "le premier et le meilleur rosé de France", dit-on. Les plus illustres français en ont consommé : Ronsard, Balzac, Philippe le Bel entre autres.

Les cépages autorisés sont le Grenache, le Cinsault, la Clairette blanche et rose, le Picpoul, le Bourboulenc et la Syrah (il doit y avoir un minimum de 15 % de Cinsault, un maximum de 10 % de Carignan et aucun des autres cépages ne peut excéder 60 %).

Les sols sont formés de sables et de grès calcaires, d'argile rouge et de cailloux. Le sol, associé au climat typiquement méditerranéen, donne au vin rosé de Tavel une couleur de rose à l'état jeune qui vire au topaze en vieillissant.

Les vins sont secs et fruités. Certains préfèrent les boire jeunes et frais, d'autres préfèrent les boire plus vieux.

Dans l'aire de production des Côtes du Rhône, 2 communes produisent des vins particuliers, Rasteau et Beaumes-de-Venise.

Rasteau A.O.C. :

Ce village produit du Côtes du Rhône-Rasteau mais aussi un Vin Doux Naturel blanc ou rouge qui a le droit à l'appellation contrôlée Rasteau. Il est issu à 90 % minimum de Grenache.

C'est un vin de dessert ou d'apéritif, liquoreux et généreux, aux arômes prononcés de fruits mûrs.

Beaumes-de-Venise A.O.C. :

Situé en face de Rasteau, sur l'autre rive de l'Ouvèze, le vignoble est complanté de Muscat doré. On en fait un Vin Doux Naturel très fruité, aux arômes fins de Muscat, qui supporte bien le vieillissement.

LA PROVENCE

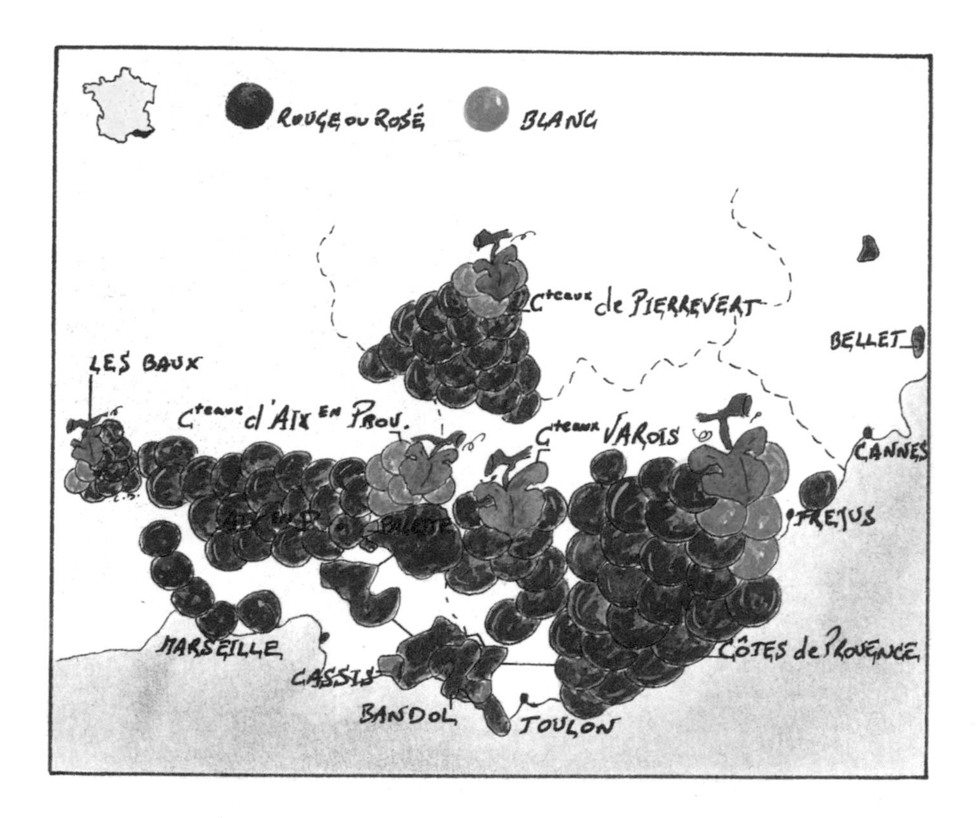

LE VIGNOBLE

Les vins de Provence sont produits sur trois départements : celui des Bouches-du-Rhône, des Alpes-Maritimes et celui du Var. Le vignoble couvre une superficie d'environ 100 000 ha. Avant la crise de phylloxera, il en occupait le double.

L'ensemble du vignoble bénéficie du climat provençal. Pas moins de 2 700 heures d'ensoleillement favorisent la maturation du raisin et une pluviosité assez faible favorise la vigne qui aime les terroirs secs.

Le vignoble a su s'adapter aux grandes différences d'altitude de cette région, mais il a une particularité : il prospère sur des lignes de crête orientées est-ouest.

La région viticole provençale est à diviser en trois formations géologiques principales :

LE BORD DE MER

De Toulon à Saint-Raphaël, au sud de la voie ferrée reliant les deux villes se situe le Massif des Maures, un des plus anciens de France. Les sols sont le résultat de la dégradation des schistes mêlés à différents débris minéraux.

LE LONG DE LA VOIE FERREE

L'altitude ne varie guère le long de la voie ferrée. Nous nous trouvons dans une dépression nommée "dépression permienne", constituée de grès de couleur rouge foncé qui a donné naissance à des sols argilo-siliceux, riches en sel. C'est un terroir idéal pour l'obtention de grands vins, riches et très fins.

LE SOL D'ORIGINE CALCAIRE

La plus grande partie du vignoble est complantée sur un troisième type de sol, d'origine calcaire, souvent associé à de l'argile dans des proportions variables.

Dans les endroits propices à la culture de la vigne de la vallée du Rhône et de la Durance, on trouve un quatrième type de sol constitué par les alluvions plus ou moins fines de ces deux cours d'eau.

Malgré la marque certaine que laisse le terroir, les vins de Provence ont un point commun : ils sont chaleureux et ont du tempérament. Les blancs sont secs, mais avec du corps et du gras. Les rouges sont bien charpentés, soutenus en couleurs, riches et généreux. Les rosés sont frais, gouleyants et légers. La différence d'altitude, un plissement de terrain, le terroir et les cépages utilisés donnent une grande diversité de vins. Les vins de Provence, sauf quelques exceptions, se boivent de préférence jeunes et frais.

LES APPELLATIONS

La Provence produit 6 appellations d'origine contrôlée :

- Bandol
- Cassis
- Bellet
- Palette
- Côtes-de-Provence
- Coteaux d'Aix

et quelques V.D.Q.S. :

Bandol A.O.C. :

La renommée des vins de Bandol n'est plus à faire et remonte à la nuit des temps.

L'appellation, d'une superficie de 600 ha. environ, est située dans le département du Var, en bordure de mer, à l'ouest de Toulon. Elle est constituée de différentes communes.

Le vignoble a repris le nom du port de pêche et de la station balnéaire qu'est Bandol.

Le microclimat présent est favorable à la culture de la vigne : la proximité de la mer atténue la sécheresse due au soleil.

Bandol produit du rouge, du blanc et du rosé.

Pour les vins rouges et rosés, l'encépagement doit être constitué de 80 % au minimum de Mourvèdre, Grenache et Cinsault (avec 50 % de Mourvèdre minimum). On peut y adjoindre le Calitor, le Carignan, la Syrah et le Tibouren.

Pour les vins blancs, les cépages principaux sont le Bourboulenc, la Clairette et l'Ugni blanc à 60 % minimum. Le reste peut être du Sauvignon.

Le Bandol rouge est le plus connu (60 % de la production). Sa couleur est grenat foncé. Il est très charpenté et tannique. C'est sûrement le vin de Provence le plus apte à vieillir. Ses arômes sont alors une explosion de fruits rouges, de cannelle et de réglisse.

Les rosés constituent environ 35 % de la production et sont très clairs.

Les blancs (5 %) sont d'une couleur jaune clair. Ils se boivent de préférence jeunes et ont un arôme dominant de tilleul.

Cassis A.O.C. :

Situé aux portes de Marseille, le port de Cassis a donné son nom au vignoble situé (contrairement à Bandol) uniquement dans les limites de la

commune. 200 ha. environ produisent du rouge, du blanc et du rosé.

Les cépages utilisés pour le rouge et le rosé sont : Grenache, Carignan, Mourvèdre, Cinsault et Barbaroux ; pour le blanc, qui a fait la renommée des vins de Cassis : Ugni blanc, Sauvignon, Doucillon, Clairette, Marsanne et Pascal blanc.

Les vins blancs sont vifs et gouleyants, avec le même type d'arôme que leur voisin le Bandol, ils fleurent bon le tilleul.

Les rouges sont moins soutenus en couleur, moins tanniques et plus légers.

Les rosés sont frais et gouleyants.

Bellet A.O.C. :

Situé sur le territoire de la ville de Nice, il a su résister à l'urbanisation de cette région. Situé à une altitude moyenne de 250 m, il baigne dans un microclimat particulier, favorable à la culture de la vigne. La production microscopique (50 ha.) en fait un vin confidentiel pour amateurs connaisseurs. On retrouve ici un encépagement particulier : les cépages principaux des autres appellations passent en cépages secondaires.

Pour les rouges et les rosés, on utilise principalement le Braquet et la Folle Noire (ou Fuella). Le Rolle, le Roussanne, la Clairette et l'Espagnol sont les cépages du vin blanc.

Les cépages secondaires qui les complètent ne devront pas dépasser 40 % de l'encépagement.

Les blancs sont légers en couleur, souples et nerveux, souvent avec des arômes d'amandes et de peau de mandarine.

Les rosés sont élégants et fruités, très frais et agréables à boire.

Les rouges sont d'un rubis moyen, avec des arômes de fruits rouges et d'évolution assez rapide.

Palette A.O.C. :

Cette appellation minuscule, une trentaine d'hectares, est située dans les Bouches-du-Rhône, près de la ville d'Aix-en-Provence.

Palette était connue pour ses vins cuits. Les vins blancs représentent 15 % de la production, les rouges 70 % et les rosés 15 %.

Les rouges sont aptes à vieillir. Ils ont des arômes de violette et de sève de pin.

Les blancs vieillissent également très bien. Ils ont des arômes de fruits et de fleurs.

Les rosés, obtenus par saignée, ont une belle couleur vive et rosée. Grâce à la macération très courte qu'ils subissent, les rosés sont très floraux et très fruités.

Côtes-de-Provence A.O.C. :

Cette appellation n'existe que depuis le 27 octobre 1977 et ne concerne que les vins qui se conforment à certaines normes de qualité. Si le rosé est le plus connu, l'appellation produit également du blanc et du rouge.

C'est le rosé qui a le plus de succès. Son goût bien sec et le souvenir du rosé des vacances, bu sous la tonnelle, ont fait la réputation des Côtes-de-Provence. Le vignoble s'étale sur les contreforts des Alpes, dans les vallées de l'Arc et de l'Argens et surplombe la mer Méditerranée de Marseille à Saint-Raphaël. 69 communes dans le Var ont droit à l'appellation, 15 dans les Bouches-du-Rhône et 4 dans les Alpes-Maritimes.

Nous retrouvons les cépages classiques qui doivent représenter 70 % de l'encépagement.

C'est l'appellation la plus importante de la région : 18 000 ha. en production. On comprendra donc aisément que l'appellation ne soit pas uniforme et présente de nombreuses différences.

Le blanc, qui représente 10 % de la production, est un vin agréable.

Le rosé (60 % de la production) est le prince des Côtes-de-Provence, mais le rouge a tendance à prendre de l'importance.

Les rouges gagnent à être connus. Fort différents les uns des autres, ils sont fins, élégants et fruités, agréables à être bus jeunes. Certains sont corsés, séveux et gagnent à vieillir.

Coteaux d'Aix-en-Provence A.O.C. :

Le vignoble, classé A.O.C. depuis 1984, est situé dans le département des Bouches-du-Rhône. Il s'étend sur 3 000 ha.

Les cépages principaux pour les rouges et rosés sont le Cinsault, la Counoise, le Grenache, le Mourvèdre, la Syrah et le Cabernet Sauvignon. Les cépages secondaires sont le Carignan et le Tibouren.

Pour les blancs, les cépages principaux sont le Bourboulenc et la Clairette, comme cépages secondaires sont autorisés le Grenache blanc, le Sauvignon, le Sémillon et l'Ugni blanc.

Les vins issus de la région des Baux de Provence ont droit à la dénomination complémentaire de Coteaux des Baux de Provence. On aura donc un vin Coteaux d'Aix Les Baux.

LE LANGUEDOC

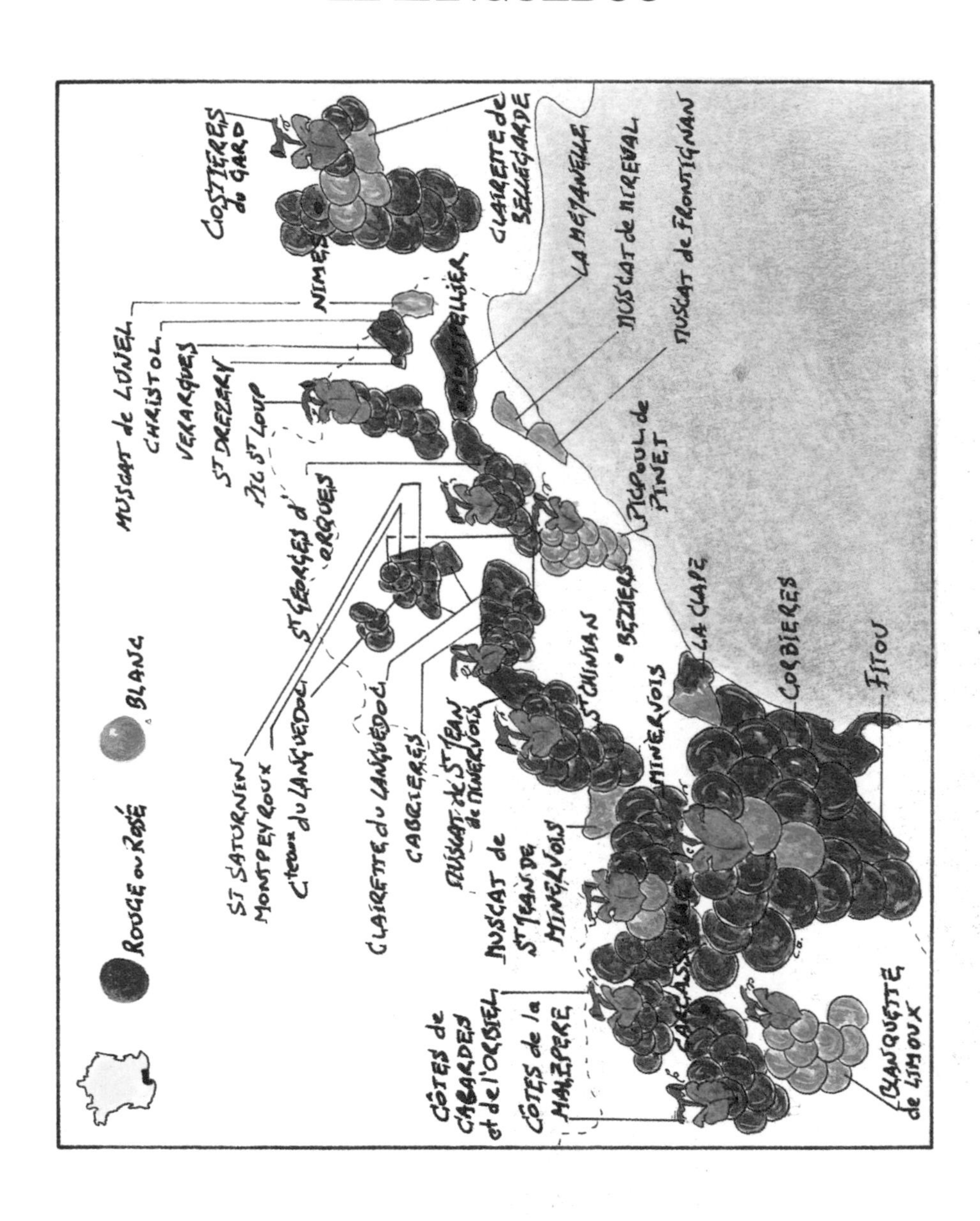

LE VIGNOBLE

Nous allons passer en revue les différentes appellations qui forment cette vaste région viticole :

- Corbières A.O.C.
- Fitou A.O.C.
- Minervois A.O.C.
- Côtes du Cabardès et de l'Orbiel V.D.Q.S.
- Côtes de la Malepère V.D.Q.S.
- Blanquette de Limoux A.O.C.
- Coteaux du Languedoc A.O.C. avec 11 appellations régionales :
  . Cabrières
  . Vérargues
  . La Clape
  . Montpeyroux
  . Pic-Saint-Loup
  . Quatourze
  . Saint-Drézery
  . Saint-Georges d'Orques
  . Saint-Saturnin
  . Mejanelle
  . Saint-Christol.

Il existe aussi deux appellations de vins blancs. Ce sont :

. Clairette du Languedoc
. Picpoul de Pinet.

Ces appellations peuvent compléter l'appellation Coteaux du Languedoc mais ne peuvent s'y substituer.

Dans cette aire de production, on retrouve aussi 2 A.O.C. propres. Il s'agit de :

. Faugères A.O.C.
. Saint-Chinian A.O.C.

De cette même région proviennent différents Muscats, issus d'une culture vinique très ancienne. Il ne subsiste que quatre appellations qui sont :

. Muscat de Frontignan A.O.C.
. Muscat de Lunel A.O.C.
. Muscat de Mireval A.O.C.
. Muscat de Saint-Jean-de-Minervois A.O.C.

Les dernières appellations que nous rencontrerons seront :

- Costières du Gard A.O.C.
- Clairette de Bellegarde A.O.C.

Les Vins Doux Naturels

Le cépage requis pour ces appellations est le Muscat à petits grains de Frontignan.

Les vins sont élaborés comme les V.D.N. du Roussillon. Ils sont par contre plus sucrés que ceux-ci puisqu'ils doivent contenir 125 grammes de sucre résiduel (100 grammes pour les Muscat de Rivesaltes).

Une autre particularité : le Muscat de Lunel est un V.D.L. (Vin de Liqueur). Le vin est obtenu à partir d'une mistelle, il en résulte un produit plus riche en sucre (185 g. minimum). Le vin est vieilli en foudres de chêne, où il subit une légère oxydation qui le différenciera des autres Muscat.

Les quatre appellations de Muscat couvrent environ 1 400 hectares.

LES APPELLATIONS

Corbières A.O.C. :

87 communes ont droit à l'appellation qui s'étend sur 23 000 hectares.

Les vins rouges, 90 % de la production, sont puissants et charpentés. Il existe également du blanc et du rosé.

Fitou A.O.C. :

L'appellation couvre la production de 9 communes uniquement en rouge. L'encépagement principal est le Grenache et le Carignan.

Il est à souligner que les 9 communes peuvent produire un V.D.N. qui se vend sous l'appellation Muscat de Rivesaltes ou Rivesaltes A.O.C.

Minervois A.O.C. :

Cette appellation s'étend sur quelque 35 000 ha. et se situe sur 61 communes de l'Aude et de l'Hérault.

Les cépages utilisés sont principalement le Carignan et le Grenache mais, contrairement aux Corbières, le Cinsault est très bien représenté.

C'est vraiment la région des vins rouges, le blanc et le rosé y sont une exception. Les rouges sont le plus souvent vinifiés en macération carbonique ou semi-carbonique. Ils ont une belle robe rouge grenat et le bouquet se développe assez rapidement.

Côtes du Cabardès et de l'Orbiel V.D.Q.S. :

Le vignoble est adossé au massif de la Montagne Noire. 14 commmunes de l'Aude produisent le vin. Les amateurs de ce vin disent que l'influence du Sud-Ouest s'y fait sentir. On retrouve comme cépage le Cabernet Sauvignon, le Cabernet Franc et le Merlot.

Les vins sont uniquement rouges et rosés. 3 600 hectares bénéficient de l'appellation.

Côtes de la Malepère V.D.Q.S. :
Le vignoble est plus important que le précédent, pratiquement le double : 6 300 ha. dispersés sur 31 communes sur les coteaux du Razès. Comme pour l'appellation précédente, le Sud-Ouest y laisse son empreinte. Les vins sont rouges et rosés.

Blanquette de Limoux A.O.C. :
Proche de Carcassonne, cette appellation est connue depuis longtemps pour sa production de mousseux suivant une méthode traditionnelle.

Au XVIe siècle, les moines de l'Abbaye de Saint-Hilaire avaient découvert que les vins de leur vignoble de Limoux devenaient naturellement pétillants au printemps. Mis en bouteille, les vins terminaient leur fermentation et devenaient mousseux. Vers 1900, ce procédé fut remplacé par la méthode champenoise.

Pour l'obtention de ce vin blanc, le Mauzac est le cépage principal, agréablement accompagné par du Chardonnay, qui apporte une certaine acidité, et complété par du Chenin. On trouve actuellement trois appelations :

- **Limoux A.O.C**. C'est un vin blanc tranquille.

Mistelle

Boisson obtenue en ajoutant de l'alcool au jus de raisin non fermenté, ce qui stoppe toute fermentation. Le sucre naturel reste dans le moût.

Cette opération est utilisée pour les vermouth, les apéritifs de la région du Roussillon et le Muscat de Lunel.

- **Blanquette Méthode Ancestrale A.O.C.**, appellation réservée aux vins ayant subi une seconde fermentation spontanée.
- **Blanquette de Limoux A.O.C.**, qui est élaborée suivant la méthode champenoise.

Coteaux du Languedoc A.O.C. :

L'appellation est essentiellement limitée au département de l'Hérault. Elle regroupe, comme nous l'avons vu, 14 appellations dont 2 bénéficient d'une A.O.C. propre : **Faugères** et **Saint-Chinian**.

C'est un vignoble de garrigues situé sur des terrains de natures différentes, généralement maigres et peu profonds.

Les vins produits sont essentiellement rouges, plus rarement rosés, le blanc étant pratiquement inexistant, sauf dans 3 appellations : La Clape, Clairette du Languedoc et Picpoul de Pinet.

Clairette du Languedoc A.O.C.

Vin généralement demi-sec et plein, gras et corsé, qui conserve durant les premières années un goût très prononcé de fruité.

Picpoul de Pinet A.O.C.

Vin blanc très sec produit sur les pentes de l'étang de Thau. Il accompagne agréablement les moules et les huîtres de Bouzigues. Le seul cépage Piquepoul est autorisé.

Faugères A.O.C. :

Cette appellation se trouve au nord de Béziers, répartie sur 7 communes. Les vins sont rouges, d'une belle couleur sombre, souples et fruités, très généreux. Ils peuvent être commercialisés sous l'appellation Coteaux-du-Languedoc.

Saint-Chinian A.O.C. :

Le vignoble est réparti sur le territoire de 20 communes. Issu principalement du cépage Carignan, auquel on adjoint du Grenache, le vin est d'un rouge rubis, charnu et corsé, d'une grande distinction et élégant.

Costières du Gard A.O.C. :

Les cépages utilisés sont le Carignan et le Cinsault, avec adjonction de Grenache et de Syrah. 26 communes ont droit à l'appellation et produisent des vins rouges fruités, souples et gouleyants. Les Costières du Gard, cuvées une nuit, sont des vins de carafe, légers et fruités, à épanouissement rapide. Les Costières du Gard vinifiés traditionnellement demandent 3 à 4 ans avant de s'affirmer et de s'ouvrir.

Clairette de Bellegarde A.O.C. :

La commune de Bellegarde produit, contrairement aux autres communes du Gard, sur un coteau d'exposition générale sud-est.

Le cépage est la Clairette (que l'on retrouve à Die). Elle produit ici des vins blancs corsés et secs, avec toutefois une belle souplesse et un moelleux qui rendent le vin très agréable.

LE ROUSSILLON

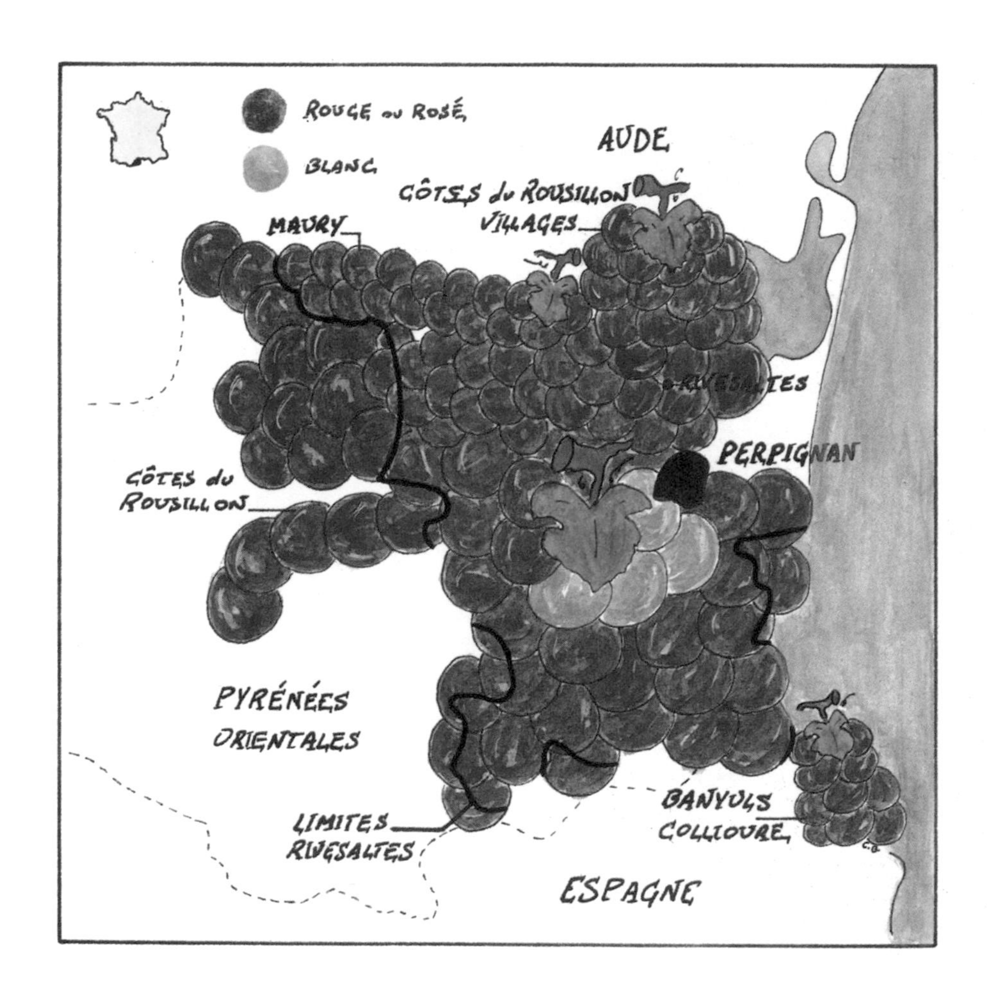

LE VIGNOBLE

Le vignoble qui prospère dans le cirque du Roussillon est bordé par trois massifs : les Corbières au nord, le Canigou à l'ouest, les Albères au sud. Ceci explique une grande diversité géologique. L'érosion a façonné un relief typique de terrasses étagées le long des trois fleuves de la région : le Tech, la Têt et l'Agly.

Voici les principales formes géologiques :

- **les terrasses moyennes** dites "Crest", sont formées d'un sol caillouteux lavé par l'érosion, d'une texture très variée en surface et d'un sous-sol d'argile.

- **la zone des hautes terrasses**, qui se caractérisent par leur texture sableuse et caillouteuse. Ces caractéristiques sont défavorables au développement végétatif, ce qui bénéficie à la qualité : rendement faible, degré alcoolique élevé et arômes puissants.

- **les terrasses de Banyuls** sont formées par des schistes. Les vignes sont souvent directement sur la roche mère et sur des sols acides et pauvres. C'est le terrain de prédilection du Grenache.

- **les cônes de déjections** sont aussi des sites très intéressants pour la culture de la vigne et offrent des supports différents. Le cône de déjection des Albères est d'origine cristalline, pauvre en argile.

- **les sols rouges des Corbières** sont composés de schistes et d'argile rouge. C'est le sol de prédilection des V.D.N., des Collioures et des Côtes-du-Roussillon.

- **les schistes de Maury**. Le vignoble de Maury est essentiellement planté sur des schistes noirs, décomposés et brûlés par le soleil.

Actuellement, le vignoble du Roussillon produit 90 % des Vins Doux Naturels de France.

LES APPELLATIONS

Les Vins Doux Naturels (V.D.N.) :

- Banyuls A.O.C.
- Banyuls Grand Cru A.O.C.
- Maury A.O.C.
- Rivesaltes A.O.C.
- Muscat de Rivesaltes A.O.C.
- Grand Roussillon A.O.C.

Les vins d'Appellation d'Origine Contrôlée A.O.C., en rouge, blanc, rosé :

- Collioure A.O.C.
- Côtes-du-Roussillon A.O.C.
- Côtes-du-Roussillon Villages A.O.C.

Dans cette région, on trouve aussi des vins de Pays intéressants qui sont :

- vin de Pays Catalan
- vin de Pays des côtes catalanes
- vin de Pays de Fenouillèdes
- vin de Pays de la Côte Vermeille
- vin de Pays des Vals d'Agly.

LES VINS DOUX NATURELS(V.D.N.)

Banyuls A.O.C. :

L'appellation représente plus de 3 000 ha. tout près de la mer et de la frontière espagnole. La culture de la vigne se fait en terrasses, sur une bande côtière d'une trentaine de kilomètres, variant de quelques mètres à 400 mètres d'altitude.

Le Banyuls doit être au minimum composé de 50 % de Grenache associé au Carignan.

Banyuls Grand Cru A.O.C. :

Le vin est issu des mêmes terroirs. La législation oblige les vignerons à augmenter le pourcentage de Grenache (75 %) et la durée de macération (5 jours). La durée de vieillissement en fûts de bois ne doit pas être inférieure à 30 mois.

Maury A.O.C. :

La production des vins de Maury se fait sur les communes de Maury, Tautavel, Rasiguières, Saint-Paul-de-Fenouillet et Lesquerde, tout près de la vallée de l'Agly.

Comme pour les Banyuls, le cépage dominant doit être le Grenache.

Le tiers de la production environ est muté sur grains. La macération n'est pas obligatoire, contrairement au V.D.N. de Banyuls.

Rivesaltes A.O.C. :

Les V.D.N. produits par l'appellation sont soit blanc, soit rouge, soit rosé.

Près de 24 000 ha., répartis sur 95 communes (86 en Roussillon et 9 en Corbières), produisent des V.D.N. Rivesaltes. La production représente près de 430 000 hl.

Muscat de Rivesaltes A.O.C. :

L'aire d'appellation est la même que celle du Rivesaltes. La différence essentielle est l'encépagement : Muscat à petits grains, Muscat d'Alexandrie.

La production approche les 100 000 hl.

Grand-Roussillon A.O.C. :

Cette appellation d'origine, comme l'ensemble des appellations des Vins Doux Naturels, est issue des cépages Muscat blanc à petits grains, Muscat d'Alexandrie, Grenache noir, gris ou blanc, Maccabéo ou Tourbat. En outre, les cépages comme le Cinsault, la Syrah, le Listan, sont autorisés dans la proportion de 10 %.

Les Grand-Roussillon sont des vins généreux et puissants. C'est une appellation qui n'est plus guère revendiquée.

LES VINS SECS

Collioure A.O.C. :

Cette petite appellation produit un vin rouge sur 50 hectares situés sur l'aire d'appellation de Banyuls.

Les vins de Collioure sont charpentés, puissants et vineux. Les cépages recommandés pour leur élaboration sont le Grenache dans la proportion minimale de 60 %, les autres cépages étant le Carignan, le Cinsault, le Mourvèdre et un peu de Syrah.

Côtes-du-Roussillon A.O.C. :

L'appellation Côtes-du-Roussillon produit des vins rouges, rosés, et blancs.

Les vins blancs, nerveux et aromatiques, sont uniquement issus du cépage Maccabéo. Les vins rouges sont assez corsés, généreux et tanniques. Les rosés sont obtenus par saignée et produisent des vins fruités et frais, de consommation rapide, ne devant pas dépasser 12° alcoolique.

Côtes-du-Roussillon-Villages A.O.C. :

Cette appellation ne s'applique qu'à des vins rouges produits sur l'aire de 25 communes situées sur le versant nord de l'Agly. Seules 2 communes, **Caramany** et **Latour-de-France** peuvent faire figurer leur nom sur l'étiquette.

Ces vins sont plus charpentés et corsés que les Côtes-du-Roussillon. Il n'existe que des Côtes-du-Roussillon-Villages rouges.

LA CORSE

LE VIGNOBLE

Le vignoble corse produit des vins rouges, rosés et blancs.

Ils sont produits dans toute l'aire d'appellation délimitée par décret et classée, mais c'est dans le sillon central et sur la côte orientale que l'on en produit le plus.

Le sillon central se situe dans la région de Ponte-Leccia : cette région renaît à la tradition viticole et produit des vins très fins et élégants.

La côte orientale s'étend sur une centaine de kilomètres de Bastia à Solenzara. Le relief tourmenté est colonisé par la vigne depuis toujours, et produit des vins amples, souples et fruités.

LES APPELLATIONS

Il y a 3 grandes A.O.C. corses. Ce sont :

- Ajaccio
- Patrimonio
- Vin de Corse

Ce dernier peut être muni d'une des 5 appellations suivantes :

. Calvi
. Sartène
. Figari
. Porto-Vecchio
. Cap-Corse

Ajaccio A.O.C. :

La région a toujours été connue pour la qualité de ses produits. C'est un très beau pays de bord de mer sur fond de montagnes qui abritent les vignes des vents de l'intérieur. Une majorité de rouge est produite dans la région. Le Sciacarello est le cépage le plus répandu pour les vins rouges et les rosés, les blancs font honneur au Vermentino. C'est dans la région qu'est produite la Spolata, issue des vignes appartenant à la famille Bonaparte.

Patrimonio A.O.C. :

C'est sans conteste l'appellation la plus connue des vins de Corse. Le cépage dominant des vins rouges est le Nielluccio. Il donne au vin sa spécificité par la couleur, les saveurs et le gras si particulier aux produits de cette région.

Les rouges, souvent très riches, s'harmonisent bien avec les plats locaux, les gibiers tels que palombe, bécasse, perdrix, grive ou merle, ainsi qu'avec les fromages forts.

Vin de Corse-Calvi A.O.C. :

C'est sûrement dans cette région que furent plantés les premiers vignobles grecs. Dans la Balagne, le vignoble côtoie les arbres fruitiers et est constitué principalement par le Nielluccio, le Sciacarello, le Grenache et le Cinsault.

La région produit des vins rouges, blancs et rosés. Les blancs sont très fins, les rouges sont puissants, chauds et gras.

Vin de Corse-Sartène A.O.C. :

C'est une région tourmentée. Le vignoble prospère sur les pentes ensoleillées et sur un sol granitique rappelant les arènes granitiques du Beaujolais. L'encépagement est le même qu'à Calvi. Un grand vin a disparu, le "Tallano". Il était autrefois célèbre pour ces grandes qualités et son aptitude à vieillir presque indéfiniment.

Vin de Corse-Porto-Vecchio A.O.C. :

Comme les autres appellations, les vins peuvent être rouges, blancs et rosés. Le vignoble débute au sud de Porto-Vecchio.

Le rouge et le rosé sont la production dominante de la région. Les vins blancs ne sont toutefois pas inintéressants. Les rouges sont très fins et aptes au vieillissement.

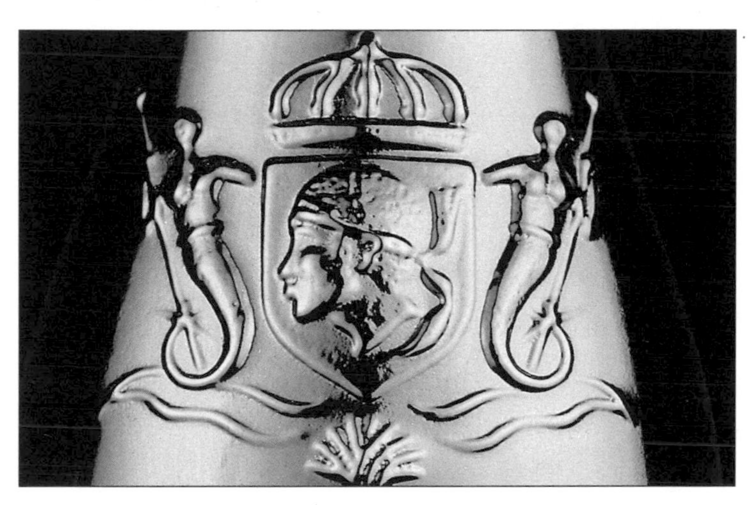

Vin de Corse-Figari A.O.C. :

C'est une très ancienne région viticole. Des traces datant de 300 ans avant Jésus-Christ en témoignent. Depuis toujours, les vins d'ici ont été reconnus de grande qualité. Les vins rouges sont âpres, corsés et longs en bouche. Des blancs et des rosés sont également produits dans la région.

Vin de Corse-Cap-Corse A.O.C. :

Les romains faisaient déjà l'éloge de ce vin. Depuis longtemps, la région était réputée pour le soin apporté à la culture de la vigne et à la fabrication du vin. La région est connue pour ses vins blancs et ses V.D.N. fins, élégants et fruités. Ses muscats sont parmi les meilleurs de la Méditerranée.

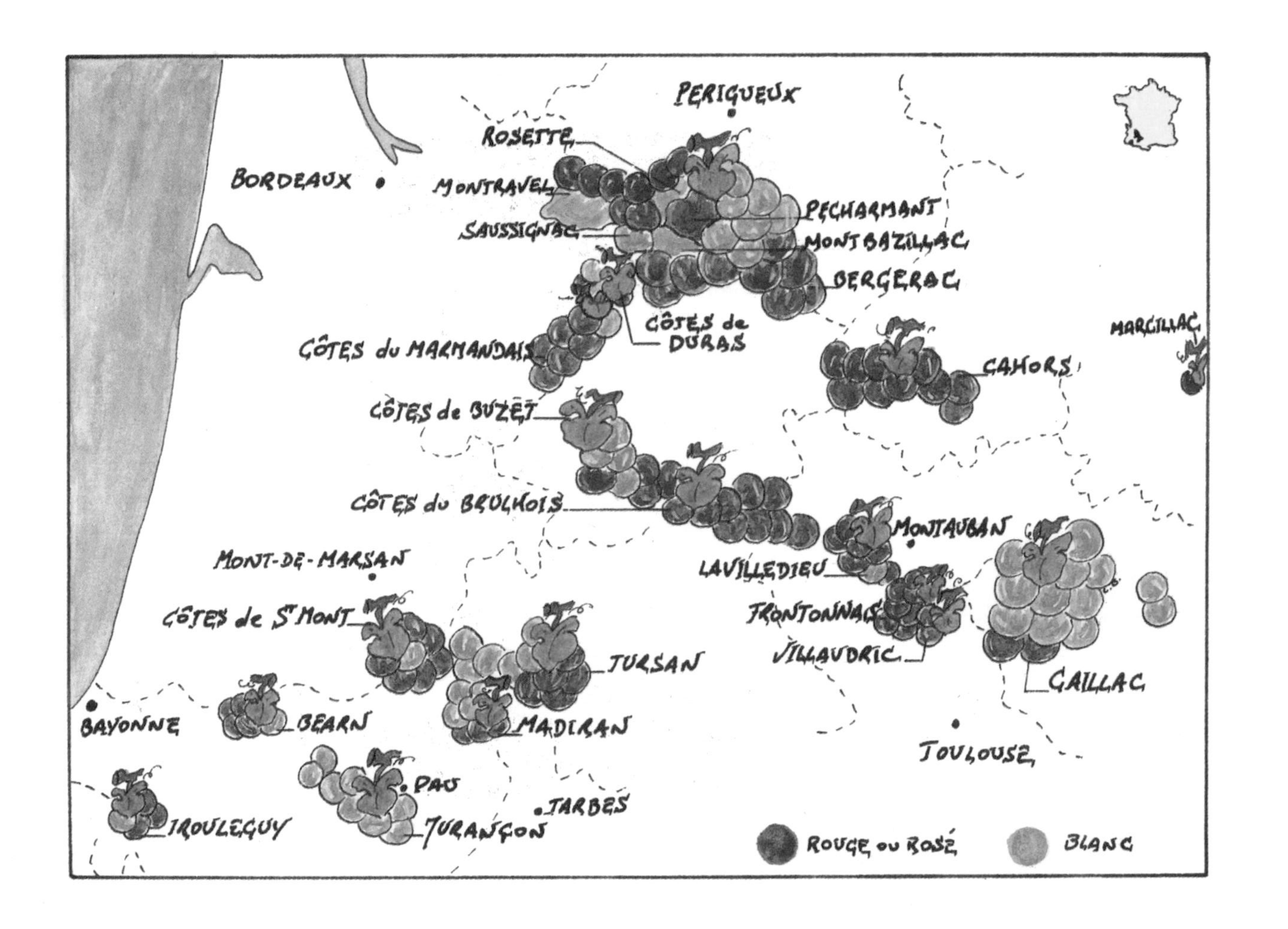
PERIGUEUX
ROSETTE
BORDEAUX
MONTRAVEL
SAUSSIGNAC
PECHARMANT
MONTBAZILLAC
BERGERAC
CÔTES de DURAS
CÔTES du MARMANDAIS
MARCILLAC
CAHORS
CÔTES de BUZET
CÔTES du BRULHOIS
MONTAUBAN
MONT-DE-MARSAN
LAVILLEDIEU
CÔTES de St MONT
FRONTONNAIS
VILLAUDRIC
TURSAN
GAILLAC
BAYONNE
BEARN
MADIRAN
TOULOUSE
PAU
TARBES
IROULEGUY
JURANÇON
ROUGE ou ROSÉ
BLANC

LE SUD-OUEST

LE BERGERACOIS

Les vignobles de la Dordogne prolongent ceux de la Gironde sur les bords de celle-ci à mi-chemin du Massif Central et du littoral atlantique. La région de Bergerac est la partie la plus méridionale du Périgord, fief d'une riche tradition culinaire.

La ville de Bergerac occupe le centre de ce vignoble. Les vignes sont plantées tout autour sur les collines en forme de terrasses et sur les plateaux du sud de Bergerac.

Bergerac A.O.C. :

C'est un vin généreux, facile à boire, ne se prêtant que rarement à un vieillissement prolongé. A boire dans les 2 ou 3 ans.

Bergerac sec A.O.C. :

C'est un vin qui prend de l'importance. Il est nerveux et agréablement bouqueté. 10° d'alcool minimum et 4 grammes de sucre résiduel par litre maximum. Il est principalement produit à partir du Sauvignon. Ce vin se consomme de préférence très jeune.

Côtes-de-Bergerac A.O.C. :

Ces vins sont plus charpentés et se prêtent au vieillissement, mais sans excès.

Côtes-de-Bergerac moelleux :

Le rendement est de 50 hl./ha., le degré minimum de 12°, il doit avoir au minimum 18 grammes de sucre résiduel et 54 grammes au maximum. Ce vin blanc est produit essentiellement à partir du Sémillon.

Saussignac A.O.C. :

Ce vignoble se trouve à l'ouest de Monbazillac. C'est un vin intermédiaire entre les moelleux de Bergerac et les liquoreux de Monbazillac.

Monbazillac A.O.C. :

Le vignoble occupe 2 500 ha. répartis sur 5 communes : Monbazillac, Pomport, Saint-Laurent-des-Vignes, Colombier et Rouffignac-de-Sigoulès.

La production est de 50 000 hl. environ et deux années de production vieillissent dans les chais (la mise en bouteilles se fait au plus tôt 18 mois après la récolte). Les Monbazillac peuvent être bus jeunes, mais gagnent à vieillir. 15 ans et plus ne font qu'améliorer les grands millésimes.

Montravel A.O.C. :

Le vignoble se situe à la limite de la Gironde, à l'extrême ouest du département, sur les coteaux de la rive droite de la Dordogne. Le sol argilo-calcaire et un climat océanique donnent des vins plus précoces que ceux de la région en général. Le vignoble de 1 200 ha. produit de 30 à 35 000 hl. qui se répartissent entre le **Montravel** sec, les **Côtes-de-Montravel** et le **Haut-Montravel**. Ces deux derniers sont des vins blancs moelleux, ayant une teneur en sucre résiduel comprise entre 8 et 45 g./l. Les vins secs sont mis très rapidement en bouteilles après la récolte (3 mois) et entre 12 et 18 mois pour les moelleux.

Pécharmant A.O.C. :

Située sur la rive droite de la Dordogne, exposée au sud, cette petite appellation de 260 ha. produit des vins rouges.

La production de l'appellation est réglementée à 40 hl. à l'hectare. Le volume moyen est de 8 000 à 10 000 hl. Les raisins sont totalement éraflés, ce qui rend les vins agréables à boire rapidement tout en leur laissant un bon potentiel de vieillissement.

Rosette A.O.C. :

C'est une petite appellation qui produit environ 500 hl. de vins blancs demi-doux, fins et fruités. Le degré minimum se situe entre 12 et 15° avec un sucre résiduel variant entre 8 et 54 grammes au litre.

LES VINS DE BEARN

On appelle vignoble du Béarn un ensemble d'appellations profitant des embruns marins et subissant le climat montagnard.

C'est un pays fier de ses différences, de ses mœurs et de ses coutumes. Les cépages sont locaux. Point n'est besoin d'en utiliser d'autres.

Béarn A.O.C. :

Le vignoble regroupe trois aires de production : le Madiran, le Jurançon et les vignobles de Salies-Bellocq.

C'est une appellation très étendue qui pourrait être considérée comme une A.O.C. régionale.

Les vins rosés sont légers, fruités et soyeux. Les rouges sont corsés, charnus, fruités, et s'enrichissent après quelques années. Les blancs sont vifs et élégants.

Jurançon A.O.C. :

Le **Jurançon sec** est produit principalement avec le Gros Manseng. C'est un vin fringant, généreux, associant les arômes de fruit, de girofle et de cannelle.

Le **Jurançon moelleux** est un vin très riche issu principalement du Petit Manseng, apte à un vieillissement prolongé provenant de la vendange de raisins surmûris.

Les vins du Jurançon moelleux sont des vins parfaits pour accompagner le foie gras et les abats. Les vins secs se boiront avec les poissons grillés ou accompagnés d'une sauce peu relevée.

Madiran A.O.C. :

Le Madiran est un vin rouge. Il est produit à base des cépages Tannat et Cabernets qui donnent des vins rouges structurés, complexes et tanniques. Il est agréable à boire jeune avec ses arômes de fruits rouges, mais ses tanins lui permettent de s'épanouir harmonieusement en vieillissant.

Le Madiran accompagnera agréablement les fromages des Pyrénées et les viandes grillées.

Pacherenc-du-Vic-Bilh A.O.C. :

Vin exclusivement produit en blanc, son aire d'appellation est la même que celle du Madiran.

Il est issu de nombreux cépages : Manseng, Courbu, Lauzet, Arrufiac, Camaralet. Suivant les années, le vin peut être sec ou moelleux, mais toujours vif.

C'est au système de conduite de la vigne qu'il doit son nom : les vignes se taillent très haut, "Pachet en renc", qui signifie "paquets en rangs".

Le Pacherenc est un vin de garde moyenne.

Le Tursan V.D.Q.S. :

En parlant des vins de cette région, on ne peut pas oublier le Tursan, produit dans les Landes. Ce vin n'est pas une A.O.C., mais un V.D.Q.S. Les vins blancs sont secs, à garder, issus du cépage Baroque en majorité. Les rouges sont issus du Tannat, du Cabernet et du Fer. Les rouges sont agréablement tanniques et ronds, sachant associer dans leur jeunesse le tanin aux arômes fruités.

AUTRES APPELLATIONS DU SUD-OUEST

Cahors A.O.C. :

C'est l'Auxerrois qui est ici dominant. Il représente 70 % des surfaces cultivées. Les vignobles s'étendent sur 50 km de chaque côté du Lot. Il n'y a que 2 600 ha. en production dispersés sur 40 communes.

Le vin de Cahors est d'un rouge vif, avec un grand support tannique, ample, très apte au vieillissement. A son apogée, il développe des arômes de truffe et de violette.

D'autres cépages apportent leurs caractères à ce vin et assouplissent le caractère dur du Malbec. Il s'agit du Merlot, du Jurançon, du Tannat et plus rarement de la Syrah.

Le sol est formé de vieilles terres alluviales, de dépôts kimméridgiens et d'une terre légèrement rougeâtre. Cette terre arable n'est pas très profonde et masque un sous-sol fissuré qui permet l'enracinement profond des vignes de Cahors.

C'est vraiment un vin de garde solide qui prend une belle teinte tuilée en vieillissant. C'est alors qu'il se donnera avec toute sa plénitude, suave et puissant, long et nerveux. Mais, suivant les millésimes et sa région de production, il peut se boire jeune.

Buzet A.O.C. :

L'appellation est située près d'une région de réputation mondiale, l'Armagnac, et sur la rive gauche de la Garonne. Elle couvre une superficie de 1 500 ha. qui sont presque tous vinifiés par une cave coopérative.

Les vins rouges, plus de 90 % de la production, sont élaborés à partir des cépages traditionnels, avec une dominante de Merlot et très peu de Malbec. Ils sont rouge rubis, souples et brillants, de garde moyenne (5 à 10 ans).

Il existe quelques hectolitres de vin blanc vinifié à base de Sauvignon, de Sémillon et de Muscadelle.

Côtes de Duras A.O.C. :

Les vins blancs, rouges et rosés sont produits par 15 communes aux alentours de la ville de Duras. C'est une appellation où les vignes n'occupent que les meilleures expositions et se retrouvent naturellement sur les sommets et exposées au sud. D'une importance de 2 000 ha., le vignoble de Duras produit environ 2/3 de vin blanc.

Les cépages de l'appellation sont le Mauzac, le Pineau de la Loire, l'Ugni blanc et l'Ondenc.

Les vins blancs peuvent être secs, légers, friands et très fruités, d'une couleur jaune verdâtre, à boire jeunes, ou ils peuvent être moelleux, avec une dominante de Sémillon pour l'encépagement, avec des arômes de fruits presque confits et une robe légèrement jaunâtre.

Les vins rouges sont souvent vinifiés par macération carbonique. Ils sont légers et gouleyants, élégants, à boire jeunes. Vinifiés de façon classique, ils donnent des vins charnus et amples, de couleur très soutenue, sans toutefois posséder un grand potentiel de vieillissement.

La production des vins de Duras est d'environ 100 000 hl.

Côtes du Frontonnais A.O.C. :

L'appellation se situe sur le territoire de 20 communes et produit des vins rouges, avec toutefois une petite production de rosé. Le vignoble pousse sur 1 200 hectares.

L'appellation est Coteaux du Frontonnais ou Coteaux du Frontonnais-Villaudric.

Les vins rouges sont issus des cépages traditionnels en association avec un cépage local, la Négrette, qui les caractérise. Elle entre dans la composition des vins pour plus de la moitié. Ce cépage leur donne un bouquet particulier proche du cassis et du pruneau dans leur jeunesse. Ces vins n'ont pas un grand potentiel de vieillissement.

Les vins rosés sont légers, très friands et faciles à boire.

Gaillac A.O.C. :

Parler de Gaillac, c'est parler de toute la gamme des vins, blanc, rouge, rosé, perlant, effervescent, sec, doux, moelleux.

Le vignoble, situé à l'ouest d'Albi, a véritablement pris son essor au 10e siècle, sous l'impulsion des moines bénédictins.

Les vins blancs sont secs, d'une belle robe d'or blanc, séveux et fruités, très fins, subtils et racés, ou moelleux. Le gras est apporté par le Mauzac en association avec d'autres cépages locaux : le Len de Lel, l'Ondec, le Sémillon et la Muscadelle. Le tout donne un vin agréable, moelleux et nerveux.

Une grande partie des blancs sont pétillants ou effervescents. Deux méthodes sont utilisées :

- la méthode rurale : elle utilise le sucre résiduel du vin pour la deuxième fermentation en bouteille
- la méthode champenoise. Ces vins ont droit à l'appellation **Gaillac mousseux A.O.C**.

Les vins rosés sont légers, frais et gouleyants. Les vins rouges sont d'une couleur très prononcée, d'un beau rubis foncé. Ils sont racés et séveux, tendres et fruités. Les Gaillac primeurs sont élaborés uniquement à base du cépage Gamay.

Les vins de Gaillac sont des vins à boire jeunes.

Il existe une jeune A.O.C. : **Gaillac-Premières-Côtes**. La région de production diffère légèrement et les vins sont aptes au vieillissement.

L'Irouléguy A.O.C. :

C'est le vin du Pays Basque. Il est produit dans les communes limitrophes d'Irouléguy. On y trouve du blanc, du rouge et du rosé.

Le blanc est aimable et léger. Le rosé est lumineux, sec et nerveux, friand et aromatique. Le rouge est d'une belle couleur pourpre, ample et soyeux.

Curnonsky disait en parlant du rosé : "C'est un vin qui fait danser les filles".

Marcillac A.O.C. :

Située à 25 km de Rodez, cette récente A.O.C. de 125 hectares produit 5 000 hl. de vins essentiellement rouges, d'une couleur sombre et intense. Les arômes sont rustiques et fruités. La production de rosés est faible, celle de blancs confidentielle.

S89
S89

LES VINIFICATIONS

LES VINS BLANCS

Dès qu'ils sont récoltés, les raisins sont apportés à la cuverie. Ils sont directement pressurés, parfois après éraflage. Le moût obtenu est mis en cuve pour y subir un débourbement statique. Les éléments lourds et indésirables pour la bonne suite de la vinification se séparent du moût par simple gravitation et se déposent au fond. Les méthodes s'étant modernisées, on utilise une centrifugeuse.

Cette opération terminée, le moût clarifié sera pompé dans des cuves où la fermentation alcoolique pourra débuter. Cette fermentation a pour but de transformer en alcool le sucre contenu dans le moût. Il se produit un dégagement de gaz carbonique et une élévation de température.

Ces principes s'appliquent sans aucune distinction pour l'élaboration de tous les types de vins blancs, secs, moelleux, liquoreux.

L'élevage des vins fera la différence. Si le type de vin recherché doit être frais et léger, on le mettra très rapidement en bouteilles. Ce sera le plus souvent un vin destiné à être bu jeune, avec tous ses arômes primaires. Si le vin doit être plus complexe, on le fera vieillir en fût de bois plus longtemps. Dans ce cas, on obtiendra un vin susceptible de très bien évoluer.

Pour l'obtention d'un vin moelleux ou liquoreux, la fermentation alcoolique doit être incomplète. Elle peut être arrêtée naturellement, soit par un refroidissement, soit par un passage à l'air et un sulfatage suivi d'une filtration serrée destinée à éliminer les levures fermentaires.

Les vins moelleux ont moins de 36 g. de sucre résiduel au litre, les vins liquoreux en ont plus de 36 g.

LES VINS ROSES

Les vins rosés ne sont jamais un assemblage de vin blanc et de vin rouge, même s'ils sont frais, gouleyants et légers comme les blancs, en ayant une partie des éléments colorants issus des cépages rouges.

Deux méthodes sont généralement utilisées.

LA VINIFICATION PAR SAIGNEE

Les raisins sont égrappés et foulés. On prépare ensuite une cuve de macération pour l'obtention de vin rouge.

La macération pelliculaire se faisant en quelques heures, on procède à une ponction du moût dès que le vigneron juge la couleur satisfaisante. La durée peut varier en fonction des cépages, des conditions climatiques ou de la température ambiante.

La macération se poursuit pour le reste de la cuvée qui donnera un vin rouge plus soutenu en couleur et en tanin.

C'est cette méthode qui fournit les rosés d'une nuit.

LA VINIFICATION SANS MACERATION

Les raisins rouges sont directement pressurés, sans macération préalable. L'éclatement des baies et le contact du jus arrachent à la peau une partie des anthocyanes qui donneront au moût sa couleur rosée.

LES VINS ROUGES

LA MACERATION TRADITIONNELLE

Comme nous l'avons déjà vu auparavant pour les rosés obtenus par saignée, le vin rouge est issu d'une cuve où les raisins égrappés et foulés macèrent.

Les baies éclatées sont en contact constant avec le jus de raisin qui commence à fermenter. L'alcool ainsi produit agit comme un détergent sur les peaux des raisins qui libèrent peu à peu les éléments colorants et tanniques.

La durée de macération est variable et dépend du type de vin recherché, des cépages, de la température du moût et de la rapidité de fermentation de celui-ci.

Il faudra prendre soin de fouler régulièrement le marc ou le chapeau pour que celui-ci soit toujours en contact avec le moût. Le marc est ensuite pressuré. On obtient le vin de presse. Celui-ci est assemblé avec le moût écoulé que l'on appelle "jus de goutte" ou "vin de goutte".

Pour élaborer un vin rouge léger, on pratique une macération courte et on foule le marc.

Pour obtenir des vins rouges plus structurés, la durée de macération est plus longue. On pratiquera des remontages, actions consistant à pomper le jus au bas de la cuve et à le verser sur le chapeau pour qu'il se charge des éléments colorants et tanniques.

LA MACERATION CARBONIQUE

Depuis quelques années, il a été mis au point un type de macération destinée aux vins de type primeur ou aux vins qui doivent rester très fruités.

L'opération consiste à ne pas érafler les raisins et à les priver d'oxygène durant la macération. Les raisins baignent uniquement dans une ambiance carbonique, le gaz provenant de la fermentation alcoolique du raisin et d'une saturation de la cuve par du gaz. Il se produit alors une dégradation de l'acide malique qui favorise une fermentation intracellulaire d'environ 2 à 3° d'alcool dans les baies. En apportant de l'oxygène, on fait démarrer parallèlement la fermentation alcoolique.

On obtient ainsi un vin avec moins de structure qu'un vin traditionnel, mais avec des arômes plus frais et plus fruités. C'est, rappelons-le, une méthode destinée à des vins à boire jeunes.

LES VINS EFFERVESCENTS

Deux méthodes sont utilisées pour obtenir des vins effervescents :

- une méthode locale, en perte de vitesse, encore employée pour les Limoux et les Gaillac. Elle consiste à embouteiller les vins avant la fin de la fermentation ou à embouteiller le vin tranquille après fermentation et une légère filtration. Les levures restantes ont ainsi tendance à retravailler en bouteille.

- la méthode "champenoise" qui consiste à ajouter au vin tranquille et filtré au moment de la mise en bouteille une liqueur de "tirage" composée de vin, de sucre et de levures.

Cette liqueur fait redémarrer la fermentation en bouteille et produit du gaz carbonique.

Une récente disposition au niveau des appellations réglemente la dénomination "méthode champenoise". Celle-ci ne peut plus figurer sur les étiquettes autres que de vin de Champagne. Les autres vins issus d'après la méthode champenoise sont des vins mousseux ou des crémants quand l'appellation "Crémant" de la région est reconnue.

LES VINS DOUX NATURELS

L'élaboration des V.D.N. se caractérise par l'opération du mutage, qui consiste à ajouter de l'alcool au moût. L'alcool utilisé est un alcool éthylique pratiquement neutre à 96°, les eaux de vie ne sont pas autorisées. Cette adjonction représente 5 à 10 % du volume du moût partiellement fermenté. Elle arrête la fermentation en annihilant l'action des levures. Le vin garde donc une partie des sucres du raisin. Suivant l'importance de ce sucre, on obtient des V.D.N. sec, demi-sec, demi-doux ou doux. Il faut ensuite un temps de repos assez long pour permettre à l'alcool de se fondre avec le moût.

Traditionnellement pour les crus de Banyuls et de Maury, l'adjonction d'alcool se fait sur le marc, pendant la macération.

Pour les Muscats, une attention toute particulière est demandée aux vignerons : il faut en effet éviter toute oxydation au vin, qui détruirait les arômes fruités du Muscat.

Les autres V.D.N. vieillissent en milieu oxydant dans du bois ou dans des cuves. Les vins deviennent ambrés et s'enrichissent d'arômes tertiaires complexes rappelant le miel, les fruits secs, le café, la vanille.

1984
BANDOL
APPELLATION BANDOL CONTROLEE
Domaines Ott
SOCIÉTÉ CIVILE DES DOMAINES OTT FRÈRES
France
CHATEAU
ROMASSAN
1986
SAINT
BACCHUS
1990
e 750 ml
FRANCE
Côtes du Rouss
MIS EN BOUTEILLE PAR
NEGOCIANT ELEVEUR
APPELLATION D'ORIGINE CONTRO
BOUTEILLE PROVENCALE DES DOMAINES OTT

LES MILLESIMES

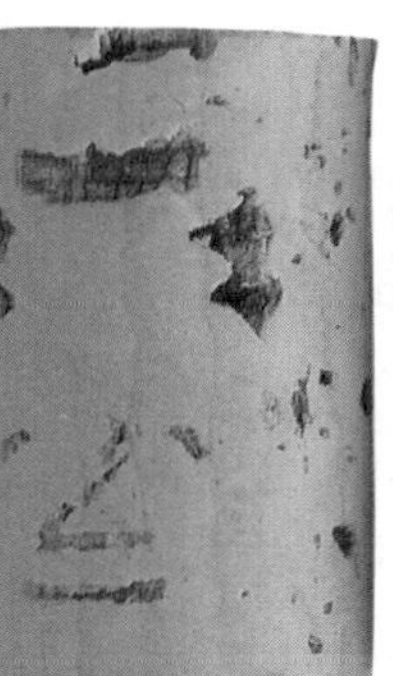

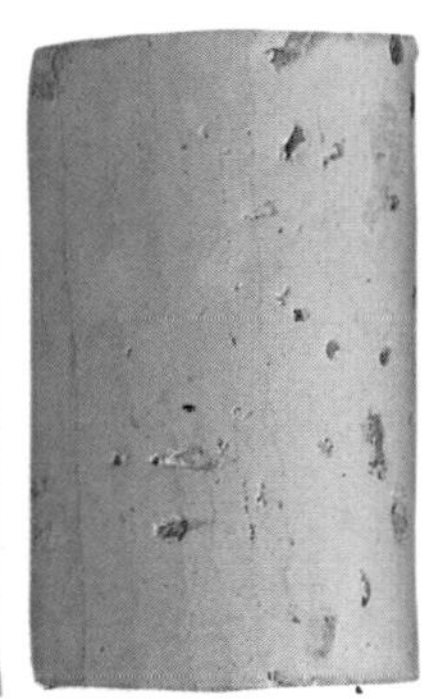
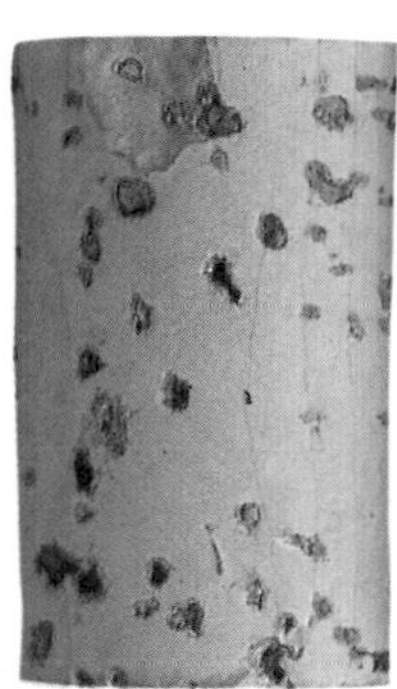
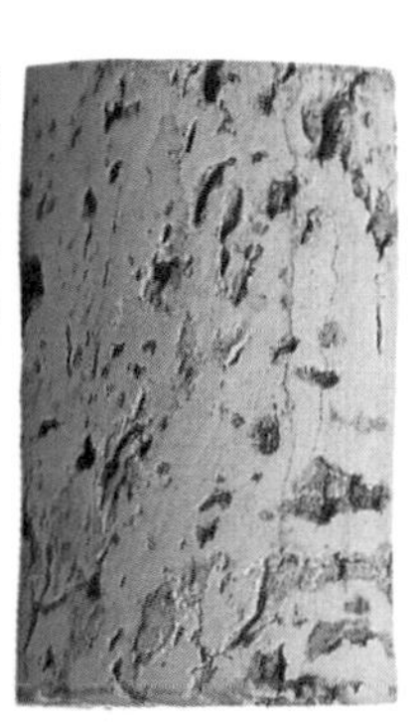

Passer en revue tous les millésimes pour chaque cru ou chaque appellation serait trop long. Par contre, il est intéressant de connaître la durée de conservation moyenne pour chaque type de vin.

Il faut dire que la majorité de la production est à boire jeune, quelques années après la récolte.

Nous ne pouvons pas parler d'un mauvais millésime durant la dernière décennie, 1984 et 1987 n'ont été que moyens.

LES COTES DU RHONE

Vins effervescents	2 à 3 ans
Blancs génériques	2 à 3 ans
Rosés génériques	2 ans
Rouges génériques	5 ans
Crus	5 à 8 ans
Côte-Rôtie	8 à 12 ans
Châteauneuf-du-Pape	
blanc	3 à 8 ans
rouge	10 à 20 ans
Hermitage	
blanc	2 à 6 ans
rouge	10 à 15 ans
V.D.N.	5 à 15 ans

LA PROVENCE

Les rosés se boivent le plus jeune possible, dans les 2 ou 3 ans grand maximum. C'est durant cette période qu'ils gardent leur agréable fruité et toute leur fraîcheur.

Les blancs seront à consommer dans les mêmes délais. Cependant, certains types de vinification spéciale permettent un vieillissement beaucoup plus important.

Les rouges peuvent se boire jeunes pour privilégier les caractères primeurs. Mais certains gagnent à vieillir, surtout les Bandol, les Cassis, les Bellet.

LA CORSE

En règle générale, les vins blancs, rouges et rosés se dégustent jeunes.

Les rouges se conservent un peu plus longtemps mais sans dépasser 4 à 6 ans et 3 à 4 ans pour les blancs et les rosés.

LE LANGUEDOC

Comme les vins de Corse, les vins du Languedoc se consomment relativement jeunes.

En dehors des Muscats qui peuvent se conserver une dizaine d'années, les autres vins se consomment de préférence durant les 5 premières années.

La Clairette et la Blanquette, comme tout vin effervescent, se boivent dès leur commercialisation, sans dépasser 2 années de conservation.

LE ROUSSILLON

Les vins secs de la région se consomment entre 2 et 5 ans.

Pour les V.D.N : les Muscats de Rivesaltes, pour qu'ils aient encore le type Muscat, doivent être bus de préférence dans les 5 premières années. Les Rivesaltes ont un potentiel compris entre 10 à 20 ans pour les meilleurs. Les Banyuls et les Maury ont une espérance de vie presque illimitée.

LE SUD-OUEST

Les vins de Bergerac et de la région :

Les rosés se boivent jeunes pour pouvoir apprécier leur fruité et leur fraîcheur.

Les blancs secs se boivent entre 3 à 4 ans.

Les moelleux, Monbazillac par exemple, se gardent de 15 à 20 ans, voire 30 ans pour les grands millésimes.

Les rouges se conservent en général une dizaine d'années. Les derniers grands millésimes sont 78, 80, 82, 86, 88 et 89. Ce sont les mêmes pour les liquoreux.

Le Cahors :

C'est le vin de garde par excellence si la vinification traditionnelle est respectée. 15 à 20 ans ne lui font pas peur mais, en général, au bout de 5 à 6 ans, vous pouvez commencer à ouvrir les bouteilles.

Les autres vins du Sud-Ouest sont des vins que l'on consomme en règle générale relativement jeunes, surtout les blancs et les rosés.

Une exception peut-être : le Pacherenc-du-Vic-Bilh qui peut se garder quelques années, au détriment cependant des arômes plaisants de sa jeunesse.

LES MILLESIMES DES COTES DU RHONE ET DE LA PROVENCE

Voici, pour les vins de garde de ces deux régions, les caractéristiques des derniers millésimes :

	COTES DU RHONE	PROVENCE
1979	Bon millésime pour les rouges qui sont de bonne garde. Les blancs sont gras et amples.	Grande année pour les rouges qui sont de longue garde. Bonne année pour les rosés et les blancs.
1980	Certains vins rouges sont très fins, très élégants. Les blancs sont secs et nerveux.	Belle année pour les rosés qui sont très fruités.
1981	Bonne année complète en blanc et en rouge. Vins agréables et suaves.	Belle année pour les blancs et les rosés qui sont très fruités.
1982	La grande année complète. Vins rouges puissants et longs, vins blancs gras et amples.	Grande année pour les rouges qui sont de longue garde.
1983	Belle année. Vins puissants, souples, mais manquant un peu de nervosité en blancs.	Belle année pour les rosés et les blancs. Vins très fruités.
1984	Année moyenne.	Année moyenne.
1985	Grande année de garde en rouges. Les blancs sont bien structurés, puissants et suaves.	Belle année pour les rouges et les rosés. Vins très puissants.
1986	Grand millésime bien équilibré tant en blanc qu'en rouge. Belles structures.	Belle année pour les rosés qui sont très fruités et les vins blancs très fins.
1987	Année agréable. Evolution rapide. Les blancs et les rouges sont fruités.	Très belle année pour les vins rouges qui sont de longue garde. Les blancs sont intéressants, très secs.

	COTES DU RHONE	PROVENCE
1988	Grande année. Vins de longue garde, intéressants tant en blanc qu'en rouge.	Belle année pour les rouges et les rosés qui sont puissants et aromatiques.
1989	Grande année. Vins rouges très structurés. Vins blancs vifs et gras.	Belle année pour les rouges qui sont de longue garde. Les rosés sont fruités et élégants, les blancs très fruités.
1990	Grande année pour la majorité des vins.	Belle année. Vins puissants et racés, des rosés aromatiques.

LA CAVE

C'est bien l'endroit de la maison qui mériterait le plus de soins et d'attention. En effet, quel autre endroit doit servir à conserver dans les meilleures conditions des trésors que vous avez amassés patiemment ? Et pourtant de bonnes caves n'existent pas chez la plupart des architectes et constructeurs de maisons. Nous allons donc voir en quelques lignes certaines conditions qu'il faut réunir pour faire une bonne cave :

- une orientation au nord
- des murs épais en matériaux tels que pierre ou brique si possible
- pas de lumière. Le vin n'aime pas le soleil, plus spécialement les U.V. Evitez aussi les lampes au néon, la lumière émise a les mêmes effets néfastes.
- une aération avec une entrée basse et une sortie haute qui peut être une lucarne entrouverte.
- un sol en terre battue ou à base de gravier pour permettre une meilleure gestion de l'humidité ou, en tout cas, pour favoriser celle-ci.
- une humidité raisonnable (75 %).

Une humidité trop importante n'a aucune incidence sur le vin lui-même mais plutôt sur l'habillage des bouteilles. Avec une humidité trop faible les bouchons se déssècheraient et ne rempliraient plus leur rôle.

- le sable ou le gravier permettront un arrosage durant les fortes chaleurs, ce qui favorisera une plus forte humidité et abaissera un tant soit peu la température.
- évitez toutes les odeurs fortes telles que fuel, essence, oignons, ails et fromages. Le vin est très sensible et perd de sa qualité.
- évitez au vin les vibrations. Il est presque certain que celles-ci fatiguent prématurément le vin.
- ne facilitez pas la tâche aux cambrioleurs. Ils se feraient une joie de déménager vos vins, surtout si vous les avez laissés dans les caisses d'origine. La plus sage précaution est d'être discret quant à la composition réelle de sa cave.

LES ACHATS

Toutes les régions que nous avons passées en revue, mises à part quelques A.O.C. à la production confidentielle, sont toutes bien représentées dans les différentes filières d'achat.

Vous trouverez facilement la plupart des appellations chez votre revendeur habituel, dans un magasin de vin ou dans les rayons spécialisés du supermarché que vous fréquentez.

Si vous désirez acheter des vins de garde au meilleur rapport qualité-prix, vous pouvez vous adresser directement aux viticulteurs ou aux coopératives de votre choix. Ils se feront un plaisir de vous conseiller et d'honorer votre commande. Votre cave vous permettra de laisser vos bouteilles se bonifier.

LES VERRES DES VINS DU SUD

***De gauche à droite** :*
- *verre à crémant,*
- *verre traditionnel,*
- *verre ballon,*
- *verre type I.N.A.O.*

ACCORD DES METS ET DES VINS

COTES DU RHONE

Tous les vins de cette vaste région aux appellations si diversifiées ont un point commun : qu'ils soient issus des Côtes du Rhône septentrionales ou des Côtes du Rhône méridionales, ils sont tous capiteux et chargés d'arômes.

De tels vins demandent une cuisine élaborée, une cuisine bourgeoise mijotée ou d'antan.

Les Côtes du Rhône génériques bus jeunes, surtout s'ils sont vinifiés en primeurs, sont des vins souples et gouleyants. Ils accompagneront des plats de cochonaille et de charcuterie.

Ils se boivent relativement frais, 10 à 12° C, cette température permettant aux arômes de fruits de bien se développer sans laisser apparaître le caractère brûlant de l'alcool.

La grande variété des vins blancs, des plus légers, Saint-Joseph ou Lirac, aux plus gras et amples, Hermitage, Châteauneuf-du-Pape, permet tous les mariages possibles.

Pour accompagner une simple nage de poisson, un Condrieu ou un Château-Grillet sera le bienvenu. Le caractère fruité et floral de ce type de vin soulignera bien les arômes épicés de la nage.

Les célèbres quenelles de brochet sauce Nantua supporteront parfaitement la compagnie d'un Hermitage ou d'un Châteauneuf-du-Pape blanc. Ce type de vin conviendra également à une simple volaille de la Bresse rôtie.

La température idéale de service se situe aux alentours de 8 à 9° C.

Les rosés sont typiques de la région. Le Tavel, par exemple, qui sait si bien nuancer le caractère opulent du rouge et la fraîcheur des blancs, peut être le compagnon idéal de tout un repas.

Ils se servent de préférence entre 8 et 10° C ; mais pas plus froid, les arômes du vin seraient cassés.

La grande variété des vins rouges permet tous les mariages possibles.

Les Châteauneuf-du-Pape, Hermitage, Côte-Rôtie, arrivés à leur plénitude, ne pourront que s'accommoder d'une bonne venaison. Ils doivent être servis entre 14 et 18° C.

Les Saint-Joseph, Cornas, Gigondas et autres appellations se marieront bien avec des terrines de foie, des pâtés de gibier, et toutes sortes de fromages au goût corsé. La température idéale de service sera de 12 à 16° C.

Les Rasteau et Beaumes-de-Venise conviendront pour l'apéritif ou le dessert. Pour les inconditionnels du pétillant, les Clairette ou le Saint-Peray seront là pour les contenter.

LA PROVENCE

A part quelques exceptions, les vins de Provence sont à consommer jeunes. C'est là qu'ils donneront le meilleur d'eux-mêmes.

Le caractère gouleyant des blancs et des rosés, quoique peu aromatique, sera souligné par une température relativement fraîche, de 7 à 10° C. Les vins rouges seront mis en valeur à une température avoisinant les 12 à 14° C.

La mer toute proche permet de nombreuses préparations culinaires à base de poisson ou de crustacés. Les blancs et les rosés de Provence sont là pour les accompagner.

Le rosé peut être le vin unique du repas. Il faudra choisir des rosés plus structurés, comme le Bellet ou le Bandol qui s'associeront également aux charcuteries et aux cochonailles.

Les vins rouges jeunes accompagneront aussi bien les poissons que les viandes grillées.

Les rouges plus structurés seront à servir avec des viandes en sauce (bœuf en daube, navarin d'agneau et toutes les préparations typiques provençales) ou avec des fromages.

Mais les accords régionaux ne sont pas les seuls possibles. Les vins blancs séveux et gras, tout en étant secs, se boiront volontiers avec la cuisine exotique. Les vins rouges, avec leurs arômes de cannelle et de réglisse, pourront être associés à de nombreuses cuisines aromatiques telles que la cuisine chinoise ou vietnamienne.

LE LANGUEDOC

La grande diversité des vins produits dans la région Languedocienne permet toutes les associations possibles et imaginables.

Les Muscats, s'ils peuvent être servis en apéritif, seront de bons vins de dessert. Ils seront également agréables à déguster tout simplement entre les repas en compagnie de quelques amis.

La Blanquette de Limoux sera utilisée comme les Muscats.

Les blancs du Languedoc seront parfaits avec des huîtres, des moules et autres spécialités de la mer Méditerranée.

Les rosés pourront se substituer aux blancs sans problème. Ils accompagneront aussi bien la cochonaille et autres terrines ou pâtés de viande...

Les vins rouges seront agréables avec les préparations culinaires du Sud et des Pyrénées (confit d'oie, cassoulet, gibiers). Ils iront également très bien avec les nombreux fromages de cette belle région.

LE ROUSSILLON

La plus grande production des vins de cette région est les Vins Doux Naturels. Ce sont les compagnons de l'apéritif mais ils savent aussi s'harmoniser avec du foie gras, se substituer au porto avec du melon, et escorter les fromages.

Les vins blancs seront agréables à consommer avec les poissons d'eau de mer mais les poissons d'eau douce tels la truite ou le brochet s'en accommoderont aisément.

Les vins rouges seront à servir avec de l'agneau, du rôti de porc ou du gibier.

Températures de service : les vins effervescents 6 à 8° C, les V.D.N. 5 à 7° C pour les jeunes, 7 à 10° C pour les plus évolués, les blancs 8 et 10° C et 12 à 15° C pour les rouges.

LA CORSE

Les vins blancs et les rosés seront les compagnons rêvés des poissons de mer ou d'eau douce.

La température idéale se situe entre 8 et 10° C.

Les rosés seront à déguster avec des pâtes aux herbes, du fromage de brebis frais, des fromages de chèvre ou une des spécialités très rustiques, l'omelette à la menthe.

Les rouges bien charpentés supporteront sans faillir des préparations de gibier, des pâtés de grive ou de merle ou les charcuteries relevées que l'on prépare si bien dans l'île de beauté.

Les vins rouges de Corse se servent aux alentours de 15° C.

LE SUD-OUEST

Les vins moelleux ou liquoreux de cette région seront des vins d'apéritif. Ils accompagneront également les pâtés et les terrines de foie ainsi que le foie gras. Certains les associent également à une volaille grillée ou rôtie ainsi qu'à des ris de veau à la crème. Au dessert, les tartes aux pruneaux ou aux noix ainsi que les autres pâtisseries iront bien avec ces vins.

Les blancs du Sud-Ouest sont dans la plupart des cas des blancs légers et gouleyants, compagnons idéaux des poissons de rivière, des coquillages et des escargots.

Les rosés, agréables et nerveux, pourront être servis avec toutes sortes d'entrées, y compris la charcuterie.

Les rouges s'accommoderont avec les cassoulets confits que cette région sait si bien mitonner. Les plus puissants, tels le Cahors et le Madiran, supporteront sans problème la compagnie de civets, magrets, ou d'autres délicates préparations à base de gibier.

Température des vins : les vins moelleux liquoreux et même effervescents de cette région sont à consommer très frais, entre 5 et 7° C, les vins blancs de 7 à 8° C. Les rouges jeunes et les rosés se consomment entre 10 et 12° C. Les rouges pouvant supporter le vieillissement se servent aux alentours de 14 à 16° C.

le Val de Loire

SON HISTOIRE

La LOIRE, le fleuve le plus long de France, évoque pour nous, non seulement de vastes étendues d'eau mais aussi la douceur de vivre et une grande partie de l'histoire de France, tant il est vrai que les régions traversées par ce fleuve tranquille ont été le creuset de notre passé.

La Loire, d'une longueur de plus de 1 000 km, arrose de nombreuses régions bien différentes tant par leurs situations géographiques que géologiques. Du département de la Loire Atlantique jusqu'au cœur de l'Auvergne se situent, tout au long des berges, des appellations de vins prestigieuses : Muscadet, Anjou, Saumur, Chinon, Bourgueil, Sancerre, Pouilly-sur-Loire, sans oublier des appellations telles que Jasnières, Touraine, Quincy, Reuilly et Menne-tou-Salon. Toutes ces appellations ont un caractère propre et particulier.

La Loire est aussi un fleuve navigable. L'histoire nous a montré que toutes les régions baignées par un fleuve ont bénéficié des bienfaits du commerce et du transport rendu plus facile par l'eau.

Mais les fleuves étaient aussi une voie de pénétration pour d'autres peuples qui, par intentions belliqueuses, envahissaient le territoire en apportant souvent avec eux une civilisation et une culture différentes.

Quelques décennies avant notre ère, César, après avoir livré bataille, put occuper la région nantaise. Toute la région bénéficiera des bienfaits et des connaissances romaines qui étaient aussi bien culturels qu'architecturaux.

Quelques siècles plus tard, selon un scénario que l'on retrouve dans toutes les régions viticoles, le christianisme, par le biais des cures et des moines, fit se propager la culture de la vigne dans toutes les régions propices à celle-ci. A cette époque, en 372, saint Martin devient évêque de Tours et fonde le monastère de Marmoutier. Il possédait de nombreuses terres plantées de vignes sur les rives de la Loire mais également jusqu'en Bourgogne. La légende attribue à son âne la découverte de l'art de la taille de la vigne.

Les vignobles existants ne firent que s'étendre durant tout le Moyen Age, malgré diverses invasions. En 804, sous le règne de Charlemagne, la villa de Théophile, évêque d'Orléans, était entourée de vigne. Pour prouver la bonne santé de la région, l'église de Germigny-des-Prés est toujours là. C'est la plus ancienne de France.

Plus tard, les rois et les princes découvrirent cette région tranquille, aux paysages idylliques. Il s'empressèrent donc d'y faire construire demeures et châteaux.

La vallée de la Loire devint ainsi le centre politique, littéraire et artistique de la France.

C'est vers 1483 pour certains, 1489 pour d'autres, que naquit dans cette région un génie de la littérature française, Rabelais. Il se fit l'écrivain du bien vivre dans le Val de Loire. Qui n'a pas entendu parler de Gargantua et de Pantagruel ? C'est également dans cette région mise en poésie par Du Bellay que mourut Léonard de Vinci en 1519 et que vécut Ronsard (à Blois et à Tours).

La grande diversité et le grand nombre de châteaux ne pouvait être que signe de prospérité et de joie de vivre avec des garde-manger bien garnis et des caves richement dotées de tous les vins du voisinage.

Maison natale de Rabelais.

LA SITUATION GEOGRAPHIQUE

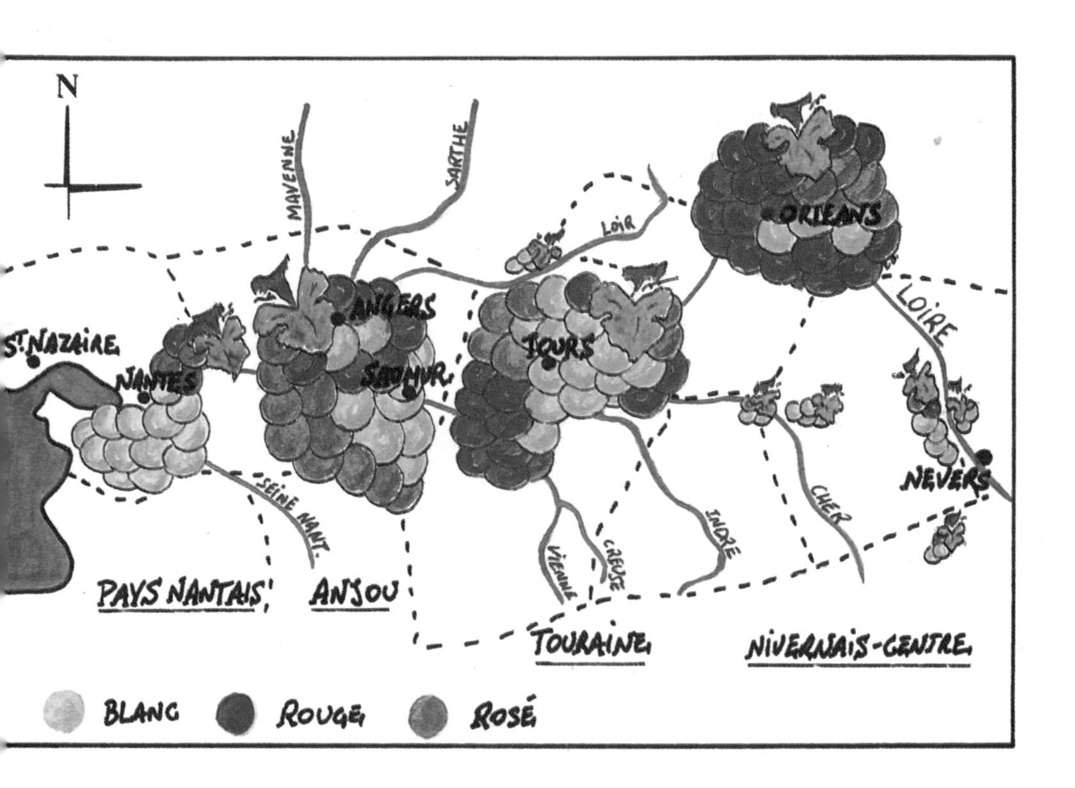

LES ZONES VITICOLES

La longueur du fleuve, mille kilomètres, fait comprendre qu'il n'y a pas une unité viticole sur toute la longueur. La géologie, le climat, les mentalités même des gens sont différents, et heureusement. Nous allons donc parcourir les différentes régions viticoles que traverse la Loire de l'amont vers l'aval et les regrouper en plusieurs zones bien distinctes.

Les vignobles de la Loire et de l'Allier

Ils comprennent les régions viticoles suivantes :

- les Côtes-du-Forez,
- la Côte Roannaise,
- Saint-Pourcain-sur-Sioule,
- les Côtes d'Auvergne,

et par extension nous y attacherons les vins :

- du Berry,
- du Nivernais.

L'unité de cette région est le climat de type continental (étés chauds et hivers froids).

Les vignobles de la Touraine

C'est une région viticole homogène soumise à un climat continental adouci par l'influence de l'Atlantique.

Les vignobles de la région Angevine,

à laquelle on associera le Saumurois avec les vins :

- de Saumur,
- de Savennières,
- de Bonnezeaux,
- des Quarts de Chaume,
- des Coteaux de l'Aubance entre autres.

Le vignobles du Pays Nantais

C'est la fin du cours de la Loire. Cette région englobe les vins du Pays Nantais et le Muscadet.

Pour une meilleure compréhension nous avons prévu un tableau récapitulatif des différentes régions avec leurs appellations A.O.C. et V.D.Q.S. (voir page 10).

LES VIGNOBLES

Les différentes zones peuvent se regrouper et l'on peut parler du vignoble en général.

La vallée de la Loire se trouve à la limite septentrionale de la culture de la vigne. Elle vient de la région champenoise et passe par cette vallée.

L'influence océanique élève la température en hiver, tempère les chaudes journées estivales et donne des matinées brumeuses durant l'arrière-saison. Trois conditions qui ne sont pas forcément idéales pour la culture de la vigne en général mais qui, cas par cas, permettent d'utiliser des cépages peu résistants aux froids ou qui coulent facilement. Ces derniers donnent des vins légers, vifs et nerveux parce que non surmaturés, mais permettent, dans certaines conditions, le développement du *Botrytis cinerea.*

Cette nécessaire influence climatique limite l'étendue des vignobles le long des cours d'eau et les disperse. Seuls les terrains les mieux exposés seront complantés mais ils devront de plus être relativement abrités des vents. Le vignoble, dans tout le Val de Loire, n'est pas une culture principale mais une succession d'exceptions rendues possibles par des micro-climats très spécifiques.

Le vignoble est complanté en majorité de cépages blancs produisant naturellement des vins blancs.

Les cépages à vins rouges ne sont que peu destinés à l'élaboration de vins rouges et sont même essentiellement destinés à l'élaboration de vins rosés fringants et vifs.

LES CEPAGES

Le vignoble qui serpente le long du fleuve a des cépages propres à la région, et qui, bien souvent, ne se trouvent plus que dans celle-ci :

- le Melon de Bourgogne ou Muscadet,
- le Chenin blanc ou Pineau de Loire,
- le Menu Pineau ou Arbois,
- le Grolleau ou Groslot.

Mais elle a aussi su adapter les cépages renommés d'autres régions viticoles, comme :

- le Sauvignon,
- le Cabernet Franc,
- le Cabernet Sauvignon,
- le Côt, issus de la proche région bordelaise ;
- le Pinot noir,
- le Gamay, issus de la Champagne et de la Bourgogne ;
- le Chasselas.

Tous ces cépages, judicieusement complantés dans les terroirs adéquats ne peuvent donner que le meilleur d'eux-mêmes et font la renommée des appellations qu'ils produisent.

Nous verrons plus en détail l'implantation géographique des cépages au fil des appellations que nous passerons en revue.

Les climats et les cépages associés aux différences géologiques donneront presque toujours des vins frais légers et gouleyants, le plus souvent à boire jeunes mais dont certains gagneront à être conservés pour être bus bien plus tard.

REGION DU CENTRE

Saint-Pourçain V.D.Q.S.
Côtes d'Auvergne V.D.Q.S.
Côte Roannaise V.D.Q.S.
Côtes du Forez V.D.Q.S.

Reuilly A.O.C.
Quincy A.O.C.
Mennetou-Salon A.O.C.
Sancerre A.O.C.
Pouilly-sur-Loire A.O.C.
Pouilly-Fumé A.O.C.

Coteaux du Vendômois V.D.Q.S
Vins de l'Orléannais V.D.Q.S.
Coteaux du Giennois V.D.Q.S
ou Côtes de Gien V.D.Q.S.
Châteaumeillant V.D.Q.S.
Valencay V.D.Q.S.

Cheverny V.D.Q.S.

ANJOU ET SAUMUROIS

Anjou A.O.C.
Anjou Coteaux-de-la-Loire A.O.C.
Cabernet d'Anjou A.O.C.
Savennières A.O.C.
Coteaux du Layon A.O.C.
Bonnezeaux A.O.C.
Quarts-de-Chaume A.O.C.
Coteaux de l'Aubance A.O.C.
Cabernet de Saumur A.O.C.
Saumur-Champigny A.O.C.
Coteaux de Saumur A.O.C.
Saumur A.O.C.
Saumur-Mousseux A.O.C.
Crémant de Loire A.O.C.
Rose de Loire A.O.C.

Vins de Thouarsais V.D.Q.S.

TOURAINE

Touraine A.O.C.
Touraine-Azay-le-Rideau A.O.C.
Touraine-Amboise A.O.C.
Touraine-Mesland A.O.C.
Vouvray A.O.C.
Montlouis A.O.C.
Bourgueil A.O.C.
Saint-Nicolas-de-Bourgeuil A.O.C.
Chinon A.O.C.
Jasnières A.O.C.
Coteaux du Loir A.O.C.

Vins du Haut-Poitou V.D.Q.S.

PAYS NANTAIS

Muscat A.O.C.
Muscadet des Coteaux de la Loire A.O.C.
Muscadet de Sèvre et Maine A.O.C.

Gros Plant du Pays Nantais V.D.Q.S.

Coteaux d'Ancenis
Fiefs Vendéens

LE CENTRE ET LE MASSIF CENTRAL

En dehors des vins issus des vignobles situés le plus au sud de cette région qui ont déjà un caractère presque méridional, les autres sont issus d'un climat relativement homogène, d'influence continentale. Ils sont produits sur des terrains dont l'altitude est comprise entre 150 et 350 mètres.

Cette région peut à son tour être subdivisée en sous-régions :

- le Massif Central
- en aval de Nevers
- la zone de changement d'orientation
- la Sologne.

LE MASSIF CENTRAL

Cette zone comprend les V.D.Q.S. suivants :

- les Côtes du Forez,
- la Côte Roannaise,
- les Côtes d'Auvergne,
- le Saint-Pourçain.

De ces quatre appellations, la seule à produire des vins blancs secs tranquilles ou mousseux est Saint-Pourçain (il existe toutefois une toute petite production de blanc dans les Côtes d'Auvergne). Les autres appellations ne produisent que du rouge et un peu de rosé.

Les Côtes du Forez, V.D.Q.S.

Le vignoble, d'une superficie de 150 hectares environ, produit 5 500 hectolitres dont 2/3 en rouge.

Le cépage utilisé est le Gamay. Celui-ci est complanté dans des terrains d'origine granitique des Monts du Forez. Le plus grand producteur est la cave coopérative de Boën-sur-Lignon.

Les vins des Côtes du Forez sont des vins à boire jeunes, c'est là qu'ils sont intéressants, vifs, très fruités, peu taniques avec des odeurs et des arômes de thym et de garrigue. Ce sont des vins presque méridionaux.

La Côte Roannaise, V.D.Q.S.

Ce vignoble, d'une superficie totale n'atteignant pas les 100 hectares, produit, bon an, mal an, environ 4 000 hectolitres de vin rouge et accessoirement et de façon irrégulière des vins rosés (de 5 à 10 % de la production). Comme pour les Côtes du Forez, le cépage utilisé est le Gamay, complanté lui aussi dans des terrains granitiques presque identiques aux sols du Beaujolais. C'est sur la rive gauche de la Loire que l'on trouve la plus grande partie du vignoble. Dans cette région le Gamay est appelé Saint-Romain.

Les vins rouges de la Côte Roannaise sont d'une couleur relativement soutenue. A boire jeunes, c'est là qu'ils sont les meilleurs.

Les Côtes d'Auvergne, V.D.Q.S.

Le vignoble, d'une relative importance, plus de 500 hectares, est revendiqué par une cinquantaine de communes, 53 exactement.

Le sol est d'origine volcanique et calcaire, issu des coteaux entourant la plaine de la Limagne. On y produit environ 20 000 hectolitres de vin dont les 2/3 en rouge. Les cépages utilisés sont le Gamay, en association de quelques plants de Pinot noir, et le Chardonnay pour les blancs.

Certaines communes adjoignent leur nom à l'appellation, on retrouve ainsi des :

- Côtes d'Auvergne-Chanturgue,
- Côtes d'Auvergne-Châteaugay,
- Côtes d'Auvergne-Corent,
- Côtes d'Auvergne-Madargues,
- Côtes d'Auvergne-Boudes.

C'est dans la région des deux dernières citées que le Pinot noir est complanté avec une relative importance.

Les vins rouges issus de cette région viticole sont des vins bouquetés, quelquefois un peu austères et d'une agréable fraîcheur. Ils sont aussi à boire relativement jeunes.

Le Saint-Pourçain, V.D.Q.S.

C'est sûrement le vin de toute cette région qui a le plus de notoriété ; il a été servi à la table des rois. Le vignoble s'étend sur une superficie de 500 hectares qui permettent une production de 23 000 hectolitres dont près de la moitié en rosé, le reste en rouge et en blanc (tranquille et mousseux).

Les cépages utilisés sont le Gamay (80 %), en association avec le Pinot noir (20 %) pour le vin rouge et rosé.

Pour les vins blancs on utilise le Tressalier (ou Sacy de l'Yonne), le Sauvignon, l'Aligoté, le Chardonnay et le Saint-Pierre doré.

Les rosés de Saint-Pourçain sont légers, fringants et fruités, soulignés par une belle fraîcheur acidulée.

Les rouges sont vifs et agréables à boire.

Les blancs sont tendres et séveux.

La production de Saint-Pourçain est à boire relativement jeune mais une courte conservation des vins ne nuit en aucun cas à leurs qualités.

EN AVAL DE NEVERS

C'est dans cette région que se trouvent les célèbres appellations de Sancerre et de Pouilly-sur-Loire avec son Pouilly-Fumé, mais d'autres non moins célèbres y sont produits : le Mennetou-Salon, le Reuilly, le Quincy.

D'autres V.D.Q.S. sont produits tout près de cette appellation. Il s'agit du Valençay dans la vallée du Cher et du Châteaumeillant au sud de la vallée de l'Indre.

Sancerre, A.O.C.

Le vignoble, d'une superficie de 1 500 hectares, est situé sur un sol d'origine calcaire associé quelquefois avec des marnes kimméridgiennes que l'on retrouve également de l'autre côté de la Loire à Pouilly.

Les deux communes ont une même devise :

"Eau nous divise,
Vin nous unit".

Ces 1 500 hectares produisent des vins blancs, rouges et rosés. Les cépages autorisés sont le Sauvignon pour les blancs et le Pinot noir pour les rouges et rosés. 45 000 hectolitres sont produits en moyenne pour le blanc et 10 000 hectolitres pour le rouge et le rosé.

Les lieux-dits les plus connus sont sur la gauche de la route de Bourges, la Moussière et les Grands Champs. Un peu plus loin, à Chavignol, célèbre pour son crottin (fromage de chèvre), on retrouve les Monts Damnés, les Chasseignes et les Bouffants ; à Bue, le Clos du Chêne Marchand et Chemarin, le Clos de la Poussie, mais beaucoup d'autres lieux-dits ne démentent pas cette qualité, loin s'en faut.

Le Sancerre blanc issu du Sauvignon est recherché pour sa fraîcheur et ses arômes très typés : feuilles de cassis, ortie blanche et quelquefois épices ou fleurs de sureau. La majorité des consommateurs préfèrent le boire jeune mais quelques années de vieillissement n'altèrent en rien la qualité du vin. Cette profusion d'arômes se sera fondue et donnera encore de grands plaisirs bachiques aux connaisseurs. En connaissant les vins blancs de Sancerre, nous avons envie de nous rallier à la devise des viticulteurs de Bue : "Je jure que je boirai pur le premier verre de vin, le second sans eau et le troisième tel qu'il sort du tonneau".

Les Sancerre rouges et rosés sont exclusivement obtenus à partir du cépage Pinot noir.

Les rouges demandent pour atteindre leur apogée 2 ou 3 ans de veillissement en bouteille. C'est un vin corsé, long en bouche, typique du cépage, avec des arômes végétaux pouvant évoluer sur l'animal comme certains Bourgogne.

Les rosés sont tendres et fruités, à boire jeunes.

Pouilly-sur-Loire et Pouilly-Fumé, A.O.C.

La commune de Pouilly, située sur la rive droite de la Loire produit deux appellations bien distinctes. Les deux sont des vins blancs, mais l'appellation de Pouilly-sur-Loire est produite à base de Chasselas et celle de Pouilly-Fumé à base de Sauvignon.

La superficie des deux appellations est d'environ 500 hectares, qui produisent 18 000 hectolitres de Blanc-Fumé et 4 000 hectolitres de Pouilly-sur-Loire.

Il est à noter que le terrain, d'origine calcaire comme à Sancerre, est associé à de l'argile et du sable.

Les vins de Pouilly-Fumé sont des vins vifs, nerveux, avec des arômes de pierre à fusil associés à des odeurs de type végétal.

Les vins de Pouilly-sur-Loire sont fins, sans acidité excessive et très gouleyants, mais se conservant mal ils sont de préférence à boire dans leur première jeunesse.

Mennetou-Salon, A.O.C.

Le vignoble est situé à 30 km au sud-ouest de Sancerre dans une région très touristique grâce à la beauté paisible du paysage.

Ce vignoble d'une importance de 500 hectares produit essentiellement du blanc, 2 500 hectolitres environ, pour 1 300 à 1 400 hl. de rouge et de rosé (avec une forte proportion de rouge).

Les vins blancs sont issus du cépage Sauvignon et sont agréables et friands à boire dans leur jeunesse.

Les rouges proviennent du cépage Pinot noir. Elégants, légers et racés, ils se boivent dans leur jeunesse comme les blancs.

Quincy, A.O.C.

Situées sur les pentes caillouteuses du Cher, deux communes prétendent à l'appellation, ce sont Quincy et Brinay. L'appellation prospère sur une étendue de 100 hectares et ne produit que du vin blanc à partir du cépage Sauvignon. Bon an, mal an, on y atteint 3 200 à 3 500 hl.

La structure géologique du sol est différente de celle de Sancerre. Nous nous retrouvons là sur des terrains siliceux, ce qui explique peut-être que les vins de Quincy soient d'un caractère plus sec, plus fin et plus fruité que les Sancerre.

Reuilly, A.O.C.

L'appellation est toute proche de Quincy, une dizaine de kilomètres les séparent. Reuilly produit des rouges, des rosés et des blancs. Pour les rouges et rosés, le Pinot noir est utilisé en association avec le Pinot gris et pour les blancs, c'est tout naturellement le Sauvignon.

Par contre, les blancs proviennent de terrains argilo-calcaires.

Les vins de Reuilly ont une certaine capacité à vieillir et se bonifient en bouteilles. Toutefois ils sont généralement près de leur apogée au bout de trois ou quatre années de vieillissement.

Le vignoble, d'une superficie de 30 hectares, se situe à cheval sur le département du Cher et principalement sur celui de l'Indre. Les vins rouges sont essentiellement issus de terroirs graveleux et sablonneux.

Valençay, V.D.Q.S.

Une quinzaine de communes se partagent l'appellation Valençay. Situées dans le département de l'Indre, elles produisent des vins rouges (3/4 de la production), rosés et blancs.

Le blanc est produit en petite quantité à partir du Sauvignon associé à l'Arbois et au Chardonnay pour 60 % minimum. Les autres cépages autorisés sont le Pineau de la Loire et le Romorantin. Le rouge et le rosé sont issus pour au moins 75 % du Cabernet Franc, du Cabernet Sauvignon, du Côt, du Gamay et du Pinot noir. Accessoirement, les cépages Gascon, Pineau d'Aunis, Gamay de Chaudenoy et le Groslot sont autorisés.

Les vins de Valençay sont des vins légers, friands, peu chargés en alcool qui se comportent très bien avec une célèbre production fromagère de la région à base de lait de chèvre, le Valençay. Ce sont des vins de terroirs qui se boivent très jeunes.

Châteaumeillant, V.D.Q.S.

Châteaumeillant produit essentiellement des vins rouges, mais aussi du gris et du rosé, principalement à partir du cépage Gamay associé quelquefois au Pinot noir.

Le sol est un terrain à base de grès décomposé favorable à la culture du Gamay. Le Pinot noir sert à faire baisser l'acidité du vin lors des années médiocres. On utilise aussi, dans de très faibles proportions, le Pinot gris pour le même résultat.

Les vins de Châteaumeillant ont été historiquement connus pour le vin gris mais le rouge est de très bonne tenue dans les années au climat propice.

LA ZONE DE CHANGEMENT D'ORIENTATION

Coteaux du Giennois ou Côtes de Gien, V.D.Q.S.

Cette région a été au siècle dernier une région très viticole. La commune de Gien comptait en ce temps-là près de 600 vignerons, alors qu'ils ont presque disparu de nos jours. On y produit essentiellement du vin rouge à base de Gamay en particulier, 75 %, mais en association avec du Pinot noir. Pour la production de blanc, le Sauvignon est le cépage le plus complanté avec un peu de Pineau de la Loire. Les vins rouges des Coteaux du Giennois ont une certaine aptitude au vieillissement. Ils sont très colorés, typés du cépage, et intéressants. 4 à 6 ans de bonification en bouteilles ne sont pas une mauvaise chose. Les vins blancs sont légers, fruités et gouleyants. Ils doivent par contre se boire plus jeunes.

Vins de l'Orléanais, V.D.Q.S.

Cette région de moyenne importance, environ 150 hectares, produit les 3 sortes de vins mais essentiellement du vin rouge. Comme la proche région des Coteaux du Giennois, l'importance viticole y était grande au siècle dernier. C'est dans les communes de Saint-Jean-de-Braye, Fleury, Saint-Ay, Beaugency, Baule, Olivet que sont produits les vins de l'appellation.

Le Pinot Meunier (localement appelé le Gris Meunier) est un des cépages les plus complantés, suivi du Pinot noir (ou Auvernat noir) et du Cabernet aussi nommé le Noir dur. On comprendra donc facilement que le vin rouge soit la production la plus importante. Le résultat est un vin fruité et agréable à boire jeune. Pour le vin blanc, le cépage Chardonnay ou Auvernat blanc sont les plus complantés avec en plus un peu de Pinot gris. Comme pour les vins rouges, les blancs sont agréables et même surprenants dans les grands millésimes, mais il faut toutefois les boire jeunés. La production est presque entièrement destinée à la consommation locale.

Les Coteaux du Vendômois, V.D.Q.S.

Les vignobles de cette région sont plantés sur des terroirs à base de calcaire (tendre) et de silex. D'une petite importance, environ 80 hectares, ils produisent presque exclusivement du rouge et du rosé, le vin blanc ne représente que 10 % de la récolte.

Les vins rouges sont issus du Gamay, du Pinot noir et du Pinot d'Aunis. Par contre, le rosé est issu du Pinot d'Aunis le plus souvent seul, même si parfois le Gamay est rajouté mais toujours dans un faible pourcentage.

Pour les blancs, le Chardonnay et le Pinot blanc de la Loire sont complantés.

Le vin rosé ici est un vin fruité et sec, avec une couleur particulière appelée "œil de gardon" dans la région. La production est destinée à la consommation locale et se boit relativement jeune. Dans les bonnes années, des bouteilles que l'on aurait oubliées dans la cave ne seraient pas perdues même au bout de 10 ans.

LA ZONE SOLOGNOTE

Le Cheverny, V.D.Q.S.

Parmi toutes les autres régions viticoles voisines, Cheverny a la particularité de produire des vins mousseux en plus des 3 autres sortes qui y sont aussi vinifiées.

Avant l'arrêté du 17 juillet 1973, les vins produits dans cette région s'appelaient les "Monts près Chambord Cour Cheverny".

Deux douzaines de communes (23) s'octroient le droit à l'appellation pour une superficie n'excédant pas 250 hectares.

Les vins mousseux sont issus des cépages Chenin blanc, Arbois, Chardonnay, Meslier, Saint-François, Pineau d'Aunis et Cabernets. Les vins mousseux sont produits suivant la méthode champenoise.

Les vins blancs produits dans la région sont secs, fruités, agréables et peu alcoolisés. Ils sont destinés à la consommation locale.

Les rouges et les rosés sont frais, légèrement acidulés mais bien équilibrés. Ils se boivent jeunes si possible.

ACCORD DES VINS ET DES METS

Les vins blancs des V.D.Q.S. de l'Orléanais, du Giennois et du Berry se boivent plutôt frais, leur caractère rustique s'accommode parfaitement avec la charcuterie, les hors-d'œuvre et les fromages de chèvre de la région.

Les vins blancs du Sancerrois et de Pouilly-sur-Loire seront servis de 8 à 12°. Ils accompagneront parfaitement des huîtres ou des poissons de mer. Le fruité du Sauvignon permet également de l'associer avec du saumon cru mariné, du saumon fumé et bien sûr le Crottin de Chavignol.

Les vins rouges du Sancerrois accompagneront dignement un plat régional : le poulet à la berrichonne, le veau au vin rouge, l'agneau de la région ou le cabri de Chavignol.

Le vin de Pouilly-Fumé se marie agréablement aux poissons d'eau douce.

LA TOURAINE

La région du Centre que nous venons de parcourir produit des vins de qualité dont la diffusion reste limitée. La plus grande partie de la production est consommée sur place (les vins de Sancerre et de Pouilly-Fumé ou de Pouilly-sur-Loire étant l'exception). La Touraine est vraiment la région par excellence et le cœur même des vins de la Loire. Dans le passé c'était le jardin de la France. C'est ici, sur les berges de la Loire, côtoyant les châteaux aux noms célèbres, que prospèrent les illustres vins d'appellation Touraine. Une partie des vignobles se situe dans le département de l'Indre-et-Loire, l'autre se trouve dans les départements de l'Indre et du Loir-et-Cher.

C'est donc le long des berges de la Loire et au bord de petites vallées riantes et verdoyantes que nous allons retrouver tous les vignobles.

Le climat de cette région, subissant déjà une certaine influence de l'Atlantique, est idéal pour la culture de la vigne. De plus, une certaine homogénéité du sol, composé de tuffeau, recouvert souvent par des sables de granit et de grès, offre un terroir adapté à la vigne elle-même. Dans d'autres régions les pierres de silex, en s'associant au tuffeau, donnent les célèbres terroirs que l'on nomme les perruches. Ils permettent au vin de s'exprimer de façon spéciale, notamment en procurant aux vins un goût de pierre à fusil.

Les cépages utilisés sont connus et aimés des vignerons depuis longtemps. Ici, nulle recherche pour trouver des cépages mieux adaptés, les vignerons se contentent de façon heureuse des vins blancs du Chenin blanc de l'Anjou que l'on dénomme ici le Pineau de la Loire.

Pour les vins rouges c'est sans conteste le Cabernet Franc qui est le plus complanté. Il donne toute sa mesure dans les différentes appellations régionales. Il se nomme également Breton ou Véron. Quelques autres cépages locaux sont aussi employés pour l'élaboration de certaines cuvées. Il s'agit du Cabernet Sauvignon, de l'Arbois ou Menu Pineau et du Chardonnay. On retrouve aussi un peu de Malbec ou de Côt. Le Gamay, et surtout le Menu Pineau pour les rouges, prend de plus en plus d'importance. En effet, les terroirs à composante gréseuse ou granitique lui sont favorables.

Touraine, A.O.C.

Dans cette région qui porte son nom, il existe une appellation régionale Touraine. Cette appellation englobe les vins rouges, rosés et blancs.

Cent vingt-sept communes de l'Indre-et-Loire, quarante et une communes du Loir-et-Cher et une seule commune de l'Indre peuvent prétendre à cette appellation.

Les vins blancs sont issus principalement du Chenin blanc (Pineau de la Loire) et de l'Arbois. Toutefois, on peut y trouver du Chardonnay, pour 20 % au maximum.

Les vins rouges proviennent du Cabernet Franc associé au Cabernet Sauvignon, au Côt, au Pinot Meunier, au Gamay et au Pinot d'Aunis.

Les vins rosés proviennent quant à eux des cépages Cabernet Franc, Cabernet Sauvignon, Côt, Pinot noir, Meunier et Gris. Certains Gamay locaux qui sont des proches parents du Gamay noir à jus blanc sont tolérés.

Il existe également une appellation **Touraine pétillant A.O.C.** et **Touraine mousseux A.O.C.**

En général, les vins de Touraine ont une bonne aptitude au vieillissement.

Actuellement 5 000 hectares produisent environ 300 000 hectolitres de vin dont 130 à 140 000 hectolitres en rouge, presque autant en blanc et le reste en rosé. Il est à noter que les responsables viticoles de la région essaient de créer un type Touraine qui pour les rouges favoriserait l'implantation des cépages Gamay et Côt.

Cette appellation Touraine peut être complétée par trois noms de communes qui sont :

- Touraine-Amboise,
- Touraine-Mesland,
- Touraine-Azay-le-Rideau.

Touraine-Amboise, A.O.C.

Le vignoble de Touraine-Amboise s'étend de part et d'autre de la Loire. De petite importance, il n'est pas à négliger pour autant. L'appellation produit des blancs, rouges et rosés. Le Gamay, le Côt et le Cabernet sont les cépages les plus complantés pour l'obtention des rouges et des rosés. Les blancs sont principalement issus du Chenin ou Pineau de la Loire.

Les vins rouges se consomment de préférence jeunes, l'encépagement majoritaire en Gamay explique le fait. Mais leur vieillissement n'est pas inintéressant, même si c'est au détriment de leur fruité. Les blancs sont agréables, légers et gouleyants, sauf quelques exceptions, dans les millésimes adéquats.

Touraine-Mesland, A.O.C.

Quelques communes proches de Mesland ont le droit à l'appellation, entre autres Onzain, Monteaux, Molineuf, Chambon et Chouzy. Les vins de l'appellation produisent les trois couleurs à base des cépages classiques, le Pineau de Loire, le Gamay, le Côt et les Cabernets complantés sur des sols de type calcaire et sablonneux. Les vins rouges sont des vins peu taniques, tendres et fruités. Les rosés et les blancs sont secs et fruités, agréables dans leur jeunesse. Comme pour la majorité des vins de Touraine, certains millésimes permettent l'obtention de vins moelleux en blanc.

La superficie du vignoble est supérieure à 200 hectares.

Touraine-Azay-le-Rideau, A.O.C.

Cette appellation (100 hectares) produit principalement des rosés et des blancs. Quelques communes peuvent prétendre à cette appellation. Les vins provenant des sols argilo-calcaires sont issus pour les blancs du Chenin et pour les rosés du Grolleau, principalement associé au Côt, au Gamay et aux Cabernets Franc et Sauvignon. Les vins rosés d'Azay-le-Rideau sont secs et corsés, peu acides, et fruités. Agréables à boire, ils sont plaisants et passe-partout. Les blancs sont relativement légers, friands et goûteux. Ils peuvent, lors de certains millésimes, devenir demi-secs et même moelleux. Le blanc aime vieillir quelques années en bouteilles.

Bourgueil, A.O.C.

C'est une région et une cité de renom puisque Rabelais a situé ici même son abbaye de Thélème. Bourgueil fut une grande cité moyenâgeuse.

De nos jours, l'appellation recouvre près de 1 700 hectares : 1 050 pour le Bourgueil A.O.C. et 700 pour le Saint-Nicolas-de-Bourgueil A.O.C.

Les communes de Bourgueil, Saint-Nicolas-de-Bourgueil, Restigné, Ingrandes-de-Touraine, Saint-Patrice, Benais, la Chapelle-sur-Loire et Chouzé-sur-Loire peuvent prétendre à l'A.O.C. Bourgueil.

Seule la commune de Saint-Nicolas peut prétendre à l'appellation **Saint-Nicolas-de-Bourgueil A.O.C.**

Il y a une différence de terroir entre le Nord et le Sud. Au Nord se trouvent les alluvions de la Loire et les terrasses de graviers, en allant vers le Sud on retrouve les terroirs typiques de la Loire, tuffeau en sous-sol recouvert d'une couche argilo-calcaire. Les vins de l'une ou l'autre région seront donc différents. Les vins de graviers et d'alluvions seront des vins plus souples et légers, d'évolution plus rapide, les vins des coteaux où domine la couche argilo-calcaire seront des vins plus structurés, d'évolution moins rapide.

Le cépage essentiellement utilisé est le Cabernet Franc ou Breton. 10 % de l'encépagement peut être à base de Cabernet Sauvignon mais il est en régression.

Le vin issu de ces terroirs a souvent été comparé au Médoc, mais il a l'avantage d'avoir un fruité très par-

ticulier rappelant la framboise, et est apte au vieillissement.

Lors de grands millésimes, les vins issus des terroirs argileux peuvent tenir 20, voire 30 ans. Ils évoluent alors vers des arômes végétaux minéraux, voire même animaux.

Vouvray, A.O.C.

Huit communes revendiquent l'appellation Vouvray. Elles sont situées sur la rive droite de la Loire et dans les vallées adjacentes. Ce sont Vouvray, Rochecorbon, Vernou, Sainte-Radegonde, Chançay, Noizay, Reugny avec une partie de vignoble de Parcay-Meslay.

Vouvray est une appellation particulière. En effet, elle ne produit que des vins blancs mais sous toutes les formes possibles, blancs secs, demi-secs, moelleux et mousseux.

Le terroir est particulier à la région et est formé par les aubuis et les perruches célèbres en Touraine. Comme pour le terroir, le cépage utilisé est unique. Il s'agit du Chenin blanc ou Pineau de la Loire. C'est ici qu'il acquiert véritablement ses lettres de noblesse. La plupart des vignobles sont exposés plein sud et permettent une maturation exceptionnelle des raisins. Les vins de Vouvray sont connus depuis longtemps. Célèbres dans toute l'Europe, leur gloire est due aux vins moelleux et l'on parle d'eux comme l'un des vins les plus spirituels de France. Dans les grands millésimes le Vouvray peut arriver au stade de vin liquoreux, surtout si les raisins sont atteints par le *botrytis cinerea*. Les plus grands millésimes de ce style sont depuis le début du siècle : 1904, 1921, 1928, 1934, 1937, 1945, 1955, 1959, 1961, 1967, 1971, 1976 et les plus récents qu'il serait sage de mettre de côté sans y toucher. Les Vouvray liquoreux ont une aptitude au vieillissement exceptionnelle, frisant l'éternité au sens humain du terme. Heureusement, on peut se faire grand plaisir avec de bons millésimes et des vinifications de vins en sec ou demi-sec et moelleux.

C'est bien là l'atout majeur des Vouvray, du sec au moelleux, ils peuvent être vifs, légers, avec des arômes floraux, mais ils peuvent également être puissants et corsés, avec des parfums suaves. Une grande partie de la production est vinifiée en mousseux frais et élégant, apte au vieillissement. Ce sont des Vouvray méthode champenoise.

Soulignons aussi que c'est un des vignobles les plus étendus de la région, surtout qu'un seul cépage y est complanté. Il s'étend sur plus de 2 000 hectares et produit pour les vins blancs secs de 20 à 60 000 hectolitres, pour les vins blancs moelleux 15 à 75 000 hectolitres, et pour les vins blancs mousseux 2 000 à 12 000 hectolitres.

La répartition entre les trois vins est directement liée aux conditions climatiques du millésime. Les années ensoleillées donneront une production plus importante de vins moelleux voire liquoreux et ceci au détriment du blanc sec. Dans les années moyennes, le phénomène inverse se

produit. Il faut surtout souligner que les Vouvray sont des vins qui ont une très bonne disposition au vieillissement. Des moelleux du siècle dernier se tiennent encore très bien. Leur couleur devient or jaune très soutenu et une incroyable richesse de parfums et d'arômes de fleurs et de fruits s'en dégage avec intensité.

Montlouis, A.O.C.

Comme pour Sancerre et Pouilly-sur-Loire, Montlouis est le pendant de Vouvray sur la rive gauche de la Loire. L'appellation existe depuis 1937. Auparavant, les vins de la région pouvaient être commercialisés sous l'appellation Vouvray. Mais il n'empêche que le Montlouis était prisé depuis longtemps puisque c'était un des vins favoris de Henry IV.

Trois communes revendiquent l'appellation, ce sont Montlouis, Saint-Martin-le-Beau et Lussault. Comme pour le Vouvray, un seul cépage est roi sur le même type de terroir. Il s'agit du Pineau de la Loire ou Chenin blanc qui s'étend sur une superficie d'environ 400 hectares, donc relativement moins important que Vouvray.

Les vins de Montlouis sont en général moins corsés que les Vouvray mais ce n'est pas un inconvénient puisque les vins s'affirment plus rapidement et peuvent être dégustés sans trop d'attente.

Certains amateurs préfèrent le Montlouis au Vouvray à cause de cette aptitude et du caractère plus léger et fringant de ses vins. Les trois types de vins blancs sont produits à Montlouis.

Chinon, A.O.C.

C'est la région natale de Rabelais. Il est né à Ligné aux Loges de La Devinière. L'appellation occupe la rive gauche de la Loire ainsi que les deux rives de la Vienne qui se jettent dans le fleuve à cet endroit. Contrairement aux appellations que nous venons de voir, Chinon produit des rouges, du blanc et du rosé. Le blanc peut être sec ou demi-sec, mais les cépages sont uniques : Chenin blanc pour les vins blancs et Cabernet Franc pour le rouge et le rosé avec un pourcentage de 10 % d'encépagement autorisé en Cabernet Sauvignon.

L'appellation Chinon est revendiquée par 19 communes : Chinon, Avoine, Beaumont-en-Véron, Savigny-en-Véron, Huismes, Ligné, Rivière, Cravant, Panzoult, La Roche-Clermault, Ile Bouchard, Anche, Sazilly, Tavant, Crouzilles, Théneuil, Avon-les-Roches, Marcay, Saint-Benoît-la-Forêt. Actuellement la superficie complantée est de 1 500 hectares et produit essentiellement du rouge.

Les vignobles se trouvent sur le même type de terroirs que les Bourgueil et Saint-Nicolas-de-Bourgueil, ce qui explique la relative ressemblance entre les différents vins, qui peuvent quelquefois induire les amateurs, même avertis, en erreur.

Le Chinon est un vin frais, son parfum rappelle la framboise et la violette. Il a un moelleux caractéristique qui permet de différencier le Chinon du Bourgueil. C'est un vin agréable à boire jeune, mais lorsqu'il est issu des grands coteaux, il est susceptible de très bien vieillir. Les vins de Ligné ont cette aptitude ainsi que ceux du "Clos de l'Echo" qui est une ancienne propriété de la famille de Rabelais.

Jasnières, A.O.C.

L'appellation est située sur la rive droite du Loir. Complanté sur des terrains argilo-calcaires d'exposition sud, Jasnières produit des vins blancs secs pouvant être moelleux, issus du cépage Pineau de la Loire. Deux communes ont droit à l'appellation, il s'agit de L'Homme et Ruillé-sur-Loir.

Lors de bons millésimes, le Jasnières peut être moelleux, souple et rond. En vieillissant il prend une belle couleur jaune or, avec des parfums développés, très fruité, moins corsé que les Coteaux du Loir.

Coteaux du Loir, A.O.C.

Il existe des vins des Coteaux du Loir blancs, rouges et rosés.

Le vignoble est situé sur la rive gauche du Loir. Il se situe sur deux départements, celui de la Sarthe, 16 communes, et celui de l'Indre-et-Loire, 6 communes.

Les cépages autorisés sont :

- pour les vins blancs : Chenin,
- pour les vins rouges : Pineau d'Aunis, Côt, Gamay et Cabernet,
- pour les vins rosés : Pineau d'Aunis, Cabernet, Gamay et Grolleau (ce dernier dans une proportion maximum de 25 %).

La production moyenne des Coteaux du Loir pour une superficie d'environ 40 hectares :

- rouge : 1 000 hectolitres,
- rosé : 200 hectolitres,
- blanc : 250 hectolitres.

En dehors des grandes années, ce sont des vins légers, agréables et friands, à boire jeunes pour se faire plaisir.

Vins du Haut-Poitou, V.D.Q.S.

Le vignoble, comme son nom l'indique, est situé tout autour de Poitiers. La majorité se trouve sur la rive droite de la Vienne.

Cette appellation, pourtant intéressante, est peu connue. En effet, depuis quelques années, elle fait des efforts au niveau qualitatif en produisant sur quelque 600 hectares les trois types de vins. Les plus intéressants sont peut-être les blancs à base de Sauvignon au goût sauvage et typique du cépage et de Pinot blanc qui fait aussi son apparition et donne des vins intéressants. Pour les vins rouges sept cépages sont autorisés, mais une sélection plus rigoureuse est en cours. Il s'agit du Pinot noir, du Gamay, du Merlot, du Côt, du Cabernet Franc, du Cabernet Sauvignon, du Gamay Chaudenay et du Grolleau (les deux derniers étant autorisés avec un maximum de 20 % d'encépagement).

Les rouges comme les blancs et rosés sont des vins peu astringents, légers et agréables à boire jeunes.

C'est ici que se termine la partie des vignobles de la Loire, cédant la place à l'Anjou, très belle région chargée d'un passé prestigieux et digne d'un grand intérêt vinique.

DU BON USAGE DES VINS DE TOURAINE

La grande diversité des vins de la région permet aux gastronomes avertis tous les mariages de mets et de vins que l'on peut imaginer.

Les vins blancs secs s'accommodent bien avec des coquillages et des crustacés.

Les vins demi-secs de la région accompagnent à merveille les poissons d'eau douce de la région, l'alose, l'anguille et le brochet, surtout s'ils sont servis avec un beurre blanc. Ils accompagneront également, ainsi que les rosés, la cochonaille, les foies, le jambon, les ris de veau.

Les vins rouges s'accorderont parfaitement avec l'agneau, le veau et le bœuf que l'on sait si bien préparer en Touraine, dans la plus pure tradition culinaire.

Les vieux Chinon et Bourgueil escorteront dignement un gibier des grandes forêts solognotes.

L'ANJOU ET LE SAUMUROIS

Depuis longtemps, Bacchus comblait de ces dons la région d'Angers. Plus tard, au Moyen Age, Angers fut le centre d'un vignoble considérable jouissant d'une très bonne notoriété. Au 13e siècle, les Plantagenêt contribuèrent à l'essor et à la connaissance des vins issus d'Anjou en les expédiant en Angleterre. A la bataille de la Roche-aux-Moines (13e siècle), Philippe-Auguste rattache à nouveau cette région à la France. Il octroie à la bourgeoisie et à la noblesse angevines des privilèges féodaux portant sur le commerce du vin. La région fit plus tard partie de ce Jardin de la France tant prisé des nobles français. De nombreux personnages de notre histoire montrèrent dès lors un penchant certain pour les vins angevins.

De nos jours cette très belle région nous offre une large palette de vins pour le plus grand plaisir de notre palais. Les vins blancs sont secs, demi-secs, moelleux ou liquoreux. Les amateurs de rosés ne sont pas lésés et le vin rouge est également bien présent.

Les appellations régionales sont :

- Anjou, A.O.C.,
- Anjou Coteaux de la Loire, A.O.C.,
- Cabernet d'Anjou, A.O.C.

LES CEPAGES

Les cépages utilisés sont en majorité des cépages blancs. Les vins blancs, qui ont fait la renommée de cette région, sont sans conteste la production la plus importante. Le cépage principal est le Chenin blanc ou Pineau de la Loire appelé régionalement Plant d'Anjou. Il doit représenter 80 % au moins de l'encépagement, les 20 % restant peuvent être du Chardonnay et du Sauvignon.

Pour les vins rosés, les cépages Cabernet Franc, Gamay, Cabernet Sauvignon, Pineau d'Aunis, Côt et Groslot sont autorisés.

Pour les vins rouges, les cépages Cabernet Franc, Cabernet Sauvignon et Pineau d'Aunis sont autorisés.

Le Gamay a un statut particulier. Il ne peut être complanté que dans l'aire d'appellation d'Anjou, celle de Saumur est interdite. Le nom de Gamay doit être obligatoirement associé à l'appellation. C'est ainsi que nous trouverons des Anjou-Gamay A.O.C.

LE VIGNOBLE

L'aire d'appellation Anjou s'étend sur les départements de :

- Maine-et-Loire,
- Deux-Sèvres,
- Vienne.

En constatant l'étendue du vignoble, il paraît évident que cette région subisse plusieurs influences géologiques. Les terrains que l'on retrouve le plus souvent sont le tuffeau de la Touraine toute proche, le grès des massifs vendéens et armoricains associés aux marnes à huîtres. Le schiste, les argiles et le sable font partie intégrante de cette palette de terroirs. Nous reviendrons de façon plus précise sur la nature des sols au fil des appellations.

LES VINS D'ANJOU

Anjou, A.O.C.

Cette appellation est la plus importante production de vins blancs. Plus de 5 000 hectares sont complantés en cépages blancs. Les vins obtenus sont fruités, séveux, agréables à boire jeunes. Les bonnes années, certains terroirs donnent un vin apte au vieillissement. La dominante aromatique restera fruitée et florale mais gagnera en ampleur et en générosité.

Anjou - Coteaux de la Loire, A.O.C.

Cette appellation produit des vins blancs particuliers en aval d'Angers, sur 60 hectares environ.

Pour cette appellation, seul le Chenin blanc peut être complanté. Contrairement à la majorité des Anjou blancs, c'est un vin qui peut facilement vieillir quelques années et qui donnera un vin blanc souple, puissant, aromatique et long en bouche.

Comme nous l'avons vu auparavant, la diversité des terroirs est réelle et les vignerons locaux font la différence entre les vins issus des schistes, qu'ils nomment les "vins d'ardoèse" et les vins issus de la craie, qui sont les "vins de tuffiau".

L'Anjou est aussi connu pour ses vins rosés très prisés actuellement. Ils sont souples, frais, avec un fruité agréable. Les plus réputés viennent des environs de Brissac, de Tigne et des alentours de Saumur. Ce sont de bons vins de carafe, fruités et légers, pouvant être souples et légèrement moelleux lors de certaines bonnes années. Ils sont à boire jeunes.

Cabernet d'Anjou, A.O.C.

Dans toute cette production de rosés, c'est une appellation particulière. La production est importante, plus de 3 000 hectares sont utilisés pour ce vin. Pour avoir droit à cette appellation, les seuls cépages autorisés sont tout normalement le Cabernet Franc et le Cabernet Sauvignon. C'est un vin souple et fruité, très fin, qui se boit jeune.

Pour les vins rosés, les vignerons préfèrent les sols à composante siliceuse, de graviers et de sable. Les rosés issus des schistes manquent souvent de finesse et sont plus lourds.

Cette appellation de la région de Saumur est en perte de vitesse au profit des vins rouges de Saumur (nous les verrons plus loin). Ce Cabernet de Saumur est un vin "œil de perdrix". Cette couleur provient du pressurage direct du Cabernet, sans macération préalable. Le vin est vif, sec et léger, agréable à boire jeune. L'importance de la superficie est réduite, une cinquantaine d'hectares.

Rosé de Loire, A.O.C.

C'est la troisième appellation possible pour les vins rosés. Les cépages autorisés sont les Cabernets Franc et Sauvignon, comptant pour 30 % minimum de l'encépagement, les autres cépages autorisés étant le Pineau d'Aunis, le Groslot, le Pinot noir et le Gamay noir à jus blanc. Cette production est autorisée sur toute la zone de production des A.O.C. de l'Anjou, du Saumurois et dans une moindre importance de la Touraine. Le vin est sec (moins de 3 g. de sucre résiduel), frais et gouleyant, à boire jeune.

Dans cette vaste appellation régionale Anjou, se trouvent des appellations communales qui font des vins très particuliers, d'un caractère exceptionnel. Ce sont :

- Savennières A.O.C.,
- Coteaux du Layon A.O.C.,
- Bonnezeaux A.O.C.,
- Quarts de Chaume A.O.C.,
- Coteaux de l'Aubance A.O.C.

Savennières, A.O.C.

Les vins de Savennières ont toujours jouit d'une réputation incontestable et méritée. Savennières A.O.C. n'est produit qu'en vin blanc à base de Chenin blanc. 50 hectares bénéficient de l'appellation et deux crus sont les phares de l'appellation. Il s'agit de la **Coulée de Serrant** et de la **Roche aux Moines**. Le terroir est calcaire et schisteux avec une veine d'origine volcanique.

Les vins peuvent être secs, en allant jusqu'au moelleux quand le millésime le permet. Le vin est alors issu d'une vendange tardive. Les vins de Savennières ont la propriété non négligeable de pouvoir vieillir ; des dizaines d'années ne lui font pas peur lors de grands millésimes.

Coteaux du Layon, A.O.C.

Les vins des Coteaux du Layon sont uniquement des vins blancs issus du Chenin blanc. Quelquefois secs, ils sont souvent demi-secs ou moelleux. Issue d'une superficie de vignoble de 1 200 hectares, l'appellation peut être complétée par le nom de la commune d'origine. Celles-ci sont au nombre de 6 : Beaulieu, Faye, Rablay, Rochefort, Saint-Aubin-de-Luigné et Saint-Lambert-du-Lattay.

De plus, une partie des vins de la commune des vins de Rocherfort-sur-Loire peuvent être proposés sous l'appellation Coteaux du Layon Chaume A.O.C.

Les vignobles qui produisent ces vins sont situés sur les deux rives du cours inférieur du Layon. Ceci explique que le Chenin est souvent atteint par le *botrytis cinerea*. Les vins des coteaux du Layon sont des vins tendres et fruités. Ils peuvent rappeler dans certains millésimes le Sauternes et les vendanges tardives issues d'Alsace tout en gardant la typicité du Chenin blanc. Ils ont un potentiel de vieillissement très important.

Bonnezeaux, A.O.C.

Cru de la commune de Thouarcé, grand cru des Coteaux du Layon, c'est une appellation à part entière. Issu du Chenin blanc, il est produit sur une superficie de 20 hectares environ. Il offre des vins type Coteaux du Layon allant du sec au moelleux. Le sol est à base de schistes. Le vignoble occupe les pentes de la rive gauche du Layon et est précisément délimité : il occupe une bande de 3 kilomètres de long et de 500 mètres de large maximum. La récolte des raisins se fait comme pour les grands Sauternes, c'est-à-dire par tries successives. On obtient après pressurage et fermentation des vins gras, amples, suaves, très fruités, parfois même parfumés, puissants et longs en bouche. Les grands millésimes vieillissent très bien.

Quarts de Chaume, A.O.C.

C'est un autre grand cru des Coteaux de Layon. Il se situe dans la partie des vignobles de Rochefort-sur-Loire ayant droit à la dénomination Coteaux du Layon Chaume A.O.C. Le vignoble occupe une superficie de 20 hectares comme le Bonnezeaux. Les raisins sont aussi atteints par la pourriture noble et récoltés par tries successives. L'exposition exceptionnelle du vignoble permet aux raisins d'atteindre une excellente maturité et d'être touchés plus fortement par la pourriture noble que les vignobles avoisinants. Le résultat est magnifique. Le Quarts de Chaume est somptueux, fruité, floral, avec des touches d'ambre, d'abricot, d'acacia et de miel, typiques de ce type de grand vin. Il a de plus une faculté de vieillissement hors du commun.

Coteaux de l'Aubance, A.O.C.

Comme leurs noms l'évoquent, les vins de l'appellation sont produits sur les berges de l'Aubance, un affluent de la Loire, et sur les terrains des communes de Brissac, Denée, Juigné-sur-Loire, Mozé, Murs, Saint-Jean-des-Mauvrets, Saint-Mélaine, Saint-Saturnin, Soulaines et Vauchrétien avec comme unique cépage le Chenin blanc. Les vins obtenus sont secs, demi-secs ou moelleux. Les terrains sont d'origine schisteuse et occupent une superficie de 80 hectares environ. Les vins de cette appellation, sans être aussi connus que les Coteaux du Layon, ne manquent pas d'intérêt. Moins gras, moins séveux, ils ont un agréable fruité. Plus rapides à boire, ils s'adressent au consommateur avisé qui voudra attendre moins longtemps pour les déguster à leur optimum.

Les **vins rouges d'Anjou**, récoltés dans le département des Deux-Sèvres, ne sont pas à ignorer, les plus réputés étant produits à Saint-Pierre, à Champ et Brissac. Savennières produit aussi d'intéressants Anjou rouges.

Depuis quelques années, et cela grâce aux efforts constants de certains vignerons, est créée une appellation : **Anjou Villages A.O.C**. Cette appellation est décernée aux communes les plus réputées et augmente ainsi l'image de marque des vins de toute cette région.

LES VINS DE SAUMUR

Si nous avons passé cette région presque sous silence, ce n'est pas parce que la région saumuroise produit des vins de moindre qualité mais pour ne pas vous induire en erreur. En effet, pour les vins, le Saumurois fait partie intégrante de la région Anjou, même si au niveau de la géographie et du paysage on pourrait le rattacher à la Touraine.

Cette région est aussi la véritable capitale du vignoble Anjou-Saumur, la majorité des grandes maisons de négoce se situant aux alentours de Saumur. Les vignes sont en surface, les caves dans le sous-sol de craie creusé de profondes galeries.

Saumur, A.O.C.

La région de Saumur produit des vins sur une superficie de plus de 500 hectares. Le sol est composé par de la craie et des dépôts sableux. Les vignobles sont complantés sur les pentes des petites collines de la région. Les vins blancs sont issus du Chenin blanc ou Pineau de la Loire et les vins rouges sont quant à eux élaborés à partir du Cabernet Franc, du Cabernet Sauvignon et du Pineau d'Aunis. Les blancs sont secs avec un fruité agréable, à consommer relativement jeunes. Les vins rouges, produits en petites quantités, se consomment jeunes et ont le fruité des Cabernets dont ils sont issus.

Coteaux de Saumur, A.O.C.

C'est une appellation restreinte qui n'est pas régulièrement utilisée.

C'est celle des grands millésimes, où la richesse du moût est importante. Les vins, pour avoir droit à l'appellation, doivent avoir plus de 10 g. de sucre résiduel. Ils sont issus de 13 communes et seul le Chenin blanc est autorisé. Les vins des Coteaux de Saumur sont des vins riches et élégants, au bouquet suave et au "goût de tuf" particulier à cette région.

Saumur-Champigny, A.O.C.

Le Saumur-Champigny est une appellation très intéressante. Elle est considérée comme la meilleure du Saumurois et même de l'Anjou. C'est une appellation exclusivement destinée à la production de vins rouges issus des cépages Cabernet Franc et Cabernet Sauvignon.

Les 500 hectares qui la constituent sont disséminés sur les communes de Dampierre, Chacé, Parnay, Saint-Cyr-en-Bourg, Saumur, Souzay (c'est un hameau de Souzay qui s'appelle Champigny), Varrains, Turquant et Montsoreau.

Les vins de Saumur-Champigny ont l'agréable fruité des Cabernets, associant les arômes de framboise et de fraise des bois. Ils sont légers et vifs, d'une belle robe rubis foncé.

Dans les grandes années, certains les comparent aux vins du Médoc avec la souplesse des vins de la Côte de Beaune. Lorsqu'ils ont ce caractère, une garde plus ou moins longue ne leur fait pas peur.

Saumur mousseux, A.O.C.

Depuis près de 150 ans, la région saumuroise est connue pour produire une quantité non négligeable de vins mousseux obtenus par la méthode champenoise. Le type du sol ressemble à celui de la Champagne, les caves sont profondes, taillées dans la craie comme en Champagne. Les cépages donnent un vin léger et prennent facilement la mousse. Toutes les conditions sont donc réunies pour produire un des vins mousseux les plus fins et les plus distingués de la production française.

La production de ce mousseux se fait en blanc, rouge et rosé. La superficie destinée à cette production est supérieure à 1 200 hectares, répartis sur 92 communes des départements de la Vienne, du Maine-et-Loire, des Deux-Sèvres, et travaillés à 80 % par le négoce de la région qui s'est spécialisé dans la champagnisation.

A côté de cette production il se commercialise du Saumur pétillant, issu uniquement des cépages blancs. C'est un vin plus vineux et plus corsé que le Saumur mousseux.

Les deux produits se boivent jeunes, dès leur commercialisation par les maisons qui les vinifient.

Crémant de Loire, A.O.C.

Cette appellation est plus vaste et peut regrouper des productions issues des aires d'appellations Anjou, Touraine et Saumur. Commercialisés essentiellement en blanc et en rosé, les cépages traditionnels sont utilisés avec les méthodes de vinifications rigoureuses de la méthode champenoise. Cette appellation en pleine progression est destinée à un large marché du à l'engouement des consommateurs pour les vins mousseux.

Vins du Thouarsais A.O.C.

Ces vins sont issus des vignobles qui entourent Thouarce et dans l'aire d'appellation qui regroupe 16 communes du nord du département des Deux-Sèvres.

C'est une agréable transition entre les vins de la région Anjou-Saumur et ceux du Haut-Poitou que nous avons vu auparavant dans le chapitre Touraine. Ils sont produits dans les 3 couleurs, blanc, rouge et rosé. Les vins du Thouarsais ont connu leur heure de gloire à l'époque des vins du Poitou, dénomination qui regroupait les vins du Haut-Poitou, du Thouarsais et de la Vendée.

Les blancs sont généralement secs et peuvent dans certains cas être demi-secs voire moelleux quand le millésime le permet. Leur fruité agréable rappelle quelquefois la fleur d'amandier et se rapproche des arômes de la fleur de rose. Ils sont alors très suaves. Depuis peu, ils ne peuvent plus être issus que du Chenin blanc et du Chardonnay, ce dernier ne pouvant entrer qu'à 20 % maximum dans le pourcentage d'encépagement.

Les rouges et rosés sont des vins fins, frais et fruités, à boire dans leur jeunesse.

Il est simplement dommage que la production soit confidentielle.

LES VINS D'ANJOU ET DU SAUMUROIS ET LA GASTRONOMIE

Les rosés de la région sont des vins de "soif", toujours agréables à n'importe quel moment de la journée, ils accompagnent agréablement les petits casse-croûte à base de terrines et de rillettes.

Les blancs secs se marient bien avec les coquillages et les huîtres.

Comme les vins demi-secs de la Touraine, les grands Anjou accompagnent à merveille le brochet, le saumon, l'alose et l'anguille que l'on prépare si bien dans cette région. Un Coteau du Layon ou un Savennières seront parfaits avec un tel plat.

Pour le bœuf, l'agneau et les volailles rôtis, un Saumur-Champigny conviendra parfaitement.

LE PAYS NANTAIS

Région viticole depuis les Romains, elle n'a jamais failli à sa tradition. Le Pays nantais est resté fidèle à ses cépages depuis le terrible hiver de 1709 qui fit geler tout le vignoble. Les moines cherchèrent les cépages appropriés au terrain et susceptibles de résister aux rigueurs du climat. Ils découvrirent le "Melon", ainsi nommé à cause de la rondeur de ses feuilles, originaire de Bourgogne. Il trouva son terrain de prédilection dans le Pays nantais à tel point qu'il disparu même de sa région d'origine. Son terroir favori sont les coteaux ensoleillés de la région, dont l'altitude ne dépasse guère 50 mètres et qui sont formés le plus souvent de terrains anciens mêlés de roches éruptives.

Ce cépage s'est développé sur les coteaux du Pays nantais et s'appelle maintenant le Muscadet. Un autre cépage fut aussi choisi, il s'agit de la "Folle Blanche" originaire de la proche région des Charentes. Il s'appelle ici le Gros Plant et a donné son nom au vin. Il se plaît dans les terrains silico-argileux des régions d'Herbauges, de Lognes et de Boulogne. Une autre appellation plus petite recouvrant 300 hectares environ est complantée à base des cépages Gamay, Cabernet Sauvignon et Cabernet Franc pour les rouges et du Chenin blanc et du Pinot gris ou Malvoisie pour les blancs, ce sont les Coteaux d'Ancenis.

Les Muscadet, A.O.C.

La région de production des Muscadet, 11 000 hectares sont complantés, peut être subdivisée en 3 sous-régions et dénominations différentes.

Le Muscadet de Sèvre-et-Maine, A.O.C.

Il tire son nom des deux rivières qui traversent sa région de production, la Sèvre et la Maine. C'est la région la plus importante, plus de 85 % de la production.

Le Muscadet des Coteaux de Loire, A.O.C.

La région de production est située entre Nantes et Ancenis, le long des berges de la Loire. 5 % de la production bénéficie de cette appellation.

Le Muscadet, A.O.C.

Il peut être récolté sur l'ensemble de l'aire de production. Il représente 10 % de la production.

Les trois types de Muscadet peuvent :

- **se boire jeunes**, suivant la région de production et suivant l'origine du vin : dans une même commune, deux domaines peuvent vous offrir des vins de types totalement différents,
- **se boire au bout de 2 ou 3 ans**. Ce sont des vins plus souples, qui demandent ce laps de temps pour s'affiner et s'affirmer,
- **se boire plus vieux**. Certains Muscadet sont susceptibles de très bien vieillir, ils gagnent alors en complexité et structure, et peuvent accompagner des viandes blanches.

MUSCADET-SUR-LIE

Certains Muscadet sont élaborés d'une façon spéciale : c'est la mise en bouteille sur lie, technique traditionnelle du vignoble nantais qui s'applique aussi au Gros Plant. Pour bénéficier de cette mention, les vins doivent n'avoir passé qu'un hiver en cuve ou en fût et se trouver encore sur la lie de vinification au moment de la mise en bouteille. Celle-ci s'effectue de façon précoce et toujours avant le 30 juin de l'année suivant la récolte. Les lies nourrissant le vin, le Muscadet-sur-lie sera plus fruité, le bouquet plus complet et le vin restera plus frais.

Le Gros Plant du Pays Nantais, V.D.Q.S.

L'aire de production rejoint quelquefois l'aire de production du Muscadet.

On peut distinguer quatre régions principales :

- les Coteaux de Lognes et Boulogne,
- les Coteaux d'Herbauges,
- les Coteaux de Serre et Maine,
- les Coteaux de la Loire.

Le Gros Plant est produit sur 3 000 hectares environ. C'est un vin léger, à boire jeune, plein de pétulence et d'une grande fraîcheur, à boire par larges rasades.

Les coteaux d'Ancenis, V.D.Q.S.

Les vins des Coteaux d'Ancenis sont récoltés sur les deux rives de la Loire autour d'Ancenis, sur les départements de la Loire-Atlantique et du Maine-et-Loire. Les vins de la production doivent obligatoirement être vendus avec la mention du cépage. Ils peuvent être blancs, rouges ou rosés. Les vins sont souples et frais, agréablement bouquetés et se boivent jeunes.

Les vins des fiefs vendéens, V.D.Q.S.

Depuis 1984 cette région peut être divisée en sous-régions :

- la région de Vix,
- la région de Pissotte,
- la région de Rosnay et Brem,
- la région de Mareuil.

La superficie de l'appellation était de 319 hectares en 1988. Elle produit des rouges, blancs et rosés. Si les vins rouges dominent, les blancs n'en sont pas moins intéressants.

LES ACCORDS GOURMANDS

Le Muscadet est un vin qui se boit frais, et dans la plupart des cas jeune. C'est un vin qui, de par sa nature, accompagne de façon idéale les huîtres et autres coquillages, sans supplanter les goûts particuliers de ces fruits de mer.

Mais les poissons rôtis, qu'ils soient de mer ou d'eau douce, se laissent également déguster et manger en sa compagnie.

Le Gros-Plant, outre ses qualités diurétiques, s'associe, servi bien frais (7°), aux coquillages et aux sardines. C'est un vin simple qu'il faut consommer tel quel.

Les Coteaux d'Ancenis sont des vins agréables à boire avec les poissons d'eau douce comme le brochet en sauce ou en quenelles, l'anguille, mais aussi avec la cochonaille.

LES MILLESIMES

Les millésimes, dans la plupart des cas, n'ont que peu d'incidence sur le vieillissement des vins car ils sont consommés de préférence le plus jeune possible.

Les vins moelleux issus de cette région, susceptibles de vieillir, ne sont issus que de grandes années. Ils ont un potentiel de vieillissement infini. La dernière décennie a offert aux vignerons toute une palette de grands millésimes. Il faudra souvent attendre encore 10 ans pour les goûter.

1981, 1983, 1985, 1986, 1988 et 1989 sont des millésimes dignes d'intérêt. Mais il ne faut pas oublier que le savoir-faire des vignerons est plus important que l'année de naissance des vins.

Comme grands millésimes antérieurs, notons aussi 1959, 1961, 1964, 1969, 1975, 1978.

N'oublions pas de souligner l'importance des conditions de stockage. En effet, de mauvaises conditions ou une cave médiocre ne permettront jamais une bonne évolution des vins.

CONSERVATION ET MILLESIMES

	BLANC	ROSE	ROUGE
Sancerre	1 à 3 ans	1 à 3 ans	3 à 5 ans
Mennetou-Salon	1 à 3 ans	1 à 3 ans	3 à 5 ans
Reuilly	2 à 4 ans	1 à 3 ans	3 ans
Quincy	2 à 3 ans		
V.D.Q.S. de la Loire et de l'Allier	ces différents vins sont à boire dans les 2 ans en règle générale		
Touraine	2 à 6 ans	1 à 2 ans	2 à 6 ans
Chinon			2 à 20 ans
Bourgueil			1 à 10 ans
Vouvray	2 à 30 ans		
Montlouis	1 à 15 ans		
Anjou	1 à 10 ans	1 à 5 ans	2 à 5 ans
Saumur	2 à 5 ans	2 à 5 ans	2 à 8 ans
Savennières	1 à 20 ans		
Anjou moelleux Coteaux d'Aubance Coteaux de la Loire Coteaux du Layon Bonnezeaux Quarts-de-Chaume	suivant les années, de 10 à 30 ans et plus		
Saumur mousseux et Crémant de Loire	dans les 2 ans après leur commercialisation		
V.D.Q.S. de la région	dans les 2 ans en règle générale		
Muscadet	1 à 4 ans		
Muscadet de Sèvre et Maine sur lie	2 à 8 ans		
Gros Plant	1 à 3 ans maximum		
Coteaux d'Ancenis et autres V.D.Q.S.	1 à 3 ans en règle générale.		

Sancerre
Chavignol France
1988
1988
1988
Sancerre
Produce of France
Sancerre
Pinot noir
1987

LA CAVE

Les constructions modernes, qu'elles soient particulières ou collectives, ont bien souvent négligé ce local.

Les consommateurs, quant à eux, sont de plus en plus sensibles aux conditions de conservation d'un produit qu'ils aiment et qui représente un investissement important dans certains cas.

Nous ne nous étendrons pas dans ce chapitre sur la durée potentielle de vieillissement de tel ou tel vin, mais nous nous pencherons plutôt sur les moyens à mettre en œuvre pour que nos vins puissent vieillir le mieux possible.

Voici les conditions qu'il serait souhaitable de réunir dans une bonne cave :

Le local

Il ne doit servir qu'à l'entreposage du vin et à aucun autre produit.

Le local attribué au stockage du vin ne doit pas être contigu à la chaufferie : les odeurs d'hydrocarbures, si elles peuvent être dans certains cas une odeur propre au vin (certains grands Riesling alsaciens par exemple), sont à proscrire dans le local de stockage.

En effet, le liège du bouchon est une matière perméable à toutes les odeurs.

L'humidité

Le bon vieillissement des vins est tributaire d'une bonne hygrométrie ambiante.

Cette hygrométrie doit se situer aux environs de 80 %. Elle permet au bouchon de faire son travail à 100 %. Toute la longueur de celui-ci fait corps avec le goulot de la bouteille, permettant ainsi un vieillissement normal du vin.

Il ne faut pas descendre sous les 80 %. Par contre, une hygrométrie plus importante n'est pas nuisible au vin, mais est catastrophique pour l'habillage de la bouteille. Une humidité qui frise les 100 % est parfaite également, à condition que vous sachiez où se trouvent vos bouteilles, elles risquent, à brève échéance, d'être dépourvues d'étiquette.

Cette humidité doit aussi être renouvelé. Une aération effective et efficace est nécessaire. Une entrée

LES VERRES DU VAL DE LOIRE

De gauche à droite :
verre à crémant, verre à vin blanc, verre à vin rouge, verre à vin rosé, verre type I.N.A.O.

d'air basse complétée par une évacuation haute permettra ce renouvellement.

La lumière

Le soleil, plus précisément ses rayons ultraviolets, ont un effet néfaste sur la bonne évolution du vin, le faisant vieillir prématurément et agissant sur sa couleur.

La pénombre, voire même le noir complet, est l'ambiance idéale au bon vieillissement. Pour vos déplacements dans la cave, utilisez une lampe à filament. Les lampes au néon produisent des effets indésirables.

Les vibrations

Essayez d'en protéger vos vins. Elles proviennent de véhicules passant à proximité de votre cave.

Mais ne paniquez pas. Une voiture de temps en temps n'a pas d'incidence. C'est dans le cas où vous seriez près d'un grand axe routier ou d'une voie de chemin de fer très fréquentée. Le vin a besoin de calme mais n'est pas inexorablement perdu à cause de cette gêne à laquelle on peut remédier facilement en plaçant les casiers à bouteilles sur des petits blocs de caoutchouc.

La température

C'est un point très important car elle influence directement le vieillissement du vin.

La différence entre la température minimale et maximale doit être la plus faible possible et se passer lentement.

L'idéal serait d'avoir une température constante du 1er janvier au 31 décembre, sans variation ni perturbation, entre 12 et 14° C.

Une température plus élevée accélère le vieillissement. Ce n'est pas catastrophique mais les arômes et la constitution du vin perdent en finesse.

Une température trop basse ne nuit certainement pas à un bon vieillissement mais en rallonge la durée. De plus, vous ne retrouverez pas le type ni la signature du millésime.

Toutes ces conditions réunies vous permettent de disposer d'un local idéal pour entreposer vos trésors. C'est là qu'ils pourront évoluer et vieillir en toute quiétude.

Et c'est dans cette optique qu'il vous faudra entretenir un livre de cave. Vous y noterez la date de vos achats, la nature du vin, son origine et les impressions que vous avez eues en les dégustant.

Si les conditions idéales ne sont pas réunies, améliorez-les au maximum. Cet investissement n'est pas perdu, vos vins vous le rendront bien.

L'ACHAT DES VINS

Dans cette vaste région qui longe la Loire, beaucoup de vins produits sont des vins distribués confidentiellement. Ils sont connus mais la production est trop réduite, l'appellation ne s'étendant que sur quelques hectares.

Les vins sont donc consommés sur place par les gens du pays et par les touristes qui s'arrêtent dans la région et les consomment dans les auberges ou dans les restaurants. La seule façon de se procurer ce type de vins, si l'on n'est pas sur place, est d'entretenir des relations suivies avec les vignerons locaux.

Des appellations renommées sont disponibles chez tous les bons marchands de vins de votre région. Il vous sera tout de même difficile de vous procurer un Montlouis, un Coteaux du Layon ou un Bonnezeaux alors qu'un Sancerre, un Pouilly-sur-Loire, un Vouvray ou un Saumur, appellations phares de la région, se trouvent facilement.

En règle générale, tous les vins blancs se consomment dans les 5 ans suivant les vendanges. La typicité des vins est leur fruité. Une évolution plus longue n'est pas bénéfique aux arômes.

Mais n'oublions pas que l'exception confirme la règle : les vins blancs moelleux de la Loire sont des vins destinés à défier le temps.

Les rosés sont à boire jeunes sans essayer de les garder, vous seriez certainement déçu par le résultat.

Même constatations pour les rouges que pour les blancs. Certains vins sont vinifiés pour être bus jeunes, d'autres, sur la même appellation, avec les mêmes cépages, seront des vins de longue garde. Ceci est dû au choix du viticulteur. C'est en pleine connaissance de cause que vous consommerez tel vin jeune et ferez vieillir tel autre dans votre cave, d'après les conseils de votre caviste ou du vigneron qui vous les aura vendus.

Pour vous constituer une belle cave de vins du Val de Loire, il faudra vous armer de patience, voir plusieurs cavistes et entrer en contact avec les différents vignerons, aucun négociant ne pouvant vous proposer toute la gamme de ces vins.

LA TEMPERATURE DE SERVICE

Dans une région aussi vaste et qui produit des vins aussi différents, aucune règle n'est applicable.

La température de consommation doit être fonction des vins choisis.

S'il est agréable de consommer un vin blanc jeune entre 8 et 10° ou un vin rouge jeune entre 12 et 14°, il sera préférable de déguster un vieux vin blanc de ce pays, et Dieu sait que certains savent vieillir avec sagesse et vigueur, entre 12 et 14° et de savourer un bon vieux vin rouge à son apogée entre 14 et 18° suivant la puissance du vin.

Plutôt que de nous attarder à passer en revue les différentes appellations, voici un shéma vous proposant les températures de service des différents vins.

18°	Chinon vieux
16°	Bourgueil et Saint-Nicolas de Bourgueil âgé
14°	Touraine rouge - Sancerre rouge Bourgueil - Saint-Nicolas de Bourgueil jeune Chinon jeune Muscadet de Sèvre-et-Maine vieux Savennières vieux
12°	Anjou rouge - Touraine rosé - Sancerre rosé - Jasnière moelleux Montlouis - Vouvray moelleux Vin du Haut-Poitou rouge - Mennetou-Salon rouge Saumur blanc - Quincy - Reuilly - Sancerre rosé Anjou rosé - Rosé de Loire
10°	Coteaux de l'Aubance - Coteaux du Layon - Quarts de Chaume Anjou blanc - Savennières jeune - Mennetou-Salon blanc Jasnières sec - Vouvray sec - Bonnezeaux - Sancerre blanc. Vins de Touraine blanc - Saint-Pouilly sur Loire - Pouilly-Fumé Vins du Haut-Poitou blanc - Coteaux du Vendômois blanc - Cheverny
8°	Majorité des vins du Pays Nantais A.O.C. et V.D.Q.S. Crémant de Loire - Saumur mousseux.

Soupe à la ciboule

Pour 6 personnes

Ingrédients :

1 bouquet de cive
5 tranches de pain rassis
2 cuil. à soupe de crème fraîche
Sel, poivre.

GROS PLANT
VOUVRAY SEC

Préparation : 15 mn. Cuisson : 15 mn.

Laver la cive et la couper en morceaux que l'on met dans 2 litres d'eau salée et poivrée. Porter à ébullition.

Ajouter le pain rassis et laisser mitonner 15 minutes environ.

Au moment de servir, ajouter 2 cuillerées à soupe de crème.

Miget

Pour 1 personne

Ingrédients :

1 tranche de pain rassis
Un peu de sucre
Eau
1 verre de vin rouge.

Vin rouge jeune
GAMAY DE TOURAINE
SAUMUR CHAMPIGNY

Préparation : 5 mn. (2 h. avant de servir).

Emietter dans un bol la tranche de pain rassis. Saupoudrer de sucre selon le goût. Mouiller avec un verre d'eau et mettre au frais.

Au moment de servir, ajouter le vin rouge.

Variante : on peut préparer un miget au lait, dans lequel l'eau et le vin sont remplacés par du lait frais.

A la saison, on peut ajouter quelques framboises au moment de consommer.

Ce miget était traditionnellement servi les jours de battage, pour la collation de l'après-midi.

Le miget se prépare individuellement.

Chaudrée

Pour 4 personnes

Ingrédients :

4 anguilles
4 petites soles
4 petites raies
3 échalotes
5 gousses d'ail
1/4 l. de vin blanc de Loire
Sel, poivre
100 g. de beurre
Bouquet garni
1/2 l. d'eau.

SAVENNIERES
REUILLY

Préparation : 30 mn. Cuisson : 45 mn.

Faire revenir les échalotes dans 20 g. de beurre. Mouiller avec le vin et l'eau. Laisser cuire à feu doux 20 à 30 minutes.

Dans une cocotte, mettre le bouquet garni, l'ail, les anguilles coupées en tronçons, les rougets laissés entiers et les petites raies coupées en gros morceaux. Saler et poivrer. Recouvrir avec le court-bouillon et laisser frémir pendant 10 minutes.

Ajouter les soles qui seront cuites encore 3 minutes.

Rectifier l'assaisonnement et, au moment de servir, ajouter un bon morceau de beurre.

Accompagner de croûtons frottés à l'ail et frits au beurre.

Terrine de poissons

Pour 6 personnes

Ingrédients :

1 kg. de poissons divers (carpes, tanches, brêmes, gardons, gougeons...)
100 g. de pain rassis
250 g. de beurre
2 œufs
Sel, poivre
Muscade
Thym, laurier
Sauce Mayonnaise.

QUINCY
SANCERRE BLANC

Préparation : 45 mn. Cuisson : 1 h. 30 mn.

Cuire les poissons au court-bouillon (15 à 20 minutes suivant leur taille) et prélever leur chair. L'émietter.

Faire bouillir le pain rassis dans un minimum d'eau. On obtient une panade épaisse que l'on assaisonne.

Mélanger le poisson avec la panade. Y ajouter le beurre en pommade, 2 jaunes d'œufs et 1 blanc battu en neige. Bien mélanger. Mettre dans un moule beurré et cuire au bain-marie au four 1 heure 30 minutes environ, th. 7.

Servir froid, accompagné d'une sauce Mayonnaise.

Mojettes* mitonnées

Pour 4-5 personnes

Ingrédients :

1 kg. de "mojettes" fraîchement écossées
2 cuil. à soupe d'huile de noix
2 oignons
2 gousses d'ail
1 clou de girofle
30 g. de beurre
Sel, poivre noir fraîchement moulu
Thym, laurier.

VOUVRAY DEMI-SEC
Accompagnées d'une viande :
CABERNET D'ANJOU
CHINON

Préparation : 30 mn. Cuisson : 1 h.

Dans une cocotte, mettre à chauffer l'huile. Dès qu'elle est chaude, y faire revenir doucement l'oignon coupé en dés. Saler légèrement et poivrer abondamment. Laisser fondre à couvert quelques minutes. Ajouter les mojettes lavées, juste égouttées, le deuxième oignon piqué du clou de girofle, l'ail haché, le thym, le laurier. Remuer. Couvrir et laisser mijoter quelques minutes.

Au bout de quelques minutes, couvrir les mojettes d'eau bouillante. Poser un couvercle. Laisser cuire doucement.

Vérifier l'assaisonnement. Ajouter le beurre.

* *Les mojettes sont des haricots demi-secs.*

Grimolée

Pour 6 personnes

Ingrédients :

6 pommes reinette
80 g. de sucre.

Pour la pâte à crêpes :
250 g. de farine
3 œufs
1 cuil. d'huile
1 cuil. à soupe de rhum
1/2 l. de bière
1 pincée de sel.

CREMANT DE LOIRE

Préparation : 30 mn. Cuisson : 30 mn.

Eplucher les pommes, les couper en lamelles.

Préparer une pâte à crêpes et la verser dans un plat à gratin beurré. Y plonger les lamelles de pomme, saupoudrer de sucre et cuire à four moyen, th. 7, pendant 30 minutes.

Autrefois, la pâte à crêpes était versée sur de tendres feuilles de choux beurrées que l'on passait ensuite au four.

Tourteau fromagé

Pour 8 personnes

Ingrédients :

350 g. de pâte brisée.

Pour 2 tourteaux :
6 œufs
350 g. de fromage blanc
170 g. de sucre
85 g. de farine
Sel.

SAUMUR MOUSSEUX
COTEAUX DE SAUMUR

Préparation : 30 mn. Cuisson : 45 mn.

Passer le fromage blanc au tamis pour éviter les grumeaux. Ajouter le sucre, une petite pincée de sel, les jaunes d'œufs. Bien mélanger puis incorporer peu à peu la farine et les blancs d'œufs battus. Laisser reposer quelques minutes.

Garnir des moules spéciaux (assiettes creuses en fer) saupoudrés de farine, avec la pâte. La piquer à la fourchette avant d'y verser la préparation jusqu'au bord du moule. On crante la pâte sur les bords.

Enfourner à th. 6 et laisser cuire environ 45 minutes. Ne pas les retirer sous prétexte qu'ils brûlent ! Quand ils sont cuits, le dessus est noir.

Les recettes sont tirées du livre "GASTRONOMIE DU POITOU ET DE LA VENDEE" du même éditeur.

PRATIQUES D'ACHAT DES VINS

A la recherche de la qualité, de la diversité et du meilleur rapport qualité / prix.

LES DIFFERENTS CIRCUITS DE VENTE

- Le caviste ou le magasin spécialisé en vins :

Il fait partie du circuit dit "traditionnel", le plus ancien de la distribution des vins. Il s'attache à proposer une gamme de vins fins, de bons vins de table, souvent en exclusivité dans son quartier ou dans sa ville. Il s'agit de vins de vignerons et des meilleurs négociants. Son point fort, peu partagé jusqu'à une époque récente, est le conseil qu'il est à même de vous donner grâce à sa bonne connaissance des vignobles.

- L'achat à la propriété, chez le vigneron, à la cave coopérative, ou chez le négociant éleveur :

Un contact direct avec le vigneron, à intervalle régulier, est souhaitable pour l'amateur de vins. Visiter le vignoble, la cave, s'entretenir de l'évolution des derniers millésimes, goûter le nouveau, est très instructif. Le prix n'est pas moins cher pour le particulier, mais cette séance "contact aux origines" confortera certainement votre attachement au monde du vin.

- La vente par correspondance :
Les vins sont commentés par un œnologue ou un grand cuisinier. Pour les gens qui veulent acheter en confiance.

- Un circuit plus récent, la vente en entrepôt :
Les vins sont disposés sur des palettes et vendus à la bouteille ou au carton. Une documentation disponible donne toutes les indications sur le vin : cépages, sols, vinification, garde, etc. Il s'agit de clubs, d'associations de propriétaires ou de chaînes d'entrepôts. On les trouve principalement à la périphérie des grandes agglomérations.

- Super mais surtout hypermarchés :
Un rayon de vins qui ne cesse de s'étendre et de se professionnaliser : foires aux vins (au printemps et en automne, à l'approche des fêtes), présence d'œnologues, possibilités de dégustation, descriptif des vins distribués, prix souvent "imbattables", rendent ce circuit très attractif. Il faut suivre les promotions, la mise en place des nouveaux produits et "guetter" les bonnes occasions.

- **Les foires et salons grand public** :

Préférer les manifestations nationales type "Journée des Caves Coopératives" et "Salon des Caves Particulières" à Paris, à de nombreuses foires régionales grand public où souvent les vendeurs forcent la main et où les prix sont trop élevés. Les foires régionales professionnelles sont, elles, à conseiller, par exemple, le Salon des Vins de Loire à Angers.

COMMENT GUIDER VOS CHOIX

- Les résultats obtenus lors de **concours nationaux** (exemple : Paris, Mâcon) ou régionaux lors des foires et leur attribution de médailles aux meilleurs vins (or, argent ou bronze), constituent un indice pour les vins qui ont concouru.

Exemples :

. Palmarès du Concours Général Agricole de Paris : à commander à la Journée Vinicole au Mas d'Astre, 34000 Montpellier.

. Palmarès du Concours Blayais-Bourgeais : à commander à son secrétariat, Quai Jean Bart, 33710 Bourg-sur-Gironde.

- Les **confréries**, dans les différents vignobles (par exemple la Confrérie Saint-Etienne à Kientzheim-Kaysersberg en Alsace), accordent des "Sigilles", "Tastevinages" ou autres distinctions aux vins les plus représentatifs de leur cépage ou de leur appellation dans chaque millésime. Une bandelette numérotée délivrée par la Confrérie est alors aposée sur la bouteille.

Il s'agit ici également d'un repère pour les vins soumis à la Confrérie. Cette participation reste à la libre appréciation des caves et des vignerons.

- Des orientations peuvent aussi être trouvées dans les **commentaires d'œnologues ou de jury publiés** :

. dans les journaux spécialisés, citons : *Cuisine et Vins de France, Gault et Millau, l'Echo du Sommelier, Monseigneur le Vin...*,

. dans les prospectus remis au public par les cavistes et les super/hypermarchés au moment des fêtes ou des promotions,

. dans les guides spécialisés.

- Votre **recherche personnelle**, visite de caves et rencontre avec les vignerons à l'occasion de vacances, vins bus au restaurant, participation à des séances de dégustation, etc.

- Une documentation de base peut également être obtenue gratuitement auprès des différents comités interprofessionnels (nous conseillons cette démarche).

- Les nombreux **livres spécialisés** sur le vin disponibles dans les librairies.

- Le **minitel** : une revue spécialisée rend accessible par ce biais une cote des millésimes (3615 code CVF).

LE PRIX DE LA RARETE ET L'INEVITABLE COMPROMIS QUALITE/PRIX

La qualité a, qui en douterait, son prix. Mais de bonnes surprises ne sont pas exclues : il vaut mieux goûter d'abord et choisir après.

LE PRIX DE LA RARETE

La qualité se gagne :

. par le souci du faible rendement lors de la taille des vignes,

. par l'usage des tries successives au moment des vendanges, où l'on ne gardera que le meilleur,

. par le refus de mettre sur le marché sous l'appellation habituelle les vins d'une année jugée insuffisante.

Ainsi naissent les plus grands vins (Yquem, Petrus...).

Leur prix de vente, qui atteint parfois plusieurs milliers de francs, selon les millésimes, est devenu spéculatif, comme celui des œuvres d'art ou des voitures rares. Ces vins jouent pourtant un rôle clé dans l'image de l'ensemble des vins français à l'étranger.

Une demande émanant de nombreux pays de ces vins de grandes qualités maintient des prix élevés.

PRODUCTION DE QUELQUES GRANDS CRUS

- Château Petrus : 40 000 bouteilles/an environ.
- Corton blanc Grand Cru : 70 000 bouteilles/an environ.
- Chevalier-Montrachet : 25 000 bouteilles/an environ.
- Montrachet : 50 000 bouteilles/an environ.
- Romanée-Conti : 4 000 bouteilles/an environ.

A LA RECHERCHE DES VINS DES COPAINS ET DES DINERS DE FAMILLE : OU TROUVER LES BONNES AFFAIRES ?

. dans les **super et hypermarchés au moment des foires aux vins** (vers les fêtes : Pâques et Noël) : Grands Crus du Bordelais et d'autres vignobles y sont proposés aux prix les plus intéressants.

. **les vins génériques** (appellations régionales, par exemple Bourgogne) et **les vins issus de jeunes vignes des meilleurs vignerons, connus pour leurs Grands et Premiers Crus** (l'application des vinificateurs bénéficie tout autant à leurs vins les moins chers).

. **les seconds vins des grands châteaux du Bordelais**. Ces vins sont généralement réalisés avec la récolte des vignes les plus jeunes et avec les cuvées que le propriétaire décide de déclasser parce qu'elles ne présentent pas à ses yeux tous les critères requis pour porter le nom du Grand Cru. Ces vins sont cependant élevés avec la même rigueur et peuvent constituer une initiation aux vins principaux. Exemples : Clos du Marquis Saint-Julien second de Léoville-Las Cases, Pavillon rouge Margaux second du Château Margaux, Les Tourelles de Longueville Pauillac second du Château Pichon-Longueville, Château de Marbuzet Saint-Estèphe second du Château Clos d'Estourel, Réserve de la Comtesse Pauillac second du Château Pichon Lalande, La Grange Neuve de Figeac Saint-Emilion second de Château Figeac.

. dans **les appellations intermédiaires** (entre les appellations régionales et les Crus). Exemples : Hautes Côtes de Beaune et Hautes Côtes de Nuits en Bourgogne ; Crus Bourgeois, Lalande de Pomerol, Montagne Saint-Emilion dans le Bordelais.

. **les vins de vignerons qui sont sur le point d'accéder à la notoriété**. Consulter les vins médaillés des différents concours régionaux.

. **les vins du quotidien et les vins médaillés des bonnes caves coopératives**. Il faut aller sur place, déguster dans le caveau de vente.

. **les vins des vignobles qui "montent"**, essentiellement dans le Sud-Ouest : Madiran (rouge), Jurançon (blanc sec et moelleux), Côtes de Buzet (rouge). Mais il faut garder comme principe : d'abord goûter, acheter ensuite.

. **les vins des caves pilotes et des meilleurs vignerons du Languedoc-Roussillon**. Exemple : Fitou, Minervois, Faugères, Saint-Chinian, La Clape, Corbières, Côtes du Roussillon-Villages, Collioure. Vin de pays de cépage : Merlot, Cabernet Sauvignon en rouge, Chardonnay et Sauvignon en blanc, Cabernet Sauvignon et Cinsault en rosé.

Les rapports qualité/prix sont ici imbattables et l'affinement des vins après une garde en cave pour les plus corsés vous étonnera.

L'ACHAT EN PRIMEUR

Il consiste à se réserver un vin avant que le stock en soit épuisé, du fait de sa renommée. Il devrait également présenter un intérêt financier de 30 % environ par rapport au futur prix de vente.

L'achat se fait au printemps suivant les vendanges, par paiement de la moitié du prix H.T. de la commande. La livraison a lieu en général 18 à 36 mois après, temps nécessaire à l'élevage et à la mise en bouteilles. Le solde de la facture, la TVA et le port sont à régler à ce moment.

Le prix des primeurs varie en fonction de la qualité du millésime et la fixation des cours a lieu en 2 ou 3 cotations successives si nécessaire. La production annuelle de certains châteaux se vend en 24 heures.

Dans la pratique, l'intérêt financier disparaît souvent et il ne reste que celui de pouvoir se réserver un vin rare, que l'on n'est pas sûr de retrouver dans les circuits commerciaux lorsqu'il sera à maturité. En effet, il faut tenir compte des frais financiers (10 à 12 % par an) pendant la garde du vin : 6 à 8 ans minimum. Ajoutés au prix d'achat, le total dépassera parfois le prix de vente proposé dans les circuits modernes de distribution (hypermarchés...) après une durée équivalente.

LES ACCORDS VINS ET METS

Ce terme désigne les alliances qui s'opèrent dans notre bouche entre les saveurs et les arômes du plat et ceux du vin qui l'accompagne. Il faut que chacun des éléments s'allie aux exigences de l'autre pour nous livrer un final harmonieux.

Cette idée d'harmonie repose sur des notions très suggestives d'équilibre des saveurs et des arômes, mais également des couleurs, et tient compte des éléments extérieurs à la dégustation (le contexte, l'ambiance, les convives). Autant d'éléments qui conditionnent notre satisfaction des plaisirs de la table.

En matière d'accord vins-mets, il n'y a pas de recette magique ou de règle stricte à suivre.

Il faut essayer, chercher, tenter, oser, écouter, analyser. Chaque expérience sera votre meilleur guide. Chacun réagit différemment selon ses habitudes, son éducation gustative, sa recherche du plaisir. L'identification de vos seuils gustatifs, de vos préférences, vous sera précieuse pour votre propre plaisir. Mais n'oubliez pas que vos goûts ne sont pas forcément partagés par vos convives, il convient donc de ne pas les imposer d'une manière trop catégorique.

Je ne vais donc pas essayer de vous dicter le goût mais tout simplement de vous faire partager des expériences personnelles qui, je l'espère, seront enrichissantes.

THEORIE

Que se passe-t-il dans notre bouche pour qu'il y ait ou non accord entre les aliments et le vin ?

Ce sont essentiellement des réactions de saveurs et leurs combinaisons qui nous dirigent vers un plaisir ou un déplaisir.

Acidité d'un plat /
acidité d'un vin
Moelleux d'un plat /
moelleux du vin
Texture du plat /
tanins du vin
Couleurs du plat /
nuances du vin.

Il est très important d'analyser chacun de ces éléments pour procéder à un choix judicieux.

QUELQUES EXEMPLES

Les viandes rouges ont des textures différentes, selon le morceau choisi, le mode et le degré de cuisson. Un bœuf grillé aura des arômes totalement différents de ceux d'un bœuf bouilli.

L'action de griller caramélise les sucs et confère à la viande un arôme fumé. Pour le bœuf bouilli, les arômes propres au bœuf disparaissent et sont masqués par ceux du bouillon (exemples : pot-au-feu ou bœuf bourguignon).

Le point de cuisson d'un bœuf grillé influe également sur la texture (saignant = résistant ; bien cuit = filandreux). Le sang encore présent dans une viande cuite bleue sera également un élément déterminant quant à la saveur finale du plat.

Il s'impose donc de ne pas choisir le même type de vin pour ces deux plats. Pour le bœuf grillé, nous préconisons un vin rouge, assez jeune, aux tanins fougueux et moelleux, alors que pour le bœuf bouilli, il faudra préférer un vin rouge léger, souple et aromatique, mais sans tanins ni trop grande richesse. Pourquoi ne pas essayer un vin blanc assez riche, d'acidité faible et de parfums complexes ?

La viande d'agneau, dans ces deux types de cuisson, réagira de la même manière que le bœuf. Cependant, le mouton, plus ferme et plus aromatique, est très différent et nécessitera d'autres vins.

Le gibier à plumes a un goût et une consistance totalement différents selon sa provenance : sauvage ou d'élevage. Il en va de même pour le lapin et le lièvre.

Pour les poissons également, plusieurs facteurs entrent en jeu : eau de mer ou eau douce, richesse en protéines, modes de cuisson.

Un autre élément d'importance : les sauces d'accompagnement.

Mais loin de vouloir vous décourager, nous voulons simplement souligner la multitude et la complexité des réflexions et des analyses à faire pour réussir un dîner parfait.

Il est vrai que ces démarches peuvent paraître "puristes" mais, comme toute science, la dégustation se doit d'être précise, tout en laissant une place à la subjectivité et à la personnalité de chacun. De plus, l'expérience va rapidement développer certains réflexes qui rendront les choses plus aisées au fil du temps.

Il y a bien sûr quelques règles d'or à suivre pour éviter les erreurs d'accords mais, comme nous vous le disions précédemment, elles sont d'ordre général.

On peut, en théorie, distinguer deux types d'accords :

- l'accord horizontal
- l'accord vertical.

L'**accord horizontal** est le fait de ne prendre en considération qu'un seul plat avec un seul vin. Par exemple, une choucroute alsacienne avec un Riesling.

L'**accord vertical** tient compte des mets et vins qui précèdent et succèdent à ce plat au cours d'un même repas.

Exemple d'un choix vertical à caractère régional et couleur unique :

Tarte à l'oignon	Sylvaner
Choucroute	Riesling
Munster	Gewurztraminer
Kougelhopf	Gewurztraminer Vendanges Tardives

LE CHOIX HORIZONTAL

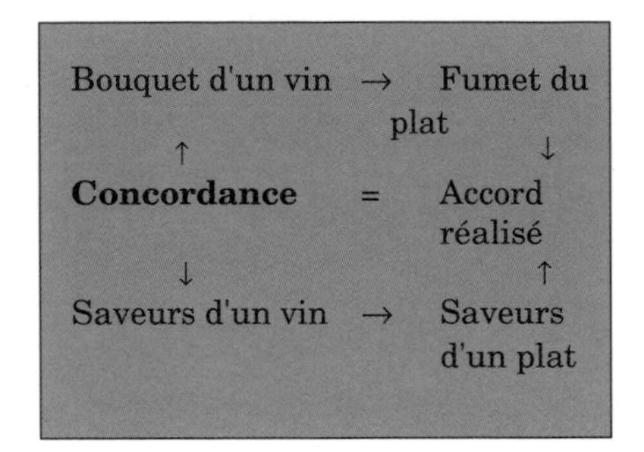

Définition de Robert Euvrard et Joseph Fonquernie :

"La réussite est totale lorsque les sensations gastronomiques produites par les vins et les mets harmonieusement unis atteignent ensemble une perfection à laquelle, séparément, ils n'auraient pu prétendre".

Il faut donc procéder à l'analyse soit du plat, soit du vin selon le désir de servir un plat précis ou un vin déterminé. Il est bon de noter qu'il est plus facile d'adapter un plat à un vin unique que le contraire. En effet, une sauce peut être rectifiée, un vin ne peut pas être modifié.

Prenons l'exemple d'un saumon grillé accompagné d'un beurre nantais.

Le saumon : poisson assez gras, relativement parfumé, à la saveur moelleuse.

Cuisson : grillé avec une caramélisation des sucs, un goût de fumé. Attention au temps de cuisson : une cuisson trop longue rendra le poisson sec.

Sauce : le beurre nantais est un beurre blanc aux échalotes (réduction de vinaigre blanc, vin blanc et échalotes, montés au beurre). Les saveurs moelleuses du beurre, l'acidité du vinaigre et du vin blanc vont s'allier pour créer l'équilibre de la sauce tout en gardant les caractéristiques propres à chaque ingrédient.

Le choix du vin s'orientera donc vers un blanc dont le rôle sera d'apporter le support d'acidité et de fraîcheur nécessaire à équilibrer le caractère gras du saumon. Ce vin devra néanmoins être suffisamment aromatique et moelleux, tout en restant sec, pour s'allier à la sauce.

L'éventail des vins blancs secs et riches, de bonne nervosité et très aromatiques, est très vaste. La recette provenant du Val de Loire, on peut préconiser un Pouilly Fumé, un Sancerre ou un excellent Savennières qui fera merveille.

Du côté de la Bourgogne, un Chablis sera le bienvenu, un Riesling d'un bon terroir d'Alsace sera également une excellente alternative. Il faut éviter les grands Bourgogne blancs trop riches ou les vins du Rhône manquant d'acidité.

S'il est des vins que vous tenez absolument à servir, il faudra donc créer votre menu autour d'eux. Si vous avez, par exemple, prévu de servir un grand Sauternes, servez-le avec un foie gras mais à la fin du repas, juste avant le fromage. C'est là qu'ils vous livreront le meilleur d'eux-mêmes.

LE CHOIX VERTICAL

S'il est une règle d'or, elle est la suivante :

"Un vin servi ne doit jamais faire regretter le vin précédent".

Dans la succession des plats et des vins, il faut savoir doser le désir dans le but d'accroître le plaisir à la fin du repas. Une seule fausse note et tous les efforts auront été vains : les plus grandes bouteilles paraîtront quelconques.

Pour vous guider dans cette ascension gustative et sensorielle, voici quelques règles qu'il est bon de garder en mémoire :

- un vin blanc précède un vin rouge
- un vin sec précède un vin moelleux
- un vin léger précède un vin corsé
- un vin simple précède un vin complexe
- un vin jeune précède un vin vieux.

Mais comme dans toutes les règles, il y a des exceptions. C'est le fait d'oser ces exceptions qui peut rendre votre repas inoubliable. C'est un peu comme travailler sans filet pour un acrobate à la recherche de figures difficiles, spectaculaires et uniques. Prenez le temps de répéter, il y a danger.

Lors du choix des vins, il ne faut pas se limiter à la lecture de l'étiquette mais bien analyser les qualités, les défauts et les aptitudes du produit. Ainsi, un vin rouge, léger, fruité, avec peu de tanins, dans le style Beaujolais, peut commencer un repas et être suivi, sans risques, par un vin blanc sec, riche et parfumé, tel un Meursault.

Un vieux vin est souvent délicat et assagi. On le respecte souvent plus pour son âge que pour ses qualités organoleptiques. S'il succède à un vin jeune, riche et plein de fougue, il aura beaucoup de mal à supporter la comparaison. Jouer avec les caractéristiques de chaque vin est plus intéressant et plus sûr que de suivre l'ordre hiérarchique des millésimes.

Voici en exemple un menu non traditionnel mais réalisable :

Saucisson chaud	St-Nicolas-de-Bourgueil 1987
Turbot au vin blanc	Bâtard-Montrachet 1988
Ragoût de veau	Nuits-St-Georges 1976
Fromages affinés	Château Lancoa Barton, St-Julien.

Le Saint-Nicolas, vin rouge aux arômes de framboise, dans un millésime léger et servi frais, répondra allègrement au saucisson chaud, plat rustique.

Un Bâtard-Montrachet dans sa jeunesse, grand Bourgogne blanc et très riche, sera un compagnon idéal pour le turbot.

Dans la même région, le Nuits-Saint-Georges 1976, souple et aux arômes délicats, s'alliera parfaitement à la tendresse et au parfum du ragoût de veau.

Quant à la sélection des fromages, un vin de Saint-Julien, dans un millésime à point, apportera une note finale très agréable.

Vous comprenez qu'il n'y a pas d'absolu, de vérité, mais des mariages de raison, d'amour et souvent des accords étonnants. Laissez-vous guider par vos sens, vos goûts et vos préférences, mais ne tombez jamais dans des habitudes de consommation trop figées.

Variez les mets, goûtez des vins, partagez vos expériences... Vous découvrirez la richesse gastronomique de notre patrimoine. Vous comprendrez la nécessité des produits de qualité, tant dans les aliments que dans les vins.

Les exemples présentés dans cet ouvrage doivent vous aider dans le choix de vos menus mais ne cherchent surtout pas à imposer tel ou tel vin.

A vous d'essayer, d'innover ou tout simplement de suivre la tradition pour la réussite de vos repas.

TABLEAU DES MILLESIMES

Année	Bordeaux		Bourgognes		Côtes du Rhône	Alsace	Anjou Tou-raine	Cham-pagnes millé-simés
	rouges	blancs	rouges	blancs				
1950	★★★	★★★	★★	★★★	★★★★	★★★★	★★★	
1951	★★	★★	★★	★★	★★	★★	★★	
1952	★★★	★★★	★★★	★★★	★★★★	★★★	★★★★	★★★★
1953	★★★★	★★★	★★★★	★★★★	★★★	★★★★	★★★★	
1954	★	★★	★	★★	★★★	★★	★	
1955	★★★★	★★★★	★★★★	★★★★	★★★★	★★★★	★★★	★★★★
1956	★★	★★	★★	★★	★★	★★	★★	
1957	★★★	★★★	★★★	★★★★	★★★★	★★★	★★★	★★★★
1958	★★★	★★★	★★	★★	★★	★★★	★★	
1959	★★★★	★★★★	★★★★	★★★★	★★★★	★★★★★	★★★★★	★★★★
1960	★★	★★★	★	★★	★★	★★★	★★	
1961	★★★★★	★★★★	★★★★★	★★★★	★★★★	★★★★	★★★	★★★★
1962	★★★★	★★★★	★★★	★★★	★★★	★★	★★★	
1963	★	★	★	★	★	★	★	
1964	★★★★	★★★	★★★★★	★★★	★★★	★★★	★★★	★★★★
1965	★★	★★	★★	★★	★★	★	★★	
1966	★★★★★	★★★★	★★★★	★★★	★★★★	★★★★★	★★★★	★★★★
1967	★★★	★★★★	★★★	★★★	★★★★	★★★★★	★★★	
1968	★	★	★	★★	★★	★★	★	
1969	★★★	★★★★	★★★★★	★★★★★	★★★★	★★★★	★★★★	★★★★
1970	★★★★★	★★★★	★★★	★★★★	★★★★	★★★★	★★★	
1971	★★★★	★★★	★★★★	★★★	★★★	★★★★★	★★★	★★★★
1972	★★	★★	★★★	★★	★★	★	★★	

Année	Bordeaux		Bourgognes		Côtes du Rhône	Alsace	Anjou Touraine	Champagnes millésimés
	rouges	blancs	rouges	blancs				
1973	★★★	★★	★★★	★★★★	★★	★★★	★★★	
1974	★★★	★★	★★	★★	★	★★	★★★	
1975	★★★★	★★★★	★★	★★	★★★	★★★	★★★★	
1976	★★★★	★★★	★★★★	★★★★	★★★	★★★★	★★★	★★★★
1977	★★★	★★	★★★	★★★	★★★	★★	★★	
1978	★★★	★★★	★★★★	★★★★	★★★★	★★★	★★★★	
1979	★★★	★★★	★★★	★★	★★★★	★★★★	★★	
1980	★★	★★	★★	★★	★★★	★★	★★	★★
1981	★★★★	★★	★★	★★★	★★	★★★★	★★★	★★★
1982	★★★★	★★★	★★★	★★★★	★★★	★★★	★★★★	★★
1983	★★★★	★★★	★★★★	★★★★	★★★★	★★★★	★★★★	★★★
1984	★★	★★	★★	★★	★★	★	★★★	
1985	★★★★	★★★★	★★★★	★★★★	★★★★	★★★★	★★★★	★★★
1986	★★★	★★★★	★★★	★★★★	★★★	★★★	★★★★	★★
1987	★★	★★★	★★	★★	★★	★★	★★★	★★
1988	★★★★★	★★★★	★★	★★	★★★★	★★★★	★★★★	★★★★
1989	★★★★	★★★	★★★★	★★★	★★★★	★★★★★	★★★★	★★★★
1990	★★★★	★★★★	★★★★	★★★★	★★★★	★★★★	★★★★	★★★★
1991	★★★	★★★★	★★★	★★★★	★★★	★★★	★★★	★★★
1992	★★★	★★★	★★	★★★	★★★	★★★	★★★	★★★

Le classement des millésimes indiqués dans ce tableau ne donne qu'une tendance générale pour l'ensemble d'une région.

★ *Médiocre*
★★ *Moyen*
★★★ *Bon*
★★★★ *Très bon*
★★★★★ *Exceptionnel.*

INDEX

D

E

F

G

H

TABLE DES MATIERES

LES VINS DU SUD 253

LE VAL DE LOIRE 315

Crédit photographique :

S.A.E.P. sauf :
C.I.V. Alsace "Les vins d'Alsace" : p. 35, 36, 37, 38 gauche.
C.I.V. Beaujolais : p. 163.
C.I.V. Bordeaux : p. 73, 75, 85, 87, 92, 101, 109, 112, 114.
C.I.V. Bordeaux / P. CRONENBERGER : p. 78, 96.
C.I.V. Bordeaux / LE LANN : p. 99.
J.L. SYREN : p. 256, 261, 280, 285, 287.
E. ZIPPER : p. 88, 159, 379.

Cartes : S.A.E.P. / C. BRUNTZ.

Dépôt légal 3e trim. 1993 - Imp. n° 2 080

Imprimé en C.E.E.